洛克
(John Locke,1632 — 1704)

英国贵族绅士的乡村住宅

SOME
THOUGHTS
CONCERNING
Education.

LONDON,
Printed for *A.* and *J. Churchill*, at the *Black Swan* in *Pater-noster-row*, 1693.

《教育漫话》1693 年第一版（伦敦）封面

贵族绅士的家庭布置

贵族绅士的乡居生活

英国的年轻绅士

体现绅士勇敢无畏精神（即约翰牛精神）的漫画

绅士子弟到国外旅行

◆ 17 世纪英国著名哲学家和思想家洛克的《教育漫话》，集中反映了欧洲文艺复兴时期新兴资产阶级的教育观。本书以“绅士教育”为主题，分为体育保健、道德教育、智育（包括学问、知识和技能）三个部分，阐明了如何才能培养出符合时代需要的有理性、有德行、有才干的绅士或者有开拓精神的事业家。本书于 1693 年问世后，成为欧美乃至世界文化、教育的瑰宝，数百年来被许多人奉为办学的圭臬乃至“宪章”，影响了一代又一代学人。

人民教育出版社曾于 20 世纪 80 年代出版过该书的中译本。新译本与旧译本相比较，具有以下特点。(1) 译文尽量准确、流畅；对原著中少数较为冗长的段落作了重新划分；在部分重要或易产生歧义的名词概念之后附有英文原文。(2) 是全译本。过去的中译本对原书有少量删节，新译本则严格按照原版译出，保留了原书的全貌。(3) 增加了详细注释。由于原书有许多较为生僻的人名、地名及专有名词，缺少注释给一般读者理解本书带来了不便。译者在作这些注释时参考了许多著作，尽量吸取国外洛克研究的最新成果。这些注释对于一般读者阅读本书，更好地理解有关内容将有所帮助；有些注释对于研究者也可提供一些线索。(4) 编撰了二级标题。洛克的原著将全书分为 217 节，一部分“节”有本节的小标题，但全书没有标题。译者根据全书的内容，将全书分为健康教育、道德教育、知识与技能教育三篇，同时为每篇编撰了二级标题。为避免累赘，原有的各节小标题则取消。

外 国 教 育 名 著 丛 书

教育漫话

JIAOYU MANHUA

（全译·注释本）

〔英〕约翰·洛克 著

杨汉麟 译

人民教育出版社

·北京·

图书在版编目（CIP）数据

教育漫话/（英）洛克（Locke，J.）著；杨汉麟译．—北京：人民教育出版社，2005（2025.7 重印）
（外国教育名著丛书）
ISBN 978－7－107－19142－8

Ⅰ．教…　Ⅱ．①洛…　②杨…　Ⅲ．教育思想—英国—近代
Ⅳ．G40－095.61

中国版本图书馆 CIP 数据核字（2005）第 130615 号

外国教育名著丛书　教育漫话

出版发行　人民教育出版社
（北京市海淀区中关村南大街 17 号院 1 号楼　邮编：100081）
网　　址　http://www.pep.com.cn
经　　销　全国新华书店
印　　刷　保定市中画美凯印刷有限公司
版　　次　2006 年 6 月第 1 版
印　　次　2025 年 7 月第 22 次印刷
开　　本　890 毫米 ×1240 毫米　1/32
印　　张　7.125
插　　页　2
字　　数　170 千字
印　　数　99 701~100 700 册
定　　价　23.00元

《外国教育名著丛书》再版说明

在人类数千年的教育史上产生过无数鸿篇巨制，尤其是近现代以来，许多教育家、思想家、理论家和实践家，通过对人类教育所进行的长期艰辛的探索和严密的思考、审慎的研究，撰写了不少对人类教育发展产生了巨大而深远影响的伟大著作。即使人类历史进入了21世纪，这些著作仍然保持着强盛的生命力。

本着"服务教育、繁荣学术、积累文化"的宗旨，在原社长兼总编辑叶立群倡导下，人民教育出版社组织专家学者从这些著作中精选了对世界和中国教育产生过并将继续产生重大影响的作品，汇编成《外国教育名著丛书》。这套丛书共38种44本，自1984年陆续出版以来，受到教育界、学术界的热烈欢迎和普遍好评，一经问世即已售罄。为满足读者尤其是高等院校教育专业师生教学与研究的迫切需要，我社2001年曾从这套丛书中选择了部分书目进行重印，以解燃眉之急。现在，我社决定全面再版这套丛书，在文字和技术上进一步做了编辑工作。热忱希望广大读者对这套丛书的编辑出版工作提出宝贵意见，以使之更臻完善。

人民教育出版社

2004年2月

《外国教育名著丛书》出版说明

为了发展我国社会主义教育事业，建立具有中国特色的社会主义教育体系，不仅需要研究我国教育的历史和现状，总结我国教育的经验，而且需要研究外国教育的历史和现状，借鉴外国教育的经验。为了给我国教育工作者提供研究外国教育思想的理论著作，并给师范院校提供教学参考书，我社决定出版这套丛书。

这套丛书选收古代、近代、现代对世界、对中国有较大影响的外国教育家、心理学家的有代表性的教育理论著作，包括整本专著、文章汇编或者著作节选。

毋庸置疑，本丛书所收选的书既闪耀着人类教育智慧的光辉，又由于作者所处时代、阶级的限制不可避免地存在着糟粕；有的虽非糟粕，但由于地区条件的不同，也可能并不适合于我国。因此，我们在阅读时一定要以马克思列宁主义、毛泽东思想作武器，对书中的内容进行分析，批判地吸收其中有益的东西，而不要照搬照抄。

为了帮助读者阅读和理解书的内容，我们请译者或有关专家为每一本书撰写了前言，有的书还附有年表、图片或其他参考资料。当然，前言只是一家之言，而不是对某书的定评；读者完全可以对这本书进行更加广泛更加深入的研究。

由于我们水平有限，经验不足，本丛书定有不少缺点和错误，欢迎读者批评指正，以便我们改进工作。

人民教育出版社

1984 年

总　目　录

译 者 前 言

约翰·洛克（John Locke，1632—1704）是17世纪英国著名哲学家和思想家，出生于英格兰的萨默塞特郡（Somerset Shire）一个有清教背景的律师家庭。早年就读于威斯敏斯特公学及牛津大学，先后获文学学士及硕士。大学毕业后留校任古典学科教师。但他对医学、自然科学及实验科学情有独钟，花费很多时间与精力去研究，结交了许多这方面出类拔萃的学者。由于他的刻苦努力，后来在医学及自然科学领域也有精深造诣，不仅被牛津大学授予医学学士学位，还被英国皇家学会接纳为会员。以后，他又通过钻研，在哲学及政治学方面取得众所周知的更大成就。

1666年后，洛克结识了英国自由主义政治家沙夫茨伯里伯爵（First Earl Shaftesbury），担任他的私人医生及其儿子的家庭教师达八年之久。1675年，洛克在旅居法国期间，又担任了富商约翰·班克斯爵士（Sir John Banks）的儿子的家庭教师达两年之久。这些经历使洛克积累了较为丰富的教育经验，为日后写作《教育漫话》奠定了基础。

由于在政治上追随沙氏，在沙氏遭受守旧势力迫害时，洛克也被迫于1683年流亡荷兰，直到1689年，在英国“光荣革命”后才得以重返祖国。

1684年，正在荷兰流亡的洛克应他的亲戚，英国萨默塞特郡奇布里（Qibley）地方的乡绅爱德华·克拉克（Edward Clark）的请求，指导其教育他的嗣子，与他有过长达数年的书信往来。洛克当时正值知天命之年，思想成熟，世事洞明，人文及科学理论功底深厚，有丰富的家教经验，又有充足时间思考。洛克在系列书信中，向克拉克全面传授、交流了自己的教育心得。洛克在书信中表达的真知灼见不仅得到克拉克的青睐，也使其他有幸读到洛克书信者赞赏不已。他们一致要求洛克将书信整理出版，以让更多的人从中受益。洛克接受了朋友们的建议，将有关书信整理后于1693年正式出版，命名为《教育漫话》。这就是本书的由来。这本书问世后，与作者的其他著作一样，成为欧美乃至世界文化、教育的瑰宝，数百年来，不断出版，被许多信徒奉为办学的圭臬乃至“宪章”，影响了一代又一代学人。

《教育漫话》的主题是所谓的“绅士教育”。绅士教育是欧洲文艺复兴时期兴起的一种代表新兴资产阶级的教育观，是一种以上层社会富人子弟为对象的教育，著名人文主义教育家蒙田（Montaigne，1533—1592）对此有不少论述，开创绅士教育的先声。洛克的《教育漫话》则不啻为这一理论的系统表达。洛克提出的绅士教育的任务是要阐明，如何才能培养出符合时代需要的有理性、有德行、有才干的绅士或者有开拓精神的事业家。

全书共217节，主要分为三部分：第1～30节论述体育保健；第31～146节论述道德教育（约占全书篇幅的一半）；第147～216节论述智育（包括学问、知识和技能等）；第217节为结论。在有关段落中，也夹杂着有关教育目的、作用等问题的论述。

体育保健　在《教育漫话》中，洛克首先讨论健康教育，因为“健康的精神寓于健康的身体”，是“对于人世幸福状态的一种简洁而充分的描绘”，[①] 二者不可或缺。洛克之所以重视保健、养护，与其所处时代有密切关系。当时资产阶级正处于上升阶段，他们要经营工商业，要航海、探险，征服殖民地，开辟新的财源，取得人生事业的成功，显然，缺乏健康强壮的体魄是无法办到的，所以洛

① 本书第7页。

克说，“对于我们的工作及人生幸福，健康是何等重要；而一个人为了出类拔萃，功成名就，就必须能忍受艰辛、疲乏，因此对强健的体魄提出了很高的要求”。① 洛克是一位唯物主义哲学家，而且深入研究过医学和其他自然学科，作为一位“内行”，他对儿童的体育、健康、养护等问题都提出了不少具体的颇有价值的意见。例如他建议“无论冬夏，儿童的穿着都不可过暖”，②主张儿童用冷水洗脚或洗澡，多过露天生活，多呼吸新鲜空气，衣着不可过紧，饮食要清淡，不喝烈性饮料，早睡早起，睡硬板床，不宜滥用药物，注意运动锻炼等。这些主张都是配合贯彻其教育目的、任务提出来的，至今看来绝大部分还是科学合理的，值得人们吸取。

道德教育　道德教育是《教育漫话》中最重要的内容。洛克声称：“一位绅士应具备的各种品性之中，我将德行放在首位，视之为最必需的品性。”③ 他要求儿童在具备健康体魄的基础上，必须有健全的精神发展，而这集中表现为必须具有完美的德行。洛克认为，德行乃是人生最重要、最不可缺少的，缺乏德行，就无所谓人生幸福可言；因为缺少德行的人不可能被人瞧得起，也难以取得事业的成功。洛克在唯物主义哲学的基础上，建立了一套系统的德育理论。

洛克的绅士教育除了体育外，可归纳为“德行、智慧、教养、学问”，其中前三项与德育有关（智慧除了纳入德育范畴外，部分亦可纳入智育范畴）。在洛克看来，所谓“良好的德行”大致有三层含义：其一为世俗的聪明，即要求一个人在处理人间事务方面精明能干，富于远见，熟悉各种处世手腕，在各种社交场合，善于交际，会看人说话，纵横捭阖，应付自如；其二要懂得上流社会的礼仪、礼貌，仪表上显得彬彬有礼，风度翩翩，文雅大方；其三是具有性格刚毅、坚强、能吃苦耐劳等品质。贯穿洛克德育思想的主线

①② 本书第 8 页。

③ 本书第 128 页。

则有两条：其一是训练儿童以理性克制欲望，其次是从小通过教育与练习去培养儿童所必需的、良好的性格习惯。在这一部分，洛克对儿童的德育提出了许多具体意见，其中包括：(1) 反对溺爱、放纵子女；(2) 宽严结合；(3) 奖惩结合；(4) 说理教育；(5) 榜样教育；(6) 文明礼貌教育。其中许多意见甚为精辟。例如，洛克在第 111 节对于儿童的啼哭进行了分析。洛克认为儿童的啼哭有两种：一种是“顽梗的、跋扈的”，一种是“吵闹的、怨诉的”，第一种啼哭常常是无理取闹，是儿童“傲慢或顽梗的公开宣告”，是因为自己的某种目的没有达到而显示的一种抗议。他认为这种啼哭是绝对不允许的；容许这种啼哭，就会助长儿童不合适的欲望。儿童的第二种啼哭的确是遭受了某种痛苦和不幸，家长与教师应给予同情并尽力予以帮助，但不能流露出怜悯的感情，否则就会使他们的心理变得脆弱。这些分析十分精当。又如他对儿童求真向善的分析，对撒谎与狡猾的不良后果的分析，对文明礼貌行为的分析等，都入木三分，上述事例在书中随处可见，至今仍给我们以莫大的教益。

智育　在《教育漫话》的第三部分，讨论的是智慧与学问。在洛克的教育体系中，智育也是为培养有健全精神的绅士服务的；但较之德育，智育处在一个较次要的地位。他认为，一个有德行的绅士比一个掌握了许多脱离实际学问的大学者更为可贵。洛克对于流行的学问（特别是古典主义学科）虽不感兴趣，乃至憎恶，但对有实际用途的学科却很重视，尤其重视培养世俗的聪明即智慧与能力，这些要求在他的智育理论中也得到充分体现。洛克在《关于理解的指导》一书中提出，学习的根本目的不是要使年轻人“精通任何一门科学”或“扩大心的所有物”，而是打开他们的心智，装备他们的心智，“增加心的活动能力”。[1] 这一观点也贯穿于本书。

① 张焕庭主编：《西方资产阶级教育论著选》，人民教育出版社 1979 年版，第 89～90 页。

为了培养能力，洛克重视智育办法并提出了一些有意义的见解，包括：(1) 不能强迫儿童学习，反对教师用斥责和惩罚的方法迫使学生去注意；(2) 主张启发儿童的学习积极性，使他们“自己去向往学习，把求学当成另外一种游戏或娱乐去追求”；① (3) 教育孩子“要从明白简单的地方开始”，一次不要学得太多，同时也要善于激发儿童的努力；② (4) 应当鼓励并尽量满足儿童的好奇心，并提出了具体的指导意见；(5) 培养动手能力，如引导儿童自己制作玩具，学习一种手艺或园艺等，这样既可调剂生活，又可获得一些必要的知识技能，还可防止儿童将宝贵的光阴虚掷在无益的事情上。洛克还一再强调教育要适合儿童的年龄特点，对于年幼儿童，可以寓教学于游戏之中等。上述观点中，也有许多是值得人们借鉴的。

除了上面已提及的外，洛克的《教育漫话》有这样几个明显的特点值得我们注意。第一，全书（或者说洛克的整个教育思想）是建立在唯物主义经验论（即所谓“白板”学说）的基础上的，作者一再强调儿童生来是一张白板，因此教育（包括环境在内的广义的教育）在儿童成长中具有主导作用（在全书的开头及结尾都有一段很有分量的话，阐述此观点）；但在书中的许多地方，洛克又坚定地提到，要重视儿童的天性、性向等属于遗传因素的特质。如果将洛克的有关论述放在一起比较，似乎显得有些矛盾，不知他到底更看重的是教育还是天性。译者认为，洛克对于环境教育及遗传因素（包括个别儿童的身心特点）的重视（而不是畸轻畸重），正是反映了他对人性的深刻观察、对儿童教养问题的真知灼见，也说明他不是一个教条主义者，这些观点符合当代教育学的基本原理，具有长久的价值。但无可讳言，从总体上看，洛克的有关言论确实有些不

① 本书第 143 页。
② 本书第 172 页。

够协调之处。第二，本书是在给朋友书信的基础上改编而成的，因此落笔比较随意，书中引用的各种资料往往凭借记忆，因此难免不够准确或有误差，或前后有些重复、啰唆。第三，作者论述的绅士教育，乃是属于资产阶级事业家的教育，只占教育对象的3%～4%,① 个人主义的色彩极为浓厚，与我们现在所谈的儿童教育、社会主义新人的教育当然不可同日而语。此外，他在书中提出的某些意见也具有时代的局限性。这些糟粕及不当之处，相信读者自能作出鉴别。

但总的来说，本书是富有教益的。这不仅是因为洛克强调事业型、开拓型人才的培养，以及体、德、智全面发展的教育，洛克对于德育比智育更为重要的强调，尤其是洛克对于德行和教养的强调，他提出的许多方法或意见，对我国当前的教育普遍忽视德行和教养的培养而一味强调智育和分数，是一种极好的清醒剂。目前，随着我国计划生育政策的推行，独生子女越来越多，独生子女的教育越来越引起人们的重视，在此情况下，爱子女心切、期望子女成龙成凤但苦于乏术的家长，承担儿童教育重任的教师，以及一切对教育有兴趣的人阅读本书，一定会在儿童教育问题上获得诸多有益的启示。

本书在我国过去曾有过傅任敢先生的一个流传甚广的中译本。这次《教育漫话》的新译本参照了几个英文版本译出，大致具有以下特点。(1) 是全译本。过去的中译本对原书有少量删节，本译本则严格按照原版译出，保留了原书的全貌。(2) 作了详细注释。过去的中译本没有注释，由于原书有许多较为生僻的人名、地名及专有名词，缺少注释给一般读者理解本书带来了不便。本译本共有

---

① 这个数字参阅 J. Lawson & H. Silver, *Asocial History of Education in England*, Methuen & Co Ltd, 1978, p. 174。——译者注

89个注释，除少数几个系作者原注外，其余均系译者所注。译者在作这些注释时参考了许多著作，尽量吸取国外洛克研究的最新成果。相信这些注释对于一般读者阅读本书，更好地理解有关内容将有所帮助；有些注释对于研究者也可提供一些线索。(3) 编撰了二级标题。洛克的原著将全书分为217节，一部分“节”有本节的小标题，但全书没有标题。译者根据全书的内容，将全书分为健康教育、道德教育、知识与技能教育三篇，同时为每篇编撰了二级标题。为避免累赘，原有的各节小标题则取消。(4) 对原著中少数较为冗长的段落作了重新划分。(5) 在部分重要或易产生歧义的名词概念之后附有英文原文（字母的大、小写，严格按原文呈现）。(6) 努力使译文做到信、达、雅。洛克原著的风格独特，总体上行文典雅、艰深，但有些地方用词又颇为口语化，译者翻译时力图能表达原文的神韵，对于原文中个别晦涩的或逻辑结构有误的表达根据上下文的意思，稍作了一点变通。译者的上述努力目的是使一般读者能更好地阅读本书，吸取这部世界教育名著的精华。但译者的处理是否得当，译者的努力是否能达到预期的目的，尚希方家及硕彦宏儒批评指正。

本书的附录是洛克写给爱德华·克拉克的信，反映了《教育漫话》一书的成书、出版过程及洛克本人对该书的看法。

本书在翻译、出版过程中，承蒙任钟印教授释疑纠谬，国家图书馆汪雅梅女士及易红郡博士帮助寻找资料，李先军硕士编写《洛克生平著作大事年表》，此外人民教育出版社的诸惠芳编审及其他编审人员从组稿到审阅译稿，都付出了辛勤劳动，在此一并向他们致以衷心谢意。

杨汉麟

2005年5月17日

于武昌桂子山

教育漫话

Some Thoughts Concerning Education

Published in the United States
by Oxford University Press, New york

目　　录

上篇　健康教育

中篇　道德教育

下篇　知识与技能教育

上篇　健康教育

一、教育的作用及健康教育的意义

1. 对于人世幸福状态的一种简洁而充分的描绘是：健康的精神寓于健康的身体。① 凡是二者都具备之人就不必再有其他的奢望了；然而一个人的身体与精神中若有一方面存在缺陷，即使功成名就，也绝无幸福可言。人们的幸福或痛苦主要由自己决定。心智颟顸者做事定然找不到正确的途径；身体衰弱者即使有了正确的途径，也决不能获得进展。本人承认，有些人的身心生来就很强健，无需别人的多少帮助；他们凭借天赋之力，自幼便能日臻完善；并依靠与生俱有的优良体质，能够建功立业，创造奇迹。但是此类人实属罕见；我认为，可以这样说：我们日常所见到的人中，他们是行为端庄或品质邪恶，是有用或无能，十分之九都由他们的教育所决定。人与人之所以千差万别，均仰仗教育之功。我们童稚时所得到的印象，哪怕极其微小，乃至无法察觉，都有极重大、极久远的影响，犹如江河的源头，水性异常柔弱，一点点人力便可以影响河流的流向，乃至使河流的方向根本改变；总之，从源头上加以引导，河流就接受了不同的趋向，最后流向十分遥远的地方。

2. 本人认为，儿童的心智和源头的水性相近，容易引导，决之东则东，决之西则西；精神固然是人生的主要部分，我们关切的

① "健康的精神寓于健康的身体"（A sound mind in a sound body），是洛克引用前人的一句格言。据译者所知，夸美纽斯在《母育学校》（1630）第五章也引用过该话，并说这是"某一作家的忠告"。——译者注

主要是内心，可是外在的躯壳也不可忽略。所以我打算首先由此切入，先讨论身体健康问题，对于这个问题，也许你早已有相当的期望，因为我对于这个问题作过格外的研究；如果我的预感不错的话，这个问题涉及的范围有限，很快就可以谈完。

3. 对于我们的工作及人生幸福，健康是何等重要；而一个人为了出类拔萃，功成名就，就必须能忍受艰辛、疲乏，因此对强健的体魄提出了很高的要求，其中的道理一目了然，无须证明。

二、健康教育的具体意见

（一）避免娇生惯养

4. 此处，我所要讨论的健康问题，并非医生对于有病的或体质衰弱的儿童应该怎样救治；而是说，父母对于儿女原本健康，至少是未曾患病的体格，在不借助于医药的情况下应该怎样维护及改进。对于该问题，其实只要短短的一条规则就可以厘清，这就是：绅士们对待儿女应该像诚笃的农夫及殷实的自由民[①]的所作所为一样。然而由于为人母者可能觉得我的方法未免严酷了一点，而为人父者也许又认为我的说法过于简略，所以我打算作些具体说明；只是我有一种普通而准确的观察，供妇女们仔细考虑，这就是大多数儿童的身体都因娇生惯养及溺爱之故而遭到戕贼，至少也受到损伤。

5. 应该当心的第一件事是：无论冬夏，儿童的穿着都不可过暖。我们出生时，面孔的娇嫩并不在身体其他部分之下，后来由于

① 此处提到的自由民（Yeomen）为英国的自耕农。——译者注

锻炼，才使之能经受风寒。正因为如此，当有个雅典人看见锡西厄[①]的哲人在霜天雪地中竟赤身裸体而大惑不解时，锡西厄哲人的回答是颇为令人玩味的。他说："冬天寒气袭人，你们的面孔暴露在外，为什么经受得住呢？"那个雅典人说："我的面孔已经习惯了。""那么你把我的身体都看作面孔好了，"锡西厄人继续说道。诚然，我们的身体的确是能承受一切的，只要从小养成习惯。

此外还有一个说的是酷热的与此相反的、著名的事例，有助于达到我们现在的目的，可以彰显习惯的力量，这是我在新近出版的一本不同凡响的游记上看到的；此处不妨将作者的原文抄录如下。[②]

> 他说马耳他[③]比欧洲的任何地方都酷热难熬，不仅比罗马更为炎热，而且由于极少有凉风吹拂，特别气闷窒息，加剧了难受的感觉。此处一般百姓都黑得像吉普赛人[④]，但是当地农夫并不畏惧太阳，在每天最热的时候，他们照常劳作不辍，不去躲避灼热的阳光。此事使我相信，只要我们从小养成习惯，许多看上去似乎不可能的事情，人的本性是完全可以适应的。马耳他人就是这样做的，他们努力锻炼儿童的身体，儿童从呱呱坠地一直到10岁止，全都裸露全身，既不穿衣，也不着裤，头上也

---

① 锡西厄（Scythian）是生活在欧洲西北部尼波河（River Dnieper）下游，过农耕生活的诺曼底部落。此则故事见艾连（Aelian）著《历史杂录》（*Varia History*）7.6。据洛克研究者考证，在该书中，所提到的锡西厄人是国王，而非哲人。（参见 John W. and Jean S. Youlton 编辑并注释，Clarendon Press，Oxford 1989 年版，*Some Thoughts Concerning Education*，第 85 页注释。）——译者注

② 作者将以下的引文打上了引号。但考其内容及叙述的口气，似为转述，并非严格意义的引用。——译者注

③ 马耳他是位于地中海中部的岛国。——译者注

④ 吉普赛人（Gypsy）是原居住在印度西北部的居民，10 世纪时向外迁移，在各国流浪，多从事占卜、歌舞等职业。——译者注

没有任何遮盖，用此方法使之不畏惧炎热。①

所以我要劝你，在我们这种气候条件下，对于风寒可以不必过虑。在英国，有些人冬夏穿着同一套衣服，但他们并未感到丝毫不便，在冬天也并不比别人有更冷的感觉。如果做母亲的担心让孩子经受冰霜雨雪的考验会使之受到伤害，为人父者则害怕因此受人指责，那么有一点请确信，千万别让孩子的冬服过暖，此外还应记住："自然"已经用头发将孩子的脑袋严严实实地遮住，又用一两年的时间令其经受锻炼，他在白天玩耍奔跑时固然可以不必戴帽子，晚上最好也不戴；没有什么比把脑袋捂得严严实实更容易引起头痛、伤风、发炎、咳嗽及其他诸种疾病的了。

6. 此处我提到孩子时，都是用"他"这一代词，这是因为本文的主要目的是讨论青年绅士从小到大的养育问题，有关内容、方法未必完全适用于女子的教育；尽管性别的差异要求对男女作不同的对待，并非是一件难于区分之事。

（二）脚的锻炼与冷水浴

7. 我主张让他每天用冷水洗脚；他的鞋子应该做得很薄，遇到须踩水时，水可浸入。说到这里，恐怕无论是主妇还是女仆都会反对我。主妇觉得肮脏不堪，女仆害怕洗涤袜子的麻烦。然而真理却是：孩子的健康较之其他种种考虑都重要，甚至重要百倍。请设想一下吧，那些从小养尊处优的人一旦沾湿了脚，会带来何等麻烦，甚至可能把命搭上，大家那时就会觉得不如和贫民的孩子一道赤脚混大的好；由于从小养成了赤脚习惯，贫苦的孩子即使弄湿了脚，也如同弄湿了手一样，不会伤风，也不会有任何不适。手与脚之间之所以有如此之大的区别，请问除了习惯使然外，难道还有别

① 该段引文见：Jean Du Mont，*Nouveau voyage du Levant*，Hague，E. Foulque，1694，第 475 页。——作者原注

的原因吗？如果有一个人，从出生起就总是习惯于赤脚，而双手则用荷兰人所谓的“手鞋”[1] 严严实实地包起来；那么，在这种习俗下，我想，一旦他的手沾了水，必定会和其他多数人打湿了脚一样的危险。预防的措施只能是把他的鞋子做得容易渗进水去，同时坚持天天用冷水洗脚。洗脚除了有清洁的益处外，我所注重的尤在其维持健康的功效。所以关于每天洗脚的时间，我倒并不作硬性规定。我知道有人习惯于每天晚上洗脚，取得极好成效，在三九寒冬时节，也未曾有一日中断；那时水面结了一层厚冰，孩子还是将脚浸到冰水里洗浴，尽管那时孩子年龄尚幼，甚至还不会自己擦拭腿脚，当他开始锻炼时，他总是哭哭啼啼，显得相当娇弱。这样做的主要目的是使儿童养成经常地、习惯性地使用冷水的习惯，增进人体有关部位的功能，免得像那些所谓有教养家庭的孩子，足部偶尔沾了一点水，便要带来许多麻烦；至于洗脚的时间是定在晚上还是白天，我想可以由做父母者酌情而定，以方便为宜。只要能落实洗脚一事，何时洗脚在我看来无关大局。用这种办法获得的健康及强韧，即使花费更大的代价去换取也是划算的。此外，用冷水洗脚还有防止鸡眼的功效，这对于某些人来说是一桩很有好处的事。不过起初练习时，最好从春天开始，起初用温水，然后每晚把水逐渐调冷，过了若干时日后，你们就可以完全用冷水了，此后不分冬夏，都要坚持照样洗浴。只要我们在这件事以及其他改变我们生活常规的事情上都坚持同样做法，变化都只是慢慢进行，不知不觉地进行；这样，我们就能使自己的身体适应一切外在环境，既不会遭受痛苦，也没有危险。

疼爱孩子的母亲若听到本人的有关主张，她们的态度是不难预料的。她们会说：倘若用这种方法去对待她们娇弱的宝宝，岂不等于谋杀？都是些什么话呀！在霜天雪地的大冷天里，费了好大劲还

① 此处所谓“手鞋”（Hand－shoes）即手套。——译者注

不足以使孩子暖和呢，却又要他们把脚放到冷水里去？且让我举几个例子来消除她们的恐惧吧，否则她们是不会去听从这个十分浅显的道理的。塞涅卡①在他的《道德书简》第53篇及第83篇里告诉我们，说他在仲冬时节也惯于在冰冷的泉水里洗浴。塞涅卡的家境相当富裕，洗热水澡的开支完全承担得起；况且那时他已有一大把年纪（可以算作老人了），贪图点儿舒服也不为过，假如他不是觉得冷水浴不仅可以承受，而且还有益于健康，他是决不会那样干的。如果我们以为是斯多葛派②的原则使他如此酷待自己，姑且就算如此，即他的教义使他用冷水浴的方式去承受苦难，但是冷水浴何以对他的健康还是合适的呢？因为他的身体并未因这种严酷的习惯而受到损害。我们对于贺拉斯③的情形又有什么话可说呢？他是不属于任何教派的，与斯多葛的禁欲主义几乎搭不上界，但是他也告诉我们，说他习惯于在冬天洗冷水浴。也许有人会觉得，意大利的气候要比英国暖和得多，冬天时节，他们那儿的河水不像我们这儿的河水那么冷。如果说意大利的河水比我们这儿的暖和，那么德国与波兰的河水总比我国的任何河流都冷得多了；然而在德国、波兰的犹太人中，无论男女，一年四季，全都将整个身子浸泡在河水里洗浴，他们的健康并未受到任何损害。谁也不会认为这是一个奇迹，也不会认为这是圣威勒弗雷德井④的神奇功效，才使得那个闻

① 塞涅卡（Luoius Annaeus Seneca，约前4—后67）是古代罗马哲学家、戏剧家、教育家。下面提到的《道德书简》（*Epistle*）为其重要哲学及教育著作，共计124篇。——译者注

② 斯多葛派（Stoicism）是古代希腊、罗马的哲学学派，公元前4世纪由芝诺创立于雅典；倡导禁欲主义及宿命论是其重要特点。——译者注

③ 贺拉斯（Quintus Horatius Flaccus，前65—前8）是古代罗马诗人，主要作品有《歌集》及《讽刺诗集》。——译者注

④ 圣威勒弗雷德井（St. Winefred's Well）在英国威尔士弗林特（Flint）郡（现在名叫克卢依达郡）的夏利维尔（Holywell）。从中世纪直至18世纪，它是香客的朝拜地之一。——译者注

名遐迩的泉水井里的冷水不会损害浴者的娇嫩身体。现在，通过冷水浴使身衰力弱者恢复健康，增强力量，对于每个人都是异常灵验的；因此用冷水浴的方法去增强和锻炼体格，决非不可行或无法承受。

倘若有人觉得这些成人的例子不适用于儿童，因为儿童的身体太娇弱，无法承受这种锻炼；那么，请他们考察一下古代德国人和现代爱尔兰人对儿童的做法吧。他们会发现，即使是他们认为最娇嫩的婴儿都用冷水洗浴，不仅洗脚，还洗全身，而且没有任何危险。现在苏格兰高地的妇女也在冬天用此方法去锻炼她们的孩子并发现，即使是冰水，也未曾对孩子造成伤害。

（三）游泳与户外运动

8. 当孩子长到可以学习游泳的年龄而且又有人教他时，他应该学习游泳，这是不必由我在这里多说的。许多人的生命是由于会游泳才得以保全；所以罗马人把掌握游泳技能看得异常重要，甚至将其与文学并列；他们在形容一个人未受到良好教育、百无一用时，喜欢用这样一句谚语：

他既不会读书，又不会游泳。①

但是游泳除了使他获得一种技能，能应付急需外，又因在炎夏时节，可以使他常常浸泡在冷水中洗浴，对于健康也大有裨益，对此想必是无须我来提倡的了，只有一点应当小心在意，那就是在他运动发热之后，或是血脉处于亢奋状态时，是决不能贸然下水的。

9. 还有一件事对于每个人尤其是儿童的健康极有好处，这就是要多到户外活动，即使在冬天，也应尽量少烤火。这样，他就习

① 这句谚语原文是“Nec literas didicitnecnatare”，出自文艺复兴时期荷兰人文主义学者伊拉斯谟的《箴言集》(*Adagia*) Ⅰ. 13。据洛克研究者考证，这原是一句希腊谚语，而非罗马谚语。（参见 John W. and Jean S. Youlton 编辑并注释，Clarendon Press・Oxford 1989 年版，*Some Thoughts concerning Education*，第 88 页注释。）——译者注

惯于既能忍受寒冷，又不畏惧炎热，既不怕骄阳，也不怵风雨了；若是一个人的身体连冷热晴雨都不能忍受，这样的身体对于他活在世上又有多大帮助呢？若待他长大成人才去着手培养这一习惯，就会为时过晚。这种习惯要尽早培养，逐步养成。只要这样去做，我们的身体对于任何事情几乎都是可以承受的。倘若我劝他不戴帽子到大风中及烈日下去游戏，我想他是无法忍受的。他会编织成百上千的理由来反对，其实说到底，无非是怕晒而已。如果因为害怕伤了我的少主人的肤色，而老是将他放到阴凉的地方，决不让他受日晒风吹，这也许不失为养成一个酷男帅哥的可行方式，但决非造就有用人才的正确途径。至于女孩子，对于容貌的关注固然应多一点，但是我敢说，多过户外生活对于她们的面容并无损害，她们在户外生活得越多，她们就会变得越发强壮健康；她们在教育上越是多经受她们的兄弟所经受的锻炼，在她们今后的一生中，她们就会更多地从中受益。

10. 户外游戏只有一种危险，就是他来回奔跑发热后，会坐在乃至躺在寒冷或潮湿的土地上。我承认这种危险，据我所知，当他们劳动或运动得发热时，如果喝了冷饮料，比我所知道的其他原因更容易罹患寒热症或其他疾病，这些疾病曾将许多人送进坟墓，或让他们到鬼门关绕了个圈。不过这种危险很容易防止，只要在他年幼时，随时有人看管。此外，他发热时，不准他坐在地上，不准他喝冷饮料，一旦这种克制的规定形成习惯之后，即使到了没有女仆或教师照顾时，他也能自己照顾自己，不出乱子了。在此事上，我所想到的就是这个办法；因为随着年龄增长，自由便应随之到来，在绝大多数事情上，他必须获得信任，用他自己的行动去应付，因为他不能永远处于他人的保护之下；只有在他心目中树立良好的原则，在他身上形成良好的习惯，才是最好、最可靠的，所以也是最应关注的。因为一切反复的告诫与规则，无论如何谆谆教导，除非在实践中形成了习惯，你都不能作任何指望，在此事上是如此，在其他任何事情上也都是如此。

（四）衣着

11. 说到女孩子，一件事浮上我的脑海，大家决不可忘记；这就是你的孩子①的衣服一定不可做得过于紧身，尤其是胸口部分。就让自然（Nature）按照它所认为的最佳方式去塑造形体吧。自然自己的作为远比我们指导它去做的好得多、精确得多。倘若当胎儿在子宫里面时，妇女能按照自己的设想去形成儿女的体态，如同她们生下孩子后去修正他们的体态一样，我们就根本不可能有完善的儿童降生，就像衣着紧绷、束缚过多的儿童很少有优美的身材。我想，一般好事者——且不说无知的看护与制作紧身服装的人——如肯领悟这层道理，他对于自己并不清楚的事情就不会瞎搅和了；他们既然对于儿童体态的形成毫不知情，在塑造孩子形体时，就应该害怕将自然移位。然而在我见过的许多有关儿童的案例中，他们因为衣着过紧受到巨大伤害，这不能不使我感到，世上有些造物(Creatures)，其禀性其实真不比猴子高明多少，他们只因对于自己子女无理性的爱抚及过度的束缚，竟把子女都给戕害了。

12. 狭窄的胸脯，短促且散发异味的呼吸，衰弱的肺腔，以及佝偻，是束缚身体及穿紧身服装的必然的、常见的结果。人们原来是想使他们苗条挺拔，身材健美的，结果却适得其反。当为身体上各种器官所预备的营养不能遵循自然的设计去分配时，必然导致身体各个部分的发育失去和谐。其结果是，一旦可能，营养便在身上那些不受挤压的地方堆积，因而经常造就一个异乎寻常的肩膀或臀部，这是不足为奇的。众所周知，中国的妇女由于从小身体受到严重束缚，造就了三寸金莲——我想象不出这样做会产生何种美感。

① “你的孩子”，原文是“your son”（令郎），疑有误，故译文作了变通。— 译者注

最近我见到一双据说是供中国的成年妇女穿的鞋；这双鞋与我们这里同龄女性的脚相比是多么的不成比例，甚至连我们这里的小女孩都穿不了。此外，据说那里的妇女身材矮小，寿命也不长；然而那里的男人却同其他地区男人的身材差不多，寿命也不短。中国女性的这些缺点相当程度上要归咎于不合理的裹脚，因为血液循环因此受阻，整个身体的成长及健康从而深受其害。

我们不是常常看到有人由于脚部的某一部分被扭伤或遭到击打而受到伤害，致使整个大小腿失去力量与营养，以致萎缩了吗？胸腔是维系生命的心脏的所在地，一旦违背自然地加以压迫，阻碍它正当的扩展，那么由此造成的极大麻烦，岂非可想而知吗？

（五）饮食与用餐

13. 至于他的饮食，应该极其清淡、极其简单，如果要我进言的话，我主张在他年幼尚着童装时，至少两三岁以前，应该禁止肉食。这样做对于他保持健康与增强力量，无论是着眼于当前还是长远考虑，都不无裨益，但是我担心做父母的由于自己接受了多食肉类的不良习俗的误导，难以赞同这一做法；他们会自行其是，越俎代庖，认为他们一天倘若不至少吃两次肉，便会挨饿。我确信，如果一般儿童不像现在这样，被慈爱的母亲及无知的仆人将肚皮填得满满的，三四岁前与肉食完全不沾边，他们年幼时出牙的危险就会大大降低，各种疾病也会退避三舍，而为健康、强壮的体格奠定基础也是确定无疑之事了。

倘若我的少主人一定要吃肉，就让他每天吃一次吧，每次且只可吃一种。清淡的牛肉、羊肉以及小牛肉等是首选，可用饥饿去诱发他的食欲，不用任何别的调味品；此外要特别注意的是，他用餐时，不管有无其他食物，都要多吃面包。食物无论多么坚硬，都要让他细嚼慢咽。我们英国人时常对此疏忽，从而导致消化不良及其他更严重的疾病接踵而至。

14. 作为儿童的早餐及晚餐，牛奶、奶羹、稀粥、弗禄麦[1]以及我们英国人习惯制作的其他各种食品，都是非常合适的；要注意的只有一点，就是这些食品都要务求清淡，不必多加调料，尽量少放糖，甚至干脆就不放；尤其是各种辛辣的调味品以及其他可能导致血脉亢奋的东西，都要力求避免。此外，在他的一切食物里，盐不可多放，不可使他习惯于食用味重的肉食。我们的味觉之所以变得嗜好美味佳肴，对于烹饪术情有独钟，全是习惯使然；食品里的盐若加得太多，不仅容易使人口渴，饮水过度，而且对于身体还有其他副作用。对于我的少主人来说，最好的早餐是一块制作优良，烘烤适度的黑面包，有时可以在面包里添加一点黄油奶酪，有时就宁可什么都不加。我相信这种早餐能使他变成体格强壮之人。这样的食物丝毫不亚于精心烹制的食物，对他十分有益；他只要食用惯了，同样也会甘之如饴。如果他在两餐之间还要进食，只可使他习惯于嚼食干面包。假如他超过需要，仍喊饥饿，有了面包就能够止饿了；假如他并不饿，那么他根本就不应该吃。用此方法你可以得到双重益处。其一是让他形成吃面包的习惯，他就会爱上这种食物；因为我说过，我们的口味及肠胃都是钟情于吃惯的东西。其二是你不至于使他的进食比自然所需要的更饱、更频繁。我并不认为所有人的胃口都是如出一辙的；有的人生来胃口就好，也有人生来消化能力就差。但是我总是觉得许多饕餮之徒都是习惯使然，并非天性造就；据我所知，有些国家的居民强壮活泼，精力充沛，但每天只吃两餐，而有些国家的居民却像闹钟一样准时，每天习惯于吃上四五次，而前者的体魄并不亚于后者。罗马人即使每天进食不止一顿，也只有晚餐是固定的，他们通常要挨到晚餐才进食；至于那些习惯于吃早餐的人，其进餐的时间安排在早上 8 点、10 点或 12

---

① 弗禄麦（Flummery），是一种英式甜点，用牛奶、面粉、鸡蛋等原料制作。——译者注

点乃至更晚，就餐时既没有肉，也没有事先准备好的食物。奥古斯都[①]是世界上一位最杰出的君王，据他自己说，他只在兵车里随便吃一点干面包。塞涅卡在他的第83封《道德书简》里描写他自己的生活起居状况时说，他虽然已步入老境，年龄容许他不妨奢华一点，然而他仍然习惯于每天午餐只吃一块干面包，进餐时连正式的落座仪式都没有。虽然他的财产较之任何英国人的都不会少，如果健康需要他享用比较丰盛的食物，即使加吃一倍，他也足以支付得起。这个世上的不少杰出人物都是吃这么一些有限的食品长大的；而罗马的年轻绅士也并未因为每天只进食一餐便觉得身亏力弱、精力不济。万一他们中有人饥肠辘辘，挨不到他们惟一固定晚餐的时候，也不过稍许进食一点干面包，至多再增加一点诸如葡萄之类的小东西，去安抚一下自己的肠胃。这种节制的习惯无论对于健康还是事业，都甚属必要。后来他们东征胜利后，[②] 奢靡之风在他们中开始蔓延时，每日一餐的习惯仍旧未变，成为对抗奢靡的一种手段；其中有些放弃了粗茶淡饭旧习的人，虽然喜欢操办宴席，但不到夜幕降临，宴席是不会举行的。人们认为，每天吃了固定的一餐外还要多吃，简直是匪夷所思，荒唐透顶；直到恺撒[③]的时代，如果有人在日落之前去寻欢作乐或大吃大喝，还是要遭到谴责的。所以，倘若人们不以为这种方法过于苛刻的话，我以为最便捷之事就是让我的少主人早餐只吃面包。你很难想象，习俗的力量有多么厉

---

① 奥古斯都（Augustus，前27—后24）原名渥大维，在位时文治武功业绩显赫，奠定横跨欧亚非三大洲的罗马帝国的基础。公元前27年被罗马元老院奉以“奥古斯都”（拉丁文意为“神圣者”、“至尊者”）称号。“奥古斯都”后亦成为罗马及西方帝王的习用头衔。——译者注

② 这里的东征（Eastern Conquests）指的是公元前88年，罗马统帅苏拉（Lucius Lornelius Sulla）率军去东方与黑海南岸的本都国王米特拉达悌六世作战，争夺小亚细亚西部及巴尔干半岛的战争。这场战争前后经历数次，最终罗马人获胜。——译者注

③ 恺撒（Gaius Julius Caesar，约前100—前44）是罗马统帅、政治家和作家，曾集执政官、保民官、独裁者、大将军等大权于一身。——译者注

害；我认为，我们英国人的大部分疾病全是由于进食了过多的肉及过少的面包之故。

15. 至于他的用餐时间，我以为要尽可能避免有固定的进餐时刻表。因为如果习惯使他的进食固定在特定时间，那么如果错过时间，他就会焦虑不安，他的胃不是因亢奋而导致弊端重重的饮食过量，就是因消沉而导致食欲大减。有鉴于此，所以我不主张为他的早餐、中餐、晚餐预设固定进餐时间，我宁可主张他一日三餐的进食时间差不多要每天变化。如果他在三次正餐之间还要进食，可以满足他，一旦他要求时，可以随时提供优质的干面包。如果有人觉得这种饮食对于儿童过于刻薄、吝啬，那么，他们应当知道，一个孩子午餐有肉吃，晚餐有肉汤或诸如此类的食品果腹，此外想吃时还随时有质量上乘的面包与啤酒，他是绝对不会挨饿的，也不至于由于营养不足而变得虚弱；所以经过反复考虑之后，我认为这不失为对待儿童的最佳方法。早晨通常被安排来读书，孩子的胃如被食物充填得满满的，是一种不良的准备。干面包虽说营养异常丰富，可是在引起食欲方面却居于末席；凡是关注儿童的精神或肉体，不愿他们变得萎靡不振及健康缺失的人，是不会让他在早餐时把肚皮填得太饱的。人们也不要以为对有财产、有身份的人用这种方法不合适。一个绅士，无论处在何种年龄段，都应这样养育，务使他能随时操刀舞剑，当好一名士兵。一个人使其子生来就只会仰仗老子留给自己的大笔财富优哉游哉，安逸度日，他若是这样养育儿子，那么这种人既不曾借鉴过所见到的榜样，也不明白自己所处时代的需要。

16. 他的饮料只能是淡啤酒，不能在两餐之间饮用，而只能在吃过面包之后去喝。我这样主张的理由如下。

17. 第一，当人浑身燥热时，喝饮料比我所知道的任何别的事情都更容易引起发烧与积食。如果他玩耍得又热，又渴，面包自然就难以下咽；如果只允许他在吃过面包之后再喝饮料，他便只好勉强忍耐，不去碰它。须知，在他很热时，他是绝对不能进食饮料的。至少也得先吃一大块面包，以便赢得时间，使啤酒加热到与体温相当，那时饮用才是安全的。如果他真的渴得厉害，啤酒这样热了再喝，其止渴的功效便更大；如果他等不及热了再喝，那么他不喝也没有关系。他因此还可以养成克制的习惯，对于身心的健康乃是极为有利的。

18. 第二，他若不先吃面包就不准他喝饮料，这样做又可防止他养成贪杯的习惯；对于良好的友谊，贪杯不啻是一种危险的开端和准备。人们常常依据成规旧俗，使自己养成习惯性的饥渴。只要你愿意尝试，你可以让一个已经断奶的孩子在晚上重新吃奶；甚至他不吃奶便无法入睡。看护们习惯于用此方法——就像哼摇篮曲一样——去止住婴儿的啼哭。我相信，做母亲的一般都会发现，把孩子接回家的开始阶段，要让孩子晚上断奶是颇为困难的一件事。你得相信，无论白昼还是黑夜，好饮都是个占据优势的习俗；如果你愿意尝试，你可以有办法使得一个人时时都觉得口渴。

有一次我住在某人家里，那家有个任性的孩子，家人为了使这个孩子安静，只要他一哭闹便给他饮料；所以他从早到晚总是喝个不停。虽然他还不会说话，而每天 24 小时所喝的却比我还多。你若愿意的话不妨试试，无论是喝浓啤酒还是淡啤酒，你都会喝得口干舌燥。教育上应该关注的一件大事是看你要培养何种习惯；所以在这件事上与在其余一切事情上一样，如果在实践上你不打算让他继续下去，日益增长，你就不必让他养成习惯。喝饮料不可超过自然的限度，这对健康及节制都不无裨益；凡是不吃咸肉也不饮烈性饮料的人，他在两餐之间是很少口渴的，除非他已养成了海喝滥饮的习惯。

19. 此外你特别要注意的是，提防他喝果酒或烈性饮料，即使偶尔喝过，也决不可常喝。在英国，通常最爱给予儿童的便是这种饮料，而这种饮料对于他们的坏处也最大。他们决不可喝烈酒，除非作为兴奋剂，并有医生的处方。即使在这种情况下，你也得密切注视你的仆人，他们如果违反纲纪规矩，就应严惩不贷。这些卑贱的小人，自己把大部分的快乐放在烈性饮料上面，他们总喜欢为小主人提供他们自己最心仪之物，以博取少主人的欢心；他们自己喝酒得到了快乐，便无知地以为少主人喝了也没有害处。这是你要睁大眼睛密切关注及用全部能耐去约束的；让孩子们喝惯烈性饮料，尤其是私下和仆人推盏对饮，会奠定儿童沉沦的坚实基础，其对儿童身心的危害，较之任何其他事物有过之而无不及。

20. 在健康的维护上，特别是在儿童的健康维护方面，水果是最难处理的问题之一。我们的始祖就是因为甘愿为水果冒险而失去了乐园；[①] 无怪乎我们的孩子禁不住水果的诱惑，以付出健康为代价。关于食用水果的注意事项，并非一条一般的规则可以说清。因为我决不像某些人那样希望儿童远离水果，也不像他们那样认为水果这种东西完全于儿童的健康无益。他们这种苛求态度的结果是，儿童反而会更加贪婪地去寻觅水果；不分好坏，不管成熟与否，也不论何时，只要能弄到手，都乱吃一通。我觉得，对于西瓜、桃子、大多数梅类，以及英国出产的各种葡萄，儿童应完全避免触及，因为它们的味道虽然异常可口，但是汁液极不卫生，所以如果可能的话，最好不让他们见到，或是根本不让他们知道有这些东西。但是草莓、樱桃、醋栗，或者覆盆子，只要完全成熟了，我觉得让他们食用非常安全，如果当心下列各点，大人不妨放松管制。第一，不可照我们日常的做法，在正餐后，肠胃充斥了其他食物时再去食用。我主张进食时间应该安排在餐前或两餐之间，儿童应当把它们当作早餐来用。第二，应在进食面包时同时食用水果。第三，要待水果完全成熟了才食用。如果他们能够照这种办法去进食

---

① 这里指的是亚当、夏娃因偷吃了智慧树上的禁果而被上帝逐出伊甸园的故事，出自《旧约·创世纪》。——译者注

水果，我觉得水果对于我们的健康不仅无害，反而有益。夏天的水果正与出产时的炎热节气相对应，由于气候炎热，我们的肠胃功能变得衰弱紊乱，吃些水果正好清热开胃；所以在此问题上，我不像某些人那样严厉地对待其子女；那些人让其子女接触水果的机会甚少，不提供给他们适当的经过精心挑选的水果去让其满足，这样，一旦他们逃脱了管束，或是通过贿赂仆人去买到水果，他们就会为了满足长久以来的欲望，连果皮都会吃得干干净净，以至吃得过量。

还有苹果和梨子，只要完全成熟了，采摘下来后又贮藏了相当的时间，我认为也可以随时安全地享用，尤其是不妨多吃些苹果，我听说，十月份以后吃苹果是决不会对人体产生危害的。

此外，我认为，不吃糖渍的干水果，也是合乎卫生的。其实一切糖果都应避免触及；糖果的危害到底是对制作糖果的人多，还是对食用糖果的人多，一时恐难下定论。我相信买糖果吃是最不合适的用钱方式，其中不乏虚荣心作祟；这个问题就留给女士们去自行决定好了。

（六）睡眠与卧床

21. 在所有各种显得缠绵、温柔的事情中，没有什么比睡眠更易使儿童沉溺其中。在生活起居中，只有睡眠是儿童可以充分享受的；没有什么比睡眠更能增进儿童的生长与健康。惟一应当成为规范的是，一天 24 小时之间，究竟哪一部分应当作为他们的睡眠之用；这一问题不难解决，正如常言道：

早起成习惯，受益无穷多。①

如果早起形成习惯，对健康极为有益；一个人若从童年起就养

① 此段谚语原文是：“That is of Great Use to accustom them to rise early in the Morning”。——译者注

成及时起床的习惯，并驾轻就熟，游刃有余，那么，至他成年之后，他就不会将他生命中最宝贵、最有用的时间浪费在昏睡中及床褥上了。如果儿童必须早起，自然便得早睡，其结果可使他们养成一种习惯，不去涉足那种不健康、不安全的放荡的夜生活；凡是正常安排生活的人很少因放荡淫逸而遭致责难。我的本意并非是令郎长大成人后，绝对不能在晚上 8 点以后去与人交际，也不是说他一定不能在午夜时分与人觥筹交错，聊天应酬，你只是要明白，你要尽可能在他年幼时使他养成一种习惯，避免以上提及的种种行径，那么，将来因为违反自己习惯，他对于上述做法就会感到如芒刺在背，退避三舍，而很少会去参加那种子夜的饮酒狂欢了，这种好处可谓非同小可。倘若事情不能做得如此彻底，还必须顾及时尚与社交，要让他 20 岁以后能与他人一样生活，那么在现在与 20 岁之间的这一段时间，你也值得使他养成早睡早起的习惯，因为这不仅对于增进他的健康有立竿见影的作用，此外还有别的种种益处。

我虽然主张儿童年幼时应多睡眠，甚至睡多久可悉听尊便；但我的本意并非说他们长大一些后还应总是这么在床上耗费大好光阴，沉溺于被褥，懒睡不起。不过限制他们睡眠的时间究竟应该从 7 岁起、10 岁起，还是从别的年龄起，难于精确规定。在作出有关决定时，应该考虑他们的气质、力量和体质。不过若是到了 7～14 岁之间，他们还是喜欢贪睡，我想那时着手将他们的睡眠时间逐渐减少到每天 8 小时左右是适宜的。健康的成人每天有 8 小时睡眠通常就够了。如果你已经尽了你的本分，使他养成了长期早起的习惯，这种贪恋枕衾的缺点是容易革除的；多数儿童因为晚上想与伙伴同乐，减少了睡眠时间；如果无人监管，他们也许会在早晨去弥补夜晚的损失，但这是绝对不能容许的。每天一早都应有人将其唤起；但是唤醒他们时一定要极为小心，避免仓促行事，不可大声或尖声叫唤，也不可使用其他突然发出的巨响。这些会使儿童受到惊吓，从而使他们受到巨大伤害。睡眠正酣时，忽然这样被人惊醒，无论是谁都会感到烦躁不安的。当从睡梦中唤醒儿童时，一定要先是低声呼唤，轻轻抚摸，使之逐渐清醒，对他们只能使用温和的言语和惯常的做法，直到他们神志恢复，穿好衣服，你才能确信，他们是完全清醒了。如果勒令他们清醒，那么无论你的动作如何舒缓，也会使他们感到痛苦；此外还要注意的是，不可使他们遭受任何其他苦恼的困惑，尤其是使之恐惧一类的事情。

22. 让他的卧床坚硬些，铺设宁可用棉絮，而不是羽绒。硬床可以锻炼身体，然而如果每夜被羽绒被褥所包裹，则会融骨伤体，不啻为虚弱之因，短寿之源。结石病的起因常常就是由于腰部包裹过暖所致，此外还有许多别的不适，以及疾病之源的身体孱弱，大都可归咎于羽绒被褥。凡是在家里睡惯了硬床的人，到国外旅行时便不至于由于床褥不软和、枕头没铺好，而有失眠之苦——须知，旅行时睡眠乃是最重要的。所以我主张要常常用不同的方式去铺设他的枕衾，有时可以让他的头垫高一点，有时不妨睡低一点的枕头，使他不至于感觉到每一细小的变化，而这样的变化他必定会遇到，须知，他并不能注定总是睡在家里的少主人的床上，可以吩咐女仆给他刻板地铺好一切，在温暖中进入梦乡。自然给予人们的甘露是睡眠。与之失之交臂者便会遭受痛苦；对于这种甘露，凡是只能在母亲的精美的金杯中去畅饮，而不能在粗糙的木盘中品尝的人，就是不幸之至之人。能够甜睡的人就能饮到这种甘露；至于下榻之处是柔软的床褥还是坚硬的铺板，那都无关紧要。惟一必要的事情就是睡眠而已。

（七）排便

23. 此外，还有一件与健康攸关之事，就是按时排便。大便过频之人很少有强健的思维及身体。对此，相应的治疗措施可从饮食与药物两方面着手，比起便秘来这毛病容易医治得多，无须过多关注；因为如果它存在威胁的话，无论是来势汹汹，或是旷日持久，自然会迅速请医生瞧治，有时甚至就医太急；如果症状不重，为时不久，通常最好的办法就是听其自然。与此相反，便秘亦有害处，医生诊治起来却要困难得多；泻药虽在表面上可给予安慰，实际上却使病情加重，而不是祛除毛病。

24. 对于便秘这种毛病，我认为更有理由来加以讨论，且从书本上寻找不到医治的方法，所以设法动脑来解决，深信只要我们能遵循正确的途径，采取合理的步骤，便秘问题是可以解决的，即使是在我们身体上产生更大的变化，也都是不难办到的。

第一，我认为大便是人体某些部分运动的结果，尤其是肠道蠕动的结果。

第二，我认为有些并非完全随意的动作，通过应用与长期练习，只要持之以恒，坚持不懈，假以时日，它们都是可以成为习惯的。

第三，据我对一些人的观察，他们只要在晚餐后吸一管烟，再去方便，排泄就非难事了；于是我自己便首先产生怀疑，感到他们之所以能得到自然的垂青，恐怕是基于习惯者多，而由于烟草者少，充其量即使真是由于烟草之故，我想也是由于烟草激起了肠道的迅速运动，而不是因为烟草具有通便的力量；否则它便必定还有其他的效能。

一旦有了这种想法，认为大便可以养成习惯以后，接下来的事情便是考虑通过何种途径及采用何种手段才有达到该目的的可能。

第四，于是我便设想，倘若一个人在早晨首次进食后，立刻便去向自然乞求，尝试出恭，不管他是否可控制自己，达到排便的目的，通过长期练习，行之既久，他就可以养成早起排便的习惯了。

25. 我之所以选定早餐后去方便，是基于以下理由。

第一，因为早餐前人的胃内空虚，如果它接纳了它所钟情之物——因为我主张人在有需要时，胃口好时进食喜爱的食物——胃内的纤维便会通过强烈的收缩作用，将食物紧紧包裹；我想这种收缩作用也许会顺延到肠道，因而增强其蠕动。例如，在我们所见到的肠梗阻中，肠道的下部无论哪一部分发生了紊乱的运动，都会波及其余部分，甚至胃部也要受到这种不规则运动的困扰。

第二，因为人在进食时精神通常处于放松状态，不至于驰心旁骛，于是更多地集中于下腹，从而产生同样的效果。

第三，人们无论如何繁忙，还是可找到进食的时间，因此他们也一定有足够的空暇去求助于排泄女神①的垂青，解决内急；但是由于人事倥偬，除此之外便没有一定的时间可以确定为解决内急之用了，即使定下，也不免中断。身体健康者的进食时间经常变化，但每天至少会进食一次，照此推理，人们仍能维持按时大便的习惯。

26. 依据上述理由，实验开始进行，并产生如下结果。我发现凡是坚持不懈之人，在他们吃过第一餐后，无论何时，也不管是否有排泄的需要，都小心在意，奔向卫生间，短短几个月后，他们的努力就使自然忠于职守，获得了预期的成效，养成了按时大便的习惯；除非自己偶尔疏忽，早餐之后，他们是极少不能排便的。因为无论他们是否想要，只要到了卫生间，尽了本分，自然是一定会服从他们的。

27. 所以我提议，一个儿童每天遵循如下常规。用过早餐后，立即让他坐到恭桶上，排泄好像进食一样，都在他自己的掌控之下；不仅他自己，他的女仆也应该对此深信不疑，而决不可持相反的观点；如果他被迫去坚持排便，否则不得游戏，或只有在恭桶上有效地解决了问题，才容许重新进餐，至少他尽了最大努力去做，我就不会怀疑，按时大便就会成为他的习惯。因为我有理由认为，儿童经常沉浸于游戏之中，而将其他事情置诸脑后，自然呼唤他们

① 排泄女神（Madam Cloacina）一词中的 cloacina 来自拉丁文 cloaca，意为“排泄腔”；在 17 世纪，又称“圊厕女神”（Goddess of Lavatory）。——译者注

的轻微动作每每被忽视；他们对于适时的内需这样不顾，久而久之便导致了便秘的习惯。我认为，上述方法可防止便秘并非只是一种猜测；我知道有一个孩子用此方法持之以恒地练习了一段时间后，每天早上就会习惯地坐上恭桶了。

28. 成人是否认为这种方法值得一试，惟有留待他们自己去定夺；然而我不能不声明一句，鉴于许多问题来自于便秘，所以我更加感到，对于健康而言，自然的必不可少的放松较之其他任何事情更重要。一天24小时中，我觉得方便一次就够了；我不认为会有人觉得这样太多。采用此方法，排便就可以不必借助于药物之力，自然畅通，对于顽固及习惯性的便秘，药物的效力通常很小。

（八）用药

29. 至于他的一般健康事宜，我只有关于他的一个管理问题要打扰你。大家也许对我有一种期待，以为我会提供一点关于药物的意见，用以预防疾病；对于这种期盼，我只有一点可说，希望大家严格遵守，这就是：决不可让儿童服用任何药物去预防疾病。倘若大家能够听从这一建议，其功效会远胜过女士们的食物、饮料或药商们的药物。你决不可按照那种方式去干预，自作聪明，否则不仅不能预防疾病，反而会引来麻烦。儿童有点小恙，不用动辄服药、请医生；尤其是万一请来的医生是个多事之徒，他立刻就会在病者的窗台上摆满药瓶、药罐，胃里塞满药丸。其实，与其将孩子交给一个胡乱处置的人，或是一个认为儿童的一般毛病可用除了食物之外的任何东西医治好，或是相信与此类似方法的人，还不如完全任其自然来得安全。无论是从理智或经验考量，我都觉得儿童的娇嫩的身体应尽量少加摆布，除非是在某些个案确实需要，绝对必须的情况下，才另当别论。有些疾病刚发生时，为患者提供一点冷却、静置过的红罂粟水——这是一种真正的消食水，[①] 同时禁止肉食，疾病通常就可以痊愈；若是用药太猛，反而会酿成重病。倘若这种温和的处理无法摆脱萌发中的麻烦，不能阻止它变成真正的疾病，那时才可以去请教一位冷静持重、考虑周全的医生。我希望我的有关意见能得到人们爽快的认同。一个曾耗费精力研究过医学的人，他劝你不可滥用药物，乱请医生，恐怕是没有人有借口去加以怀疑的。

（九）身体保健的规则

30. 与身体及健康有关的事宜，我这就说完了，总结起来可以归纳为如下几条极易遵守的规则：大量呼吸新鲜空气，经常运动，睡眠充足；食物须清淡，不喝酒或烈性饮料，少用乃至不用药物；衣着不可过暖、过紧，尤其是头、脚要保持凉爽，脚应习惯与冷水接触，不怕暴露在潮湿的环境中。

---

① 罂粟水（Poppy-water）是利用罂粟作原料制作的催眠剂，当时有人将其作为饮料。——译者注

中篇　道德教育

一、德育的意义及原则

31. 一旦身体获得了应有的关注，保持强健兴奋，能服从并执行精神的命令之后，另一个主要问题就是如何使精神保持正常，使之在一切场所的一切行为举止得当，合乎一个理性动物高贵美善的身份。

（一）重视儿童精神形成的意义及德行的原则

32. 我在本文开头说过，人们的言谈举止、能力之所以千差万别，较之任何其他事物，教育所起的作用乃是最大的；倘若这种说法如本人所确信，诚然不错的话，我们就有理由提出以下主张：要格外重视儿童的精神的形成，而且须及早形成，这足以影响他们今后一生的生活。因为他们做事或好或坏，随之而来的赞扬或责备便会与其所受的教育相联系；他们如果在某件事上出了差错，人们便要批评，声称那样的结果是符合其所受的教养的。

33. 身体强健主要体现在能吃苦耐劳，精神的强健同样如此。一切德行与价值的重要原则及基础就在这一点上：一个人能抗拒自己的欲望，能够不顾自身的自然倾向而纯粹服从理性最好的指向，尽管与欲望背道而驰。

（二）早期教育的意义及教育不当的危害

34. 据本人观察，人们在教养儿童方面有个重大错误，对一个问题没有给予及时充分的注意；这就是人的精神在最纤弱、最容易支配之时未能使其习惯于遵守纪律，服从理智。接受自然的明智的命令，为人父母者无不爱护自己的子女，但是如果理性不是极为严密地监视这种自然的爱，就容易流于溺爱（fondness）。父母爱护自己的子女，固然是其职责；但是他们常常连子女的过失都呵护有加。诚然，对子女的行为不宜横加干涉，应当允许他们在各项事务上运用自己的意志；而且，由于孩子年龄尚幼，他们也不会做出太出格的坏事，所以做父母的总觉得可以放纵子女的过失而无危险，他们以为孩子任性地嬉戏打闹是孩子纯真的童年的表现。但是对于一个溺爱子女、对于其恶作剧不去纠正、一味原谅并认为那是无关紧要的小事的父母，梭伦①答复得好："不错，但是习惯却是一件大事啊！"②

35. 被溺爱、娇宠惯了的孩子必然学会打人及骂人，必定会哭闹着索要他想得到的东西，必定会悍然去做他一心想做的事情。这样一来，由于父母迎合迁就、溺爱娇惯之故，在孩子幼小时候破坏了自然的法则，他们自己在泉水的源头播撒了毒药，日后亲自喝到苦水，却又感到大惑不解。因为他们的孩子长大后，这种种恶习如影相随；那时孩子已长大，他们的父母不能再将他们当作玩物逗乐了；于是他们就开始埋怨，说孩子太刚愎倔犟，恣意妄为；那时他们才恼怒地看到孩子的任性执拗，被他们的种种邪恶气质劣行所困扰，然而这些缺点都是他们亲自注入、养成的；直到那时，他们才愿意铲除他们亲手种植的杂草，然而杂草已根深蒂固了，这时想铲除也许已为时太晚。既然在他还在着童装③时就惯于颐指气使，支

① 梭伦（Solon，约前638—前559）是古代雅典政治家及诗人。前559年任雅典首席执行官时实行政治改革（史称"梭伦变法"）。——译者注

② 这则语录选自古代希腊作家第欧根尼·拉尔修（Diogenes Laertius，约200—250）的《名哲言行录》ⅲ. 38。——译者注

③"着童装"原文为"in coats"，直译应为"穿裙子"。——译者注

配一切，现在他穿上马裤[①]了，他仍旧希望随心所欲，我们又为什么要感到惊讶呢？毋庸置疑的是，随着他越来越接近成年，他的年龄将其错误也表现得越来越显著，以至很少做父母的如此颟顸，视而不见，也极少做父母的如此麻木不仁，对于自己放纵的恶果毫无所察。他在还不会说话、不会行走之前，就已在对女仆吆三喝四了；他刚刚牙牙学语，父母就受他差遣了；如今他已长大成人，比以前更加强壮、聪明了，为什么现在突然之间要受到约束和控制呢？为什么他在7岁、14岁，或是20岁的时候，必须要丧失迄今父母一直大量允许他享有的特权呢？你不妨用一条狗、一匹马或是任何其他一个动物进行试验，观察它们幼小时学会的鬼蜮伎俩长大后是否能轻易除去；然而诸种动物中，其任性、傲慢，或其希望成为自己及他人主宰的欲望，哪里赶得上人类的一半呢？

36. 当其他动物幼小时，我们对待它们的办法通常相当聪明；我们知道为了使之成为有用的动物，或适于某种用途，必须及时训练。我们惟有对于自己的后代，在这一点上疏忽大意；我们将他们变成了劣迹斑斑的顽童，却又愚蠢地希望他们长成谦谦君子。因为如果儿童想吃葡萄或糖球的念头一旦产生，我们为了不让可怜的孩子哭泣或不快，就让他如愿以偿；那么为什么一旦他长大成人，他想喝喝酒、玩玩女人，却不可以如愿以偿呢？作为心仪之物，喝酒、玩女人对于一个年龄较大的人来说，与他年幼时哭泣追求的东西之合乎孩子的倾向，并没有区别。处在各种年龄段的人具有各种不同的欲望喜好，这并非错误；但若不能使欲望接受理性的规范与约束就是问题了；其中的区别不在有无欲望（Appetities），而在有无控制欲望的能力与克制自己某种欲望的功夫。凡是小时候不惯于使自己的意志服从于他人理性的人，一旦长大，到了自己能运用理性时，他也很少会去留意倾听或服从自己的理性。这类儿童会成为

① 马裤（breeches）是一种供年轻人穿的裤脚束紧，长及膝部的裤子。——译者注

哪一类人，其实不难预见。

37. 以上所说的诸种情况，即使是看来最能潜心教育子女的父母，也常常忽略。但是倘若我们观察一下对于儿童管教的一般状况，想想他们为世人不齿的放浪形骸的情形，我们确有理由怀疑其中是否还有一点德行残留的足迹。我真想知道，倘若父母以及其他与儿童朝夕相处之人，不使儿童对邪恶耳濡目染，习以为常，以及不在儿童刚能接受邪恶时便将邪恶的种子向儿童播撒，那么儿童怎么会有邪恶？我这里并非指他们给儿童提供的榜样，以及他们为儿童树立的表率，这些所起的鼓励已足够；我所注意的是，他们清楚明白地将邪恶传授给儿童，使之实际上离开道德的正途。就在子女还不会行走前，他们便施之以暴力、报复、残忍等训练。大多数儿童天天听到的一课是："给我一根棍子，我要揍他。"也许有人认为这种教训无伤大雅，因为儿童手劲很小，干不出任何出格之事。但是我要问一句，难道这种教诲就不至于败坏他们的精神吗？难道这不就是他们开始实施强权与暴力的一种方式？倘若他们小时候就因受他人教唆而去打人、伤人，目睹自己施加于别人的痛苦，反以为乐，备感欢欣，那么到了他们自感足够强壮有力、可以自由行动、能够通过打人而达到某种目的时，他们就不会照此行事？

我们的身体之所以需要遮盖，目的是遮羞、保暖、护体，可是由于父母的愚昧或恶习，却将穿衣戴帽在孩子身上移作他用。他们教一个孩子盼望一套新衣，目的是贪图其精巧漂亮；看见小女孩穿了一套新衣，戴了一顶新帽，做母亲的赶紧去叫她几声"我的小皇后"、"我的小公主"，教她自我陶醉一番，认为不这样做那哪成呢？这样一来，小孩子衣服还不会穿，却已学会向别人炫耀自己的服装。既然做父母的从小就教子女这样行事，他们长大后岂能不继续炫耀裁缝①为他们制作的服装的时髦样式？

---

① "裁缝"，原文为"Talor or Tire-women"，直译为"男装裁缝或女装裁缝"。——译者注

有些做教师或父母的人，为图一己之便，每每鼓励学生或子女去说谎、含糊其辞，以及说那些与说谎相差无几的遁词。通过成人的教诲，这些成为他们的口头语；年轻人目睹曲解事实（Straining of Truth）在对他的作为正人君子的先生有利之时尚且受到鼓励，那么，一旦这样做对于他自己有利时，为什么他就不能如法炮制呢？

处于社会下层之人因受家产匮乏的限制，其子女受饭菜的诱惑适度，吃吃喝喝的邀请也有限，故他们不至于在饮食方面放纵洒脱，恣意妄为；不过这些下层人士一旦有了多余的资产，便会给子女树立恶劣的榜样，使其子女知道他们并非不喜欢贪杯，或不喜欢多食，过去之所以进食适度，是因为囊中羞涩之故。倘若我们观察那些家境稍微变得殷实一点的家庭，就不难发现，他们是如此地看重饮食，乃至视为人生的大事与幸福，如果儿童得不到一份饮食，他们便以为儿童受到了歧视。他们的肠胃填实以后，人们还得用调料、肉菜以及种种精烹细作的食物去诱发其口味；然后又借口怕肠胃负担太重，又让喝一杯酒，美其名曰帮助消化，实际上只是增加积食而已。

我的少主人有点小恙吗？大人的第一个问题是："我的宝贝，想吃点什么？需要我拿什么给你吃呢？"于是立即密锣紧鼓地张罗起食物及饮料来；每个人都要想方设法去制作精美的食物，以便增加病孩的食欲；其实，疾病初起时，病人的食欲减退，是自然的配套措施，以此阻断疾病的发展；只要肠胃不再吸纳新的食物，它便可以有余力去纠正、控制这种违背常规的玩笑（peccant humours）啊！

有些处在父母关爱之下的儿童是如此幸福，他们的父母非常明智，令子女在餐桌上保持克制，安于粗茶淡饭，不去暴饮暴食；然而他们的精神还是难免受到一种正在蔓延的不良习气的毒害。尽管他们在受人管教时，由于管理得当，身体的健康也许可确保无忧，但他们随时随地都会受到一种所谓精食主义（Epicurism）的诱惑，他们的欲望定然会被这种诱惑所煽惑。这种对食不厌精的推崇随处可见，就人类自然的食欲而言，不失为一种有效的刺激，使他们很快爱上流行的美味佳肴并乐于破费。对此，几乎每一个人——即使是邪恶的非难者——也交口称赞，美其名曰“生活得好”。面对这种众口一词，就算有人心怀不满，又敢说些什么呢？既然精食主义拥有如此多的信徒，乃至被社会上的精英阶层广泛地实践，如果有人说精食主义是奢侈，谁愿来听这种议论呢？

精食主义现已成为一种通病，并拥有大批支持者，不知它是否还取得了一种美德的名称；此时有人公然出来张嘴表示反对，不知大家是否会视之为愚不可及之举，或者说此人不懂人情世故。老实说，本人颇为怀疑的是，我在这里所说的一番话，可能被责备为脱离常规的痴癫之言，难道我没有用这种观点提醒过做父母的人吗？我叫他们教养子女的时候要小心在意，密切注视，须知，他们周围都有敌人，不仅存在种种诱惑，而且还有导致邪恶的教唆者，甚至他们认为安全的地方也是如此。

关于这个问题，我不打算再多费口舌了；至于人们玩了什么心计去败坏儿童，向他们灌输邪恶原则的详情，我更不想逐一点评；我只希望做父母的人能认真地思考，想想儿童在无意中受到哪些不合常规及邪恶的教诲，想想为孩子提供与此不同的教导是否是他们的职责及明智之举。

（三）教育儿童用理智克服欲望

38. 对我来说有一件清楚明白的事情是：一切德行（Virtue）与美善（Excellence）的原则在于，当欲望得不到理性认同时，我们需要具有克制自身欲望得到满足的能力。这种能力的获得及改进依靠习惯，而使之轻松、熟练地发挥则靠早期实践。倘若我的话有人相信，我建议与常规背道而驰，儿童自呱呱坠地时起就应该习惯于克制自己的欲望，做事行动时不要对这种欲望念念不忘。他们应该学会的第一件事是，他们之所以得到某样东西，并非那件东西博得他们青睐，而是因为适合他们获得。如果只提供他们所需之物，他们就决不会哭闹着祈求得到别的什么东西，他们就能学会即使在愿望未得到充分满足时也不贪心，就决不会利用大吵大闹、死缠硬磨的手段去争夺支配权；目前常见的此类儿童的一般情形——于人于己鸡犬不宁的景象，何止会降低一半的烈度，因为他们从最初开始就未曾这样被人对待过。倘若他们从未因表达了自己对某物的强烈欲望而使自己的心愿得到满足，他们就不会哭闹着要求什么，正如他们不会哭闹着去要天上的月亮一样。

39. 我的意思并不是说，儿童在任何事情上都一点也不能放肆；我也并不希望他们成为“悬挂的袖筒”①，像议员那样循规蹈矩，温文尔雅。我知道儿童毕竟是儿童，他们应该受到善待，他们应该嬉戏，应该享有玩具。我的意思只是说，儿童向往得到的东西，或是想去做的事，如果对他们并不合适，我们就决不可因为体谅他们年幼，或是他们喜欢，便慨然答应；恰恰相反，无论他们怎样急切，纠缠不休，他们必须明白，惟其纠缠，他们就要遭拒。我曾见过一些儿童，进餐时只吃自己分得的一份就心满意足了，无论周围有什么食品，决不去索取；我在其他地方也见过另一类儿童，他们无论见到什么东西都哭闹着要得到；每样菜他们都要尝到，而且还得是第一个举刀叉的。是什么原因使得两类儿童的行为有天壤之别呢？原因不就是后者惯于获得所要求的或哭闹着要求的事物，而前者则从未有过此类经验吗？我认为，儿童的年龄越小，则其蛮横、违反秩序的欲望宜越少予以满足；儿童自己的理性越少，就越应该置身于管理者的绝对权力之下，并受到权威的约束。因此，我认为只有明智谨慎的人才可以与儿童朝夕相处，陪伴周围。如果世

① “悬挂的袖筒”（Hanging-Sleeves）是英语中的一个比喻，意为某物的存在需依赖或依靠他物的支撑、支持。——译者注

间通行的做法与此相悖，我也无可奈何。我现在所说的是我所认为应有的做法；倘若这种做法早已通行，那么，我根本无需再将此话题大做文章，骚扰世人。但我毫不怀疑，世上必定还会有与我同感之人，认为对于儿童的这种管教开始越早，儿童就会更加安乐，儿童的教师也必定如此；还有一条务必遵守、不可违背的格言是：

儿童所求凡遭拒，撒泼哭闹不可得。①

除非有人存心要教他们变得缺乏耐心，令人生厌，才会在他们哭闹时，用满足欲望去给予奖励。

（四）及早管教的意义及亲子关系

40. 因此凡是有心管教子女的人，应该在子女极小的时候早早开始管教；而且还要看清楚，他们是否完全服从父母的意志。你想使你的儿子过了童年期后仍旧服从你吗？那么，必须在他刚刚知道服从，知道自己置身于谁的权威之下时起就立刻树立起做父亲的权威。如果你希望他敬畏你，你便应在他的婴儿期打下印记；然而当他越来越接近成年时，你则应该采用越来越亲切的态度去对待他；这样一来，他小时候是你的一个顺从的臣仆——这是那时合适的身份，长大后又成为你的一位贴心朋友了。因为在我看来，人们对待子女的方法极为失策，他们在子女幼小时，任其放肆，与大人不分你我，然而一旦子女长大成人，却又对其声色俱厉，与其保持距离。自由与放纵对于儿童毫无好处可言；他们遇事缺乏判断的能力，所以非得有人管束、规范不可。反之，成人办事，可以依靠自己的理智，专制与严厉却是对待他们的错误方法；除非你存心使你那时已长大成人的儿女厌恶你；使他们在心里暗暗念叨："老爸，你何时才会寿终正寝呢？"

---

① 这句格言（Maxim）的原文是："That whatever once is denied them, they are certainly not to obtain by Crying or Importunity"。——译者注

41. 我认为，每个人作出以下的判断是符合理性的，这就是：子女年幼时，应该视父母如君主，即具有绝对权力的统治者，以这样的方式去敬畏父母；而一旦到了成熟的年龄，则应当视父母为他们最好的、惟一可信赖的朋友，以这样的方式去热爱与尊敬他们。我提到的这个观点，如果大家认为不错，就是达到这种目的的惟一途径。子女一旦长大，我们便应该将他们视为与自己一样的人，他们具有与我们一样的情感、一样的欲望。我们希望别人将自己看作是具有理性的动物，享有我们的自由；我们不愿意处在时时受到他人斥责、遭到恫吓的环境中，因而感到不安；我们与人交谈时，也不愿意受到他人的奚落与冷遇。无论哪个人（只要他是成人）受到这种对待，他便会去另找伙伴，再觅知音，进行另外的交谈，以期精神上的怡然自得。倘若儿童从襁褓时起就被严格管教，成为习惯，他们小时候便会驯良本分，安静随和，服从管教，因为除此之外，他们不知有其他的反应方式。倘若他们年龄渐长，能够运用理智之后，管束的严厉就照他们那时应当受到的对待逐渐放松，父亲变得更加和颜悦色，父子间的距离日趋减少；那时，父亲以前的管教反而可增加他们对父亲的热爱，因为他们懂得了父亲以往的管教本质上是一种善意，是一种关怀，是为了使他们值得受到父母的恩惠及旁人的尊重。

42. 关于如何在你子女的心目中确立你的权威一事，我已在一般意义上说得够多的了。你应该首先凭借敬畏，取得支配其精神的力量，到了他们年龄稍长，就要用爱与友谊去维系，因为总有一个时候，棍棒与惩罚都会失灵；那时倘若你的爱不能使他们对你言听计从，恭敬有加，倘若对德行及名誉的热爱不能使他们走上令人称道的正途，那么，我要问你，你还有什么办法可以使之走上阳关大道呢？当然，如果他们得不到你的欢心，害怕少得遗产，也许可使他们变成你的财产的奴隶，但是他们的私生活决不会减少放纵与邪恶；而且这种束缚也难以持久。每个人都会有一个全凭自身形象与自身行为去赢得他人信赖的时候；一个善良、有德行、能干的人必须从内部去打造。所以他所应接受的教育，他所需改变的观念，以及影响其生活的力量，都应及时提供给他；那已是一种植入其天性、奉为圭臬的习惯；而不是由于害怕，仅仅为了避免父亲现在的愤怒，恐怕他会剥夺自己的遗产继承权，而伪装出来的行为或外在的掩饰。

二、德育的具体意见

（一）对儿童管教的方法、措施

43. 管教的一般原则既已提及——那是作为一篇论文必须提到的，现在我们应该更进一步，稍微详细地讨论纪律的构成，尤其是细节问题了。我曾多次提到，在对待孩子时，要用严厉之手来掌控，也许有人怀疑我并未充分从儿童稚嫩的年龄与柔弱的身体去考虑他们应受到的待遇。但你只要听我把话说下去，这种误解便会消除。因为我非常清楚，严酷的惩罚益处很少，不，或许应说它在教育上的害处颇大；并且我也相信，受罚最重的儿童，很少能成为优秀人才。迄今为止，我所声称的只是说，无论需要何种严格的管理，儿童的年龄越小越要多用，一旦运用恰当，获得效果之后，便应放松，改为采用比较温和的管教方式。

44. 父母如能在子女记住最初印象前就坚定地使其意志变得谦和顺从，就可以使这些品质后来显露时看起来如此自然，就好像是天性一样，足以预防任何情况下的纷争与怨恨。惟一须留意的是要尽早着手，不能有丝毫通融，务必使敬畏父母之心变得熟悉，他们的表情在服从时要没有任何勉强，他们的精神也要准备臣服。这种恭顺的心理一旦培养成功——对它必须及早培养，否则势必劳神费力才能改正；耽误越久，耗费越多——即使儿童仍存有各种不轨之心，只要不致滥用，当他们长大成人，比较知书明理时，不必借助鞭挞、呵斥或其他严厉的惩罚，凭借上述小时养成的品质，就可以约束得住。

45. 我们只要思考一下，在一种坦诚的教育中，规定的目的是什么，应立足于何种基础上来运作，有关道理是很容易让人们信服的。

第一，凡是不能控制自己的嗜好（Inclinations）、不知听从理智的指导行事去摒弃眼下的快乐或痛苦纠缠的人，他就缺乏德行与勤勉的真正原则，就有流于百无一用的危险。这种习性既与他们未受指导的天性相悖，故应及时培养；此外，这种习惯又是未来的能力与幸福的真正基础，故只要可能，应尽早注入他们的心灵，在儿童知书明理的第一个黎明起就要着手；凡是对儿童的教育负有责任的人，都应殚精竭虑，在他们身上形成这种习惯。

46. 第二，另一方面，如果儿童的心理（Mind）被勒束过紧，导致颓唐；如果他们由于受到过分严格的管束，精神（Spirits）遭到严重压制乃至损害，他们便会失去活力与勤奋，这种情形较之前者的弊端有过之而无不及。因为放荡的青年，通常显得生气勃勃，精神饱满，一旦走上正轨，常常可变成能干、杰出的人物；心情沮丧的儿童则不然，他们显得胆怯、驯良，唯唯诺诺，郁郁寡欢，很不容易振作，这种人也极难获得任何成就。若要避免上述两方面的任何一种危险，都需要高超的艺术；倘若谁能寻觅到一种方法，既使得儿童的精神保持舒畅、活泼、自由，又使他能抑制自己对于诸多事物的欲望，而去接近那些对他来说并非安易的事物，那么，我要说，依据本人的意见，此君便能调和这些表面的矛盾，并懂得了教育的真正秘诀。

47. 鞭挞（Chastisement and Rod）是人们在惩罚儿童时通常采用的偷懒的及简单的方法，这是教师一般所了解的或能想到的管理儿童的惟一工具，但却是教育上最为不当的一种方法；因为它存在两种弊端（正如我们揭示过的），是锡拉礁及卡律布狄斯大漩涡①，这两种流弊对它左右围攻，从而不能不使之丧失功效。

48. 第一，我们人类的天性倾向于迷恋肉体的与现实的快乐，而极力避免各种程度的痛苦；但体罚不仅不能克服这种倾向，反而会给予鼓励，从而增强其作用于我们身上的力量，那是一切邪恶及生活中反常行为产生之源。正是由于贪图肉体的快乐，避免肉体的痛苦，一个儿童违反其性向（Inclination），埋头书本，刻苦攻读，引以为乐的品尝不卫生的水果的习惯也戒除了，他这样做不全是因为出于对鞭挞的畏惧吗？他之所以这样只是由于爱好更大的肉体的快乐，惧怕更大的肉体的痛苦而已。用这种动机去管束及指导儿童的行为，其结果会如何呢？要我说的话，结果除了我们责无旁贷应该根除、破坏的原则现在反而在他身上被奉为宝贝外，岂有他哉？有鉴于此，所以我认为儿童无论受到什么惩罚，接受处罚时若对犯错误的羞愧心理不比惧怕痛苦的心情来得重，那么这种惩罚便乏善可陈。

49. 第二，这种惩罚措施自然会使教师极力使儿童去爱好的事物反而遭到儿童的厌恶。这种事是极易观察到的，儿童对某些事物，本来持接受态度，但是后来他们因那些事物而受到鞭挞与呵斥、嘲弄，于是反而去怨恨那些事物，这些岂不都是因为体罚使然？其实这也不足为怪；即使是成人，又何尝能用这种方法去使他们与任何事物和解呢。无论哪种正当的娱乐，就在他毫无兴趣、驰心旁骛时，却有人用鞭子去抽打，用恶语去责骂，非要他加入不可，他岂不会感到厌恶？此外，如果在他身心投入的情境下，却常

---

① 锡拉礁（Scylla）及卡律布狄斯大漩涡（Charybdis），为意大利西西里岛东北海岸外的墨西拿海峡中的自然景观。据希腊神话，女妖斯库拉栖居在锡拉礁上，随时攫取过往船上的水手；故处于锡拉礁及卡律布狄斯大漩涡之间意为腹背受敌、进退两难之意。——译者注

常被人这样对待，他的反应会怎样呢？结果自然可想而知。令人不快的情境常常会影响与其相关的无辜的事物；例如，一个人若常用某个杯子去喝令他恶心的药水，以后他只要见到那个杯子就会作呕；杯里盛过的任何美味珍馐都吊不起他的胃口，哪怕杯子洗得异常干净，且外形美观，质地上乘。

50. 这种奴隶似的纪律所造就的也是奴隶似的性格。一旦教鞭高悬，出于对它的畏惧，儿童会顺从，佯装听话；可是一旦教鞭收起，逃脱了大人的监管，知道无处罚之虞时，他便会更加放任自己的天性；这种倾向完全不会因此而有所收敛，恰恰相反，会在他身上潜滋暗长，不断强化；经过这种约束之后，一旦爆发，更加来势汹汹；诸如此类，不一而足。

51. 第四，倘若管教的严厉程度达到极致，可以治好青年目前任性的缺点，但由于精神遭到戕害，接踵而至的常常是更为恶劣、更为危险的毛病，那时，你便算是在一个放荡不羁、我行我素的恶少的位子，置换上了一个唯唯诺诺、颓丧消沉的懦夫，他的违反本性的拘谨状态或许可取悦不明事理的人们，这些人喜欢驯良死板的儿童，因为这种儿童既不吵闹，也不会使人感受任何麻烦；然而说到底，这种儿童可能不会令他的朋友感到舒坦，就其发展态势而言，这种儿童的整个一生，无论对他自己还是对别人，都毫无用处可言。

52. 所以，我们若想使儿童变成明智、贤良、机灵的人，将鞭挞及其他奴隶性的、肉体的惩罚运用于他们的教育中，不是合适的方法；只有在万不得已的场合与极端的情形之下，才能偶尔使用。此外，用儿童喜欢的事物去奖励儿童，博取他们的欢心，也应小心避免。凡是用苹果、糖球或其他为儿子最为钟情的物品去奖励他、促使他读书的人，就是认可了其子对于快乐的爱恋，就是在纵容他本当应该尽全力去扑灭的危险的嗜好。对于孩子的嗜好（Inclination），尽管你一方面加以阻止，另一方面却又予以满足，那是绝无希望教会他克制自己的嗜好的。为了成为一个贤良、聪敏、有德行的成人，他应学会克制自己的欲望（Appetite），凡遇理智所反对，以及责任所要求时，他应抵御自己对于财富、华美服饰、美味珍馐等事物的欲望。倘若你要他做点分内之事，便以金钱去酬劳；或见他温习了课本，便拿少许甘美的食物去奖励；要他完成一些小小的作业，便许诺以镶嵌花边的颈巾或漂亮的新衣回报；那么，这种种酬报岂不意味着他应以这些心仪之物作为目标，鼓励他去向往乃至习惯于将自己的快乐立于其中吗？人们为了使儿童努力学习文法、舞蹈以及其他诸如此类的对于他们生活的幸福或利益无关紧要的东西，便乱用奖励与惩罚，从而牺牲了他们的德行，颠倒了他们教育的秩序，教他们去爱奢侈、骄傲、贪婪。这样一来，不当的嗜好、欲望本应受到克制，现在反而受到鼓励；他们便为儿童未来的邪恶奠定了基础，须知，对于那种邪恶，除非我们克制自己的欲望，以及及早使之受理性的约束，否则是无法避免的。

53. 本人并不是说，不允许儿童享受生活中一切无碍健康、无损德行的舒适及快乐。我的本意恰恰相反，我主张儿童在丰富的，只要是正当的取乐中，让他们的生活尽量愉快、和谐；不过有一点需注意，他们获得种种快乐，只是因为得到父母与教师重视与认可的结果；决不可因为他们流露出厌恶某事的这种或那种特殊表现，或非得用某种诱惑去吸引他做原本不愿做的事时，作为报酬而提供给他们。

54. 但是如果你一方面收起了教鞭，同时又不利用儿童所喜欢的这种小小鼓励，那么（你会问）应当怎样管教儿童呢？希望与畏惧一并取消后，所有纪律便都陷入穷途末路。我也承认，善、恶与奖、惩有关，这是理性动物的惟一行为动机；它们不啻为座骑的马刺（Spur）与缰绳，促使一切人去工作、去接受领导，由此可见，奖励与惩罚也应该在儿童身上得到应用。我之所以奉劝父母及教师对此永志不忘，就是希望他们能将儿童当作具有理性的动物去对待。

55. 如果我们要支配儿童，奖励与惩罚当然应该采用。我认为人们的错误在于：他们通常所用的奖惩方法选择不当。在我看来，身体上的快乐与痛苦①如被人们用作支配儿童的奖励与惩罚，其结果必定不佳——尽管人们通常在其子女身上采用此法；因为正如我说过的，它们只能助长那些本应被我们视为分内职责而予以扑灭或掌控的嗜好。倘若你要使他打消某种取乐的念头，却又提议让他满足另一种欲望作为补偿，那么你是在教儿童养成怎样的一种道德原则呢？这只是在扩大他的嗜好，使之误入歧途。倘若一个孩子哭闹着要求得到一种无益于健康的、有害的水果，你便为他提供一些危害性较小的糖果，以求得他的安宁。这样做他的健康也许可确保无虞，但是他的精神却遭到损害并远离正轨。因为你在这里改正的只是嗜好的对象；但对嗜好本身予以鼓励，并允许其得到满足；在这一点上我已说过，错误的根源在于嗜好本身；在你未能使之克制那种满足欲望的要求之前，孩子在目前也许会保持安静，循规蹈矩，但毛病并未治好。你若采用这种方法，就是在他身上助长、培植了一切罪恶流淌的源泉，可以确信的是，以后只要有机会，它便一定会再次爆发，且来势更加凶猛，让他所抱的期望越大，你所蒙受的麻烦也就更多。

56. 我们用以使儿童遵守秩序的奖惩完全属于另类，它们具有一种力量，以至只要我们使之运作起来，便大功告成，困难亦不复存在。儿童一旦领略到尊重（Esteem）与耻辱（Disgrace）的含义，对于他们的心理二者便是所有因素中最为有力的刺激物。如果你能使儿童爱好信誉（Credit），知道羞耻，你就使他们掌握了一个真正的原则，该原则将长期发挥效能，并使他们走上正轨。但也

① “快乐与痛苦”在原文中为“痛苦与快乐”（The Pains and Pleasures），似与下面的“奖励与惩罚”不对应，故译者作了变通。——译者注

许有人会问：这种事是怎样发生的呢？

我承认，这件事最初看去并非没有困难；但我认为仍值得我们去寻求达到这种目的的方法，一旦找到，还要付诸实践，我将此视为教育的一大秘诀。

57. 第一，儿童对于称赞与奖励（Praise and Commendation）——也许比我们所想到的还要早一些——是极其敏感的。他们感到被别人称赞及得到好评，尤其是被父母及自己依赖的人看得起，是一种快乐。所以做父亲的若看见子女行为端庄，便予以爱抚及赞扬；若看见子女行为不轨，便显出冷若冰霜及不屑理会的神色；同时母亲及儿童周边的人也都用同样的态度去对待他们，这样，无需多久，儿童就会感到其中的差异；这种方法如能坚持贯彻下去，我毫不怀疑其功效一定比威胁或鞭挞要大得多，威胁或鞭挞一旦用得太多就会丧失震慑力，当羞耻之心未随之产生，就毫无用处；因此除了以后所说的万不得已的情形以外，是应该禁止，决不采用的。

58. 第二，为使儿童更加深切地感到尊重与屈辱的力度并使这种感觉增效，当儿童处于受人尊重或被人羞辱的境地，其他各种令人愉悦或令人生厌的事物应与有关状态如影相随，联袂而至；这并非是对他们这种或那种行为的特殊奖励或惩罚，而是因为其行为举止值得受到尊重或被人奚落[①]的永远必然的、相应的结果。用这种方法去对待儿童，他们就会最大程度地明白，凡是行为端庄、受人尊重的人，必定为人人所喜欢、所珍爱，其结果是，他们可得到种种可爱的东西；与此相反，任何人若行为不端，不讲诚信（Credit），他就不可避免地要遭受其他人的冷遇与轻视，其结果是，凡是使他满足和喜爱的东西，他全都不能得到。采用此法，从一开始

① 此处的“受到尊重或被人奚落”在原文中为“被人奚落或受到尊重”（Disgrace or Commendation），易引起误解，故译者作了变通。——译者注

就使儿童得到一种稳定的经验，知道他们心仪之物是促进德行的，只有名誉良好的人才能得到、才能享受。如果你能利用这些方法使他们犯了过错而知道羞耻（因为除此之外，我不希望有惩罚），使他们乐于被人交口称赞，你就可以随意地支配他们，他们也就会爱上一切德行。

59. 我觉得此处实行这种办法的严重困难来自仆人们的愚蠢奸诈，在这一点上很不容易防范，使其不来搅扰父母们执行有关计划。每每儿童犯了过失，遭受父母的奚落之后，常常可以从这些愚蠢谄徒的抚慰中得到庇护和安慰，其结果是，他们把父母所要养成的德行破坏殆尽。每当父亲或母亲对儿童冷颜以对时，其余一切人也都应对他表现出同样的冷淡，谁也不可给他一点好脸色；直到儿童自己请求原谅，改正过错，恢复了以往的名誉为止。倘若能坚持遵守这种方法，我相信，鞭挞或呵斥很少有用武之地，儿童自己的安适和满足自然很快地就能教会他们去学会取得别人的称赞，至于别人全都反对的、他们自己做了也一定会吃苦头的事情，虽然没有呵斥或鞭挞，他们也会避免不做。这就可以教导他们养成一种谦顺和知耻的心理；他们对于自知足以使得自己遭人轻视的事物，自然很快地就会憎恶（Abhorrence）。至于仆人方面的障碍如何才可清除，我只能留给做父母的人去自行防备与考虑。我只是觉得，这是一件极具重要性的事务；如果他们能够得到一些谨慎沉稳的人去照料其子女，他们就是非常幸福之人。

60. 所以，频频发生的鞭挞或呵斥（Beating or Chiding）应谨慎地予以避免。因为这种惩罚的方法，除了使儿童对于带给他们不幸的行为产生一种羞耻与憎恶的心思以外，决不会再有别的益处。如果麻烦最主要的部分不是令他们有犯错误的感觉，以及担心自己会因此招致最亲密朋友的憎恶，则鞭挞所生的痛苦只能是一种不完善的治疗。它只是看起来弥合了目前的创伤，使伤口蒙上一层表皮，但并未触及痛楚的核心；只有发自内心的羞耻心和不愿令人厌恶的畏惧心，方可称作一种真正的约束；只有这两种力量堪称掌控人之行为的缰索，使得儿童秩序井然。但是在体罚频频光顾之处，会使儿童的羞耻心泯灭殆尽，体罚必然会失去上述那种效力。儿童身上的羞耻心与妇女身上的贤惠（Modesty）品质一样，不能够时时被人侵犯却仍然保持下去。如果父母把子女鞭挞几下之后，不快的神情很快平复，那么他们早先的动怒将变得毫无意义，儿童从鞭挞所得到的教训立刻得到充分的补偿。做父母的应该考虑清楚，看子女的哪些过失才值得他们生气；可是一旦生气，实施了某种程度的惩罚之后，他们就不应该立刻从体罚的威慑中抽身而退，而应该设法克服困难，恢复子女原有的美德，一直要等子女改悔，比平时表现更好，并补偿了所犯的错误，才与之完全妥协。倘若惩罚用得太多，变成了家常便饭，便会完全丧失效力；儿童犯了错误，你便加以惩罚，惩罚之后，又去予以原谅，结果他们便把这种转换看成昼夜交替那样的合乎自然之事了。

61. 关于名誉一事，我只有一点要说，就是名誉虽然不是德行的真正原则和标准，因为那是关于人的责任的知识，满足的程度是服从造物主，遵行上帝所赋予的启迪，以期获得他的欢心和默佑，但是它离德行的真正原则和标准是最近的；作为证言（Testimony）和喝彩（Applause），它是大家根据理智，对于有德行的、良好的行为的一种共同认可，当儿童尚未成年，还不能运用自己的理智去辨别是非以前，它是一种指导儿童和鼓励儿童的正当方法。

62. 这种考虑可以指导做父母的人，使他们知道应当怎样去责备或赞扬他们的孩子。在儿童犯有过失时，斥责和呵斥有时难以避免，但这样做时不但用语应严肃认真，不受情绪支配，而且应当背着别人私下进行；至于儿童应受赞扬时，则应当着众人去得到。儿童受到赞扬之后，经过大家一番传播，则奖励的意义就要翻番；而父母只在私下揭露子女的过错，子女对于自己的名誉就会愈加珍惜，他们觉得自己是有名誉的人，因而会更加小心地去维持别人对于自己的好评；倘若你在大庭广众中宣布他们的过失，使其无地自容，他们便会灰心丧气，致使钳制他们行为的工具都化为乌有，他们越是感到自己的名誉遭受了打击，则他们设法维持别人好评的心愿就会愈加淡薄。

63. 但是倘若儿童的照管遵循正确途径，则一般常用的奖励与惩罚（如同我们想象的及在一般的实践中已经确立的）是不必多用的。因为所有他们所做的天真的傻事、游戏，以及稚气的行为，是可以完全任其自由，不必加以丝毫干涉的，而且对他们不妨怀有最大程度的宽容，只要他们能够尊重其他在场的人。这种种儿童期所有的而并非儿童本身所固有的过失，最好留待时间、模仿与成熟的岁月去加以改正，这样儿童便可以免受许多误用和无益的惩罚；频繁地无效地使用这种惩罚会使掌控儿童时期的自然本性（Natural Disposition）的努力失败，以后遇到其他必须加以惩罚的例案，惩罚的效用就会大大缩水；要是惩罚的力量够大，能够压服儿童时期的自然欢乐，就会戕害儿童的身心。倘若父母已在儿童的心目中树立了真正的威信，那么，即使有时儿童游戏时过于吵闹，或者不合时宜，或者不适宜于与某些儿童为伍（这只能是指他们的父母所在之处），那么，只要父母发一句话，或使一个眼色，就可以使他们走开或是安静下来。但是这种好玩好闹的秉性，原是自然（Nature）根据儿童的年龄与性情所作的聪敏安排，本应加以鼓励，借以提高他们的兴致，并借此增进其力量与健康，阻止和约束则大可不必；我们教导儿童的主要技巧是把儿童该做的事也都变成一种运动及游戏。

64. 现在我有机会要提到一件我认为是普通教育方法上的错误做法：这就是令儿童时时记住许多规则和教训（Rules and Precepts），对于那些规则和教训，他们常常并不明白其中的含义，总是左耳进，右耳出。其实，如果你希望儿童应做某事，或是做某事时应该换个做法，结果儿童还是忘了去做，或是做得不好，你就应当令他们反复去做，直到做得渐趋完美；采用这种办法有两层好处。

第一，你可以借此知道某件事情儿童是否能做，是否应当指望儿童去做。因为有时我们吩咐儿童去做某事，直至试过以后，方知他们并无做好那些事情的能力，事先还需加以教导和练习才行。但是做教师者，动嘴下命令比进行教导却容易得多呢。

第二，这种办法还有一个好处，就是一种动作经过多次练习，可以在儿童身上变成习惯，那时儿童的行动便不必再靠记忆与思考，而是一种自然而然的表现；须知，记忆与思考是深谋远虑与成熟（Prudence and Age）的伴随物，而不是童年的伴随物；譬如有人向一个绅士致礼，他应鞠躬回答，有人向他说话，他应注视对方的面孔，因为时时应用的原故，这种习惯就像是一件与呼吸空气一样自然的事；用不着思索，也无需考虑。你用这种方法把儿童的任何过失矫正之后，那过失便算是永远改正了；这样一件一件地改正下去，你便可以根除他的全部过失，在他身上种下你所喜爱的任何习惯的苗木。

65. 我知道有些做父母的人，将大堆的规则加在儿童身上，可是可怜的孩子连那些规则的十分之一都记不住，更遑论去实行了。可是一旦他们违犯了这众多繁杂的、不恰当的规则，呵斥与鞭挞便会接踵而至。由于儿童的注意力分散，记不住大人所说的一切，因此自然而来的后果是，他们知道自己很难做到不违背成人的清规戒律，从而招致谴责，于是对他们来说异常明显的事实就是：不去理会各种条条框框。

所以，你对令郎所定的规则应该愈少愈好，乃至比表面看去似乎绝对不可缺少的还要少。因为如果你的规则太多，使他无法消受，结果不外乎两种：其一是，儿子必定时时受罚，而惩罚过多，结果肯定不佳；其次是，儿子违犯某些规则后，你若不加以处罚，他们势必轻视有关规则，而你在他心目中的威信也就随之降低。故规则应该少定，一旦定下，便须严格遵守。于儿童而言，小小的年龄只须少少的规则，待他年龄渐长，当一种规则经过练习，奠定基础之后，方可再去增加另外一种规则。

（二）通过练习培养习惯

66. 但是请你务必记住，儿童绝非用规则就可以教好，规则迟早是会被他们忘掉的。倘若你感到他们有什么必做之事，你便应该利用一切机会，甚至在可能的时候创造机会，为他们提供一种不可缺少的练习，使之在他们身上固定。这样就可以使他们养成一种习惯，有关习惯一旦培养成功，便无需借助记忆，轻易自然地就能发生作用了。不过在这里请允许我提供两点忠告。

第一，你若要他们通过练习去培养你希望在他们身上形成的某种习惯，最好和颜悦色地去进行劝导与提醒，不可疾言厉色地责备，仿佛他们是有意违抗。

第二，还需注意的一件事是不可同时培养太多的习惯，以免花样太多，让他们不知所措，结果反而一事无成。要等到某一种习惯经过经常的练习，变得轻松自然，儿童做来不假思索时，你才可以再去培养另外一种习惯。

这种在教师监视下，通过反复练习，即同样行为反复操练，以期养成良好的做事习惯，而非死记规则的方法，无论从哪个方面考察，都有诸多优点，可是过去竟这样被人忽视，我实在觉得费解(倘若关于任何事物的不良风俗是可以值得奇怪的话)。

我现在以自己的方式阐述更多的意见。采用这种方法我们就可以知道，我们要儿童去做的事情是否符合他的能力（Capacity）、他的天资及体格（Natural Genius and Constitution）；因为正确的教育对于这些方面亦须顾及。我们不应希望完全改变儿童的本性，我们既无法在不对他们造成伤害的同时将乐天豁达的天性变得郁郁寡欢，也不能使忧郁消沉的天性变得朝气蓬勃。上帝在人类的精神上烙下了各种特性，那些特性正同其体态一样，少许加以改变或许可以，但要彻底改造，转变为完全相反的模样却是异常困难。

因此，儿童周围的人应该认真研究儿童的天性与才能（Natures and Aptitudes），并且经常尝试，观察他们最容易走的路子是什么，以及是什么造就了他们；此外还要考察他们的禀赋（Native Stock），思考如何才能改良，以及适合做什么；他应当知道儿童缺乏的是什么，可否通过努力去获得，由练习去磨合，并且值不值得去努力。因为在诸多个案中，我们所能做或所应做的乃是尽量利用自然的赋予，在于阻止有关禀赋最易产生的邪恶与过错，并对它所可能带来的优势大力协助。每个人的禀赋才能都应尽量得到最大发展，但如试图使之彻底改变，则必然无功而返；即使加以掩饰，最好的结果也不过是貌合神离，拘谨死板及矫揉造作（Constraint and Affectation）的不雅特征定然挥之不去。

（三）矫揉造作的弊端

本人相信，矫揉造作不是儿童从小就有的毛病，也不是未经教导的天性的产物；这是一种莠草，但不是生长在荒芜的野地上，而是生长在花园的苗地里，是由于园丁疏于管理或是缺乏照顾的能力才导致其滋长蔓延。一个人之所以表现得矫揉造作，必定起因于管理与教导，以及不能没有教养的感觉；矫揉造作极力改正本性中的缺点，总是具有一个动人的、令人愉悦的目的，尽管这个目的永远难以达到；它越是想装出一副优雅的外表，离优雅的实质便越远。有鉴于此，我们更加要予以提防，因为它正是教育的过失；这种教育诚然是一种误入歧途的教育，但年轻人由于自己的失误，或是由于周围人群行为不端，他们每每容易受到这种教育的伤害。

优雅的态度是永远都会博得他人的青睐的，凡是对此事加以考察的人就会发现，优雅的态度是从已做过事情的自然结合中产生，他的心情正好符合那个时候的情境。不管置身何处，倘若我们邂逅一位慈悲、友善、温文尔雅的人，是不可能不感到愉快的。凡是豁达开朗，对自身投手举足控制自如，既不浅陋狭隘，也不孤高傲慢，亦未曾沾染任何重大瑕疵的心灵，总会对他人产生吸附作用。从这种完善的心灵所自然产生的行为是心境的真实迹象，自然也会令我们喜欢；既然这种行为是精神及气质（Spirits and Disposition）的自然流露，当然也就显得潇洒自如。当一个人经过不断的练习，将自己的举止变得合乎时尚了，在与人交往时，由于生性或习惯，所有言谈举止（即使是微小的表情动作）都显得谦卑得体，落落大方，一点也不显得做作或刻意模仿，而是温馨的心境及良好的气性的自然流露。在我看来，这是一种美，这种美可以通过他们的行为越发显得流光溢彩，由此出发，他们的所作所为可使一切与之接近的人为之倾倒。

与此相反，矫揉造作是对本应纯真轻松表现行为的一种丑陋而勉强的模仿，缺乏那种追随自然的美；因为凡是矫揉造作发生之处，外表的行为与内在的心境总是不相符的，表现为以下两点。

第一，一个人实际上并不具有某种心情，可是他在言谈举止上装模作样，使得外表上看去似乎具有某种心情。例如，有些人有时候装出一副忧愁、怜悯或是和善的样子，实际上他的心态与此完全相反；不过这种刻意装出的姿态总是难以掩盖真相的。

第二，有时候他们并不刻意作秀，假装具有某种心情，但却在举止上表现出一些与其习性不相称的动作。例如，他们在与别人交谈时，故意做出各种动作、表情及发表议论，其本意是要向对方表示尊重或礼貌，或者表示谈得投机、轻松自如，但是由于这些表现并非出自自然，亦非真实，故所表现的只是他们内在气质的某种缺陷与谬误。只知一味模仿他人，却不知道分辨别人行为的哪一部分优雅，或者哪些东西为别人的性格中所特有，这种原因经常构成矫揉造作中的大部分现象。但一切类型的矫揉造作，无论其结果如何，总是令人厌恶的；因为我们生成厌恨赝品，鄙视那些乏善可陈、只能以假装态度去博取别人欢欣的人。

率真的不加修饰的本性，任其自然的态度，远比人为的丑态及诸如习得的令人倒胃的时髦模样要好得多。倘若我们自己没有多少成就，或是行为方面有缺憾，态度不能达到十分优雅的境地，通常会滑出人们的视野，不会遭人指责。但若我们的举止中无论哪一部分含有矫揉造作的成分，则不啻给自己的缺点点燃了一支蜡烛；结果必定引起他人注意，不是被认为见识短浅，就是说缺乏真挚。对于这种情形，做教师的人应特别关注；因为我在上面说过，这是一种习得的丑态，起因于一种错误的教育，有矫揉造作表现的人，除了那些冒充受过良好教育，不愿被他人认为对时尚一窍不通、对与人交谈应酬缺乏技巧者外，很少会有其他人这样做；如果我未弄错的话，我觉得其起因常出自某些人的偷懒的劝告，他们只知制定规则，确定范例，却不将练习与其教导相结合，不知道让学生在自己的监视之下重复某种动作，以便改正其中拙劣和做作的成分，使那种行为变得轻车熟路，习惯自如。

（四）礼貌的培养

67. 对于人们所谓的礼貌（Manner），儿童常常感到困惑，而自以为聪明的女仆和女教师又往往为他们提供许多所谓善意的告诫。我认为，学习的方法与其依从规则，不如根据榜样；儿童若是远离不良的伙伴，在仿效他人的时尚做法后就会得到大家的尊重与赞许，他们也会为自己行为优雅而自豪。在这一方面，万一稍微疏忽，孩子脱帽与退步致敬的姿势①做得不太优雅，可以由舞蹈教师去纠正，他可以将时派人物（A-la-mode People）所说的下里巴人（Clownishness）式的率直天性这一缺点治好，不留半点痕迹。

---

① 这是英国上流社会流行的一种向位尊者致意的礼节。通常动作是：一腿弯曲，另一腿向后伸。——译者注

在我看来，最能使儿童具有适当的自信心与合宜的举止，从而提升他们去与年长者交际的活动，莫过于跳舞，所以我主张儿童到了可学跳舞的年龄，立刻就让他们去学习。因为跳舞虽然只是一种优美的外表的动作，然而我不知为何，感到它使儿童在思想及举止上具有男子气概的作用却比任何其他训练都要强。除此之外，我是不主张让小小的孩子因为教养上的细节问题而苦恼不已的。

你知道，儿童的有些过错要靠岁月来矫治。你大可不必为你孩子的失误过于担心。故当儿童年龄尚幼时，只要他们的精神不缺乏文明（那是你应尽早培植的），而举止上的文明若有不够周到之处，做父母的尽可以少去操心。倘若他的幼稚的心里知道敬爱父母师长，对于这些人不敢有所忤逆，同时对于其他一切人也知敬重，怀抱善意，那么，这种尊敬的情感就会让他学会那些最能被人接受的表达方式。你应当心的是，使他心存一种善良仁慈的原则；你要竭力利用名誉、赞赏，以及与之相随而来的各种可爱的事物，使这种善良仁慈的原则变成一种习惯；一旦这种原则经过不断的练习，在他的心里扎下根，且根深蒂固时，你便无所畏惧了，谈吐中的各种修饰以及外表上的时尚风度都是到了时候自然就会表现出来；只要孩子们能从女仆的照料下解脱出来，交到一个具有良好教养的男子手中，并令此人做孩子的教师。

当孩子年龄尚幼时，他们身上表现出来的漫不经心及疏忽大意都是可视为与生俱有的正常现象；但是他们的任何行动如果显露出骄傲与邪恶的迹象，那就另当别论，要按照上述方法立即加以纠正。

我关于礼貌问题所说的话也许未表述得足够清楚，有人认为我的意思是说我们虽然有人知道怎样去使孩子懂礼貌，也不应该在儿童极小时去逐渐陶冶他们的动作和举止。我的意思其实是，倘若儿童刚会走路，就有手段高明之士采用正当的方法去陶冶他们，那原本是颇值得称道的事情。我所不满意的是在处理此类事情上通常所采用的错误方法。儿童的有关行为方面的事宜一向无人教导，可是一旦礼貌上有了一点偏差（尤其是陌生人在座时），他们便常常遭大人斥责，与此同时，关于脱帽及退步致敬的责备与教训也就喋喋不休地涌来。这些人表面上是在改正儿童的过错，实际上多半只是在掩盖自己的困窘；他们为了转移注意力，便数落责骂可怜的孩子，有时还显得声色俱厉，为的只是怕人议论，将孩子的不良行为归咎于他们对孩子缺乏照顾或是缺乏纠正孩子不良行为的能力。

就孩子方面而言，这种偶尔教训一两次的办法，他们从中得不到任何益处。他们应该先被告知该做什么，然后通过反复练习合适的做法去取得成效，断不可让他们事前毫不知情，甚至全然不知是怎样一种做法，只是事到临头再告诉他们怎样做。这种每逢事到临头便去呵斥一番的方法，那不是教导，而是无故使他们受烦扰，遭煎熬。最好是让他们呆一边去，不必因为一点并非是他们自身固有的，也不是听了一番告诫就能改正的过失去责骂他们。对于他们出自本性的孩子气的不经意或率直的表现，最好是让成熟的岁月去关照，而不必时时无故加以斥责，因为单凭斥责，既不会也不能使之养成优雅的举止。倘若他们心地纯正，内心受到规范，即使因为缺乏良好的教养，外表上显得粗俗一些，那么，只要他们是在良好的同伴中受到教养，随着他们的成长，时间与判断、观察自然可以将粗俗洗刷殆尽；但他们若是常和不良的伙伴混在一起，那么，就算你用尽人世间所有的规则，使出一切可以想象得到的惩罚，还是不能擦净他们身上的尘垢。因为你想必知道这个真理，那就是：你对于孩子们尽管给以各种教导，天天苦口婆心向他们灌输一些关于礼貌（Breeding）的指示，但最能影响他们行为举止的因素还是那些与之交往的伙伴以及周围的风尚。儿童的行为方式（或许应当说，不仅儿童，成人也何尝不是如此），大半是通过模仿得来的。我们都是一种模仿性极强的动物，每每从贴身事物中受到感染，获取印象；因此对于儿童来说，耳闻不如眼见，原是不足为奇的。

（五）儿童的交朋结友之道

68. 我在前面说过，来自仆人对儿童的重要危害之一是他们爱去迎合儿童，以至削弱了父母斥责儿童的力量，从而对父母的威信造成损害。此处我要谈到另一严重问题，这就是儿童常常从下贱的仆人那里受到许多邪恶榜样的影响。在可能的范围内，最好坚决不要让他们去与这种人交往；由于在儿童接触范围内及经常打交道之故，仆人在礼貌（Civility）和德行（Vertue）上的坏榜样不可能不使儿童受到严重的负面影响。儿童常常从缺乏教养或道德败坏的仆人那里学到许多不当言词、拙劣诡计和恶习，倘若他们不和仆人打交道，也许他们终生都不会知道那些鬼蜮伎俩。

69. 要绝对防止这种弊端是异常困难的。倘若你所雇佣的仆人中，从来就没有一个粗俗或邪恶的人，倘若你的孩子从未从仆人那里沾染一丁点儿恶习，那你不啻为运气绝佳之人。不过我们仍应尽力去防止这种祸害，并使儿童尽量多地去与其父母①以及委托照顾他们的人在一起。为了达到这个目的，儿童在眼前时，应使他们感到轻松愉快；他们在父母或教师面前时，应允许他们获得与其年龄相符的自由，不可加以不必要的约束。倘若他们感到置身父母或教师跟前时自己就像囚徒似的，他们就不喜欢与父母或教师相处了，这是毫不奇怪的。他们的孩子气及其充满童心的游戏或幼稚的举止，都决不应受到约束，只要不太越轨就行，其余的自由都可给予他们。此外，为了使儿童乐于与父母相处，凡是他们心爱的东西都应来自父母，并从父母的手中得到。要阻止仆人将烈性饮料、果酒、水果、玩具以及其他诸如此类的东西交给儿童，以便杜绝他们

① 罗马人如何认为子女的教育乃是其父母的不可推卸的责任，可参阅罗马历史学家斯维都尼亚（Suetonius）的 *Divus Auguse*，64－5，普卢塔克（Plutarch）的 *Invta Catonis Censoris*，以及欣库勒思（Diodorus Siculus），1.2，cap.3。——作者原注

借此博得儿童的欢心并使儿童乐于与其交往的企图。

70. 提过同伴（Company）后我真想就此搁笔，不再就此话题对你喋喋不休。由于伙伴的影响较之一切教训、规则、教导都要大，我觉得再去长篇大论地侈谈别的事情几乎就是白费力气，是无的放矢。因为你一定会说，我能对我的儿子有什么办法呢？倘若我老是将他留在家里，他就有变成我的少主人的危险；如果我把他放出去，又怎能防止他不受粗野与邪恶（Rudeness and Vice）的侵蚀呢？须知这些东西在外面到处都是十分流行的啊！把他留在家里，他也许会比较单纯，但同时也会对人情世故更为无知；他在家里缺乏新的伙伴，一天到晚看见的全是几副老面孔，一旦出外闯荡，就会变成一个要么羞怯懦弱、拘谨无用，要么自命不凡、自视甚高的家伙。

我承认以上两方面都有缺点。诚然，如果儿童常常呆在外面，他的胆量自然会变得大些，与同龄儿童相处时，他更善于打闹起哄，出谋划策；伙伴间因为相互竞争，导致年轻的孩子生气勃勃，用心学习。不过在你能找到一所学校，该校的教师能照顾到学生的礼貌，在德行的培养、仪容的陶冶上能像教授那种学者的语言一样达到良好效果之前，你必须承认，你有一个奇怪的关于文字的价值观。你宁肯让他去学习古代希腊、罗马的文字，而不是使他成为勇敢无畏之人，你以为这样做是值得的，为了那么一点点希腊文与拉丁文，不惜伤害令郎的纯真与德行。因为男孩从学校里的玩伴中得来的胆量与生气，通常都含有粗鲁与不良的自信力（Rudiness and Ill-turning Confidence）的杂质，那种不适宜及不正直的处事方法，日后必定还得加以清除，代之以较好的原则及使人成为一个真正有价值的人的仪态才行。一个人必须考虑清楚，要过良好的生活，要能像一个人那样处理人间事务，与他从学校同学中学到的厚颜无耻（malapertness）、诡计多端，或残暴不良是决不相容的，大家只要想想这件事就会知道，私人的教育虽然不无缺点，但较之于学校教育，在改进儿童方面其优势要明显得多；这样一想，就会设法将孩子留在家中，去保持他的纯洁和谦逊，因为孩子留在家里，比较容易学到一些品质，做个有用的和能干的人。女孩子每每是在深闺幽居中长大成人的，但她们并未因此就变成少明事理、能力较为薄弱的女人了，不会有任何人会对此视而不见或抱怀疑态度。她们一旦踏进社会，习惯与他人交往，自然很快就有了相应的自信；此外，至于可能存在于男人中的粗鲁与喧嚣（rough and boisrerous）最好还是避免为好；因为勇敢与坚定并不体现在粗鲁与不良的教养中。

德行较之人情世故（Knowledge of the world）更难获得；年轻人一旦失去了德行，很少能够恢复。年轻人的怯懦无能与对世事一无所知，常常被归咎为私人教育的失误，然而这不是家庭教育的必然后果，也并非无药可治的痼疾。邪恶（Vice）是两害之中更为顽固及危险的，故应首先加以防范。倘若在家里饱受宠爱（Fondlings），常常使人羞怯拘谨，百无一用，这是应该竭力避免的，我们的主要目的也是基于德行的考虑；因为这种柔顺、易受影响的脾气极容易接受邪恶的印象，乃至使初学者堕落之快，超乎想象。当一个年轻人离开父亲的宅第及教师的保护之前，应使他用坚定的决心将自己装备起来，对于人情世故，他也应有所了解，以确保他的德行的安全，以免在他尚未十分明白交友的危险、不能镇定地抗拒一切诱惑之前，陷入万劫不复的迷津歧途或足以粉身碎骨的悬崖绝壁。若是没有这层利害关系，年轻人的羞涩畏怯及不懂人情世故原是不用这样早早就需加以注意的。通过交际就可以在相当程度上将此毛病治好；倘若未能尽快如愿，就更加证明家庭里需要一位良好的教师。因为如果你煞费苦心，使他及时养成刚毅的神情及镇定自若的态度，就无异于在让他踏入社会、处于自我约束状态时，给他提供了德行的保障。

所以，如果仅仅为了使儿童具有自信、获得一点与人相处的技能，就去牺牲他的天真，让他和那些缺乏教养的或邪恶的孩子交往，这种做法实属荒谬；刚毅与自立（standing upon his own Legs）的主要用途是保持他的德行。因为一旦自信和机敏（Confidence and Cunning）与邪恶沆瀣一气，支持他的不良行为，那么，他便必然踏上了堕落之途；那时你又得重新设法去消除他从伙伴中学到的习气——不然的话，只有让他坠入深渊。男孩子只要有与人交往的机会，且时间充裕，必然学会镇定自若（assurance）。在此之前，谦逊与服从使之更适于接受教诲；所以事先大可不必过于注重自信心的培养。最应花费时间及精力、孜孜不倦去努力的事情，是使他们获得德行的原则、实践及良好的教养。这是他们应多加准备的佐料（Seasoning），免得以后容易失去。这才是他们需要好好准备的。因为一旦他们进入社会，与人交往，一方面固然可增加一些知识与自信，同时也容易使之失去德行，所以他们对于德行不能不在事先多加准备，务使良好德行的亮色深深地印在他们的身上。

（六）教师及家庭教育的作用

至于他们年长以后，如何才适合与人交往，进入尘世，我们姑且放到别的地方再说。但一个终日与顽童为伍，在玩“揣佩”的游戏中学会吵闹不休，或是在玩“斯潘法阵”的游戏①中学会尔虞我诈的儿童，我是看不出他们如何能够参加符合文明的交际或事业的。学校里聚集的儿童通常来自良莠不齐的家庭，做父母的希望自己的子弟混迹其中，一般究竟能获得一些什么德性，只有老天知道。我相信，凡是家里请得起教师的人，则雇来的教师较之学校里的任何人必定能使其子举止更为优雅、更具阳刚之气，同时在什么是有价值、什么是合适的观念上，使其子更有分寸感，教师在教他

---

①“揣佩”及“斯潘法阵”是当时英国年轻人中流行的两种运动游戏。其中“揣佩”全名是“揣佩球”（Trap-ball）；“揣佩”（Trap）是一个木制的装置，用来扔出或接住球。在“斯潘法阵”（Span-farthing）的游戏中，要求投手将物件投到离对手尽量近距离的地方，这种距离用指距量出。——译者注

儿子学习作交易及尽早成人方面较之学校能做的必定更为精通。

在这一问题上，我并不责怪学校里的教师，也并未认定这是其职责所在。在一个家庭里教两三个孩子与在一所学校里教挤满一屋子的七八十个学生相比，其中的差别当然很大。因为无论教师如何努力，本领如何高强，他也决不可能如此杰出，以至在教上 50 或 100 个学生的情况下，除了他们聚集在学校的时间外，他还能在其他时间将他们置于他的眼皮底下进行监管；除了书本外，也不能指望他在其他教导事项上成绩斐然；儿童的心理及礼貌的形成需要持之以恒的关注，并且还得个别施教，这在人数众多的儿童群聚之处无法施展；即使教师有时间去考察并纠正学生的个别缺点和不良倾向，但是学生一天 24 小时中，绝大部分时间是独自消磨的，或者还要受到同伴恶习的侵蚀，在此状况下，教师的努力只能是徒劳无功。

但是一般做父亲的人深切意识到，好运总是垂青那些胆大无畏、猛打猛冲（bold and bustling）之人，于是他们庆幸其子能够及时变得冒失、鲁莽（pert and forward）；认为这是一种他们长大了能够兴旺发达的吉兆，他们看见自己的儿子对同学要阴谋诡计，或是从同学那里学到一些鬼蜮伎俩，便以为是子弟学会了谋生的本领，可以进入世界，大展宏图了。但是我敢说，只有将子弟的幸福奠定在德行与良好的教养上面，才不失为惟一可靠与保险的正途。为了养成一个能干的人才，靠的不是学校里学童们的恶作剧或欺诈，不是他们彼此诉诸暴力的行为，也不是他们合伙策划偷盗一所果园的行动；一个能干的人才的养成，靠的是恪守正直公道、宽宏大量以及节制沉稳的原则，再加以观察与勤奋努力而成。就这些品质而言，我认为学校里的学生彼此不能学到多少。倘若一个在家庭里教养成人的青年绅士在这些品质上不比在学校里的学生学得更多一些，那只能责怪其父在选聘教师时有眼无珠。你不妨从文法学校里挑出一个最优秀的学生，再找一个在家庭里受过良好教养的同龄儿童，使他们成为形影不离的好友；然后你可以比较，看谁的举止更有丈夫气概，看谁见了生人时谈吐更为镇定自如。我相信，那个在学校里呆过的学生的自信心到了这个时候一定会相形见绌，甚至贻笑大方；倘若他的自信心只适于和孩子交往，干脆没有或许还好些。

就邪恶这件事而言，假如我们可以相信一般人的抱怨，它在当今时代成熟得如此之快，以至很早就在年轻人的身上撒下了种子，如果你甘冒危险，让他在外面的不良族群中厮混，任其在学校里凭借机遇或自己的倾向去选择同伴，他必定不能避免这种流行的毒害的传染。至于近年来，致命的邪恶为何在我们中间如此流行，它之所以猖獗一时又是什么人纵容使然，我都打算留给他人去研究。我希望，一般抱怨基督教的虔信与德行到处大为退色，抱怨这一代的绅士阶层的学识与思善之念减退之人肯去想想，看从今往后，怎样才能在下一代身上恢复理想状态。对于这一点，我相信，我们如果不从年轻人的教育与原则性上去奠定基础，其余的一切努力都会付诸东流。对于下一代的年轻人，如果人们不去关注与保存他们的率直、严肃及勤奋的美德，却又希望他们随后在人生舞台上取得成功，并具备充足的德行、本领与学问（正是这些使得英国成为世界上一个举足轻重的国家），那简直就是笑话。我本来打算将勇敢也列入其中，虽然人们以为勇敢本为英国人的天然遗产。近来，人们常常谈到海上发生的一些事情，那是我们的祖先闻所未闻的，①这些事令我有感，不能不说，骄奢淫逸（Debauchmery）足以消磨人的勇气；一旦放荡（Dissoluteness）的行为侵蚀了追求真正荣誉的意愿，勇气也就难以为继。我认为，在世上找不到一个国家，无论它如何曾以骁勇善战著称，一旦腐败的习气充斥全国，消融了纪律

① 洛克此处所说的可能是 1690 年 6 月在英格兰南部苏萨克斯海滩发生的“比其头战役”(Battle of Beachy Head)。——译者注

的约束；邪恶发展到肆无忌惮、恬不知耻的境地，那时它是决不能再凭借武力保持荣耀并威震四方的。

所以，教育上不易做到而又具有价值的目标之一，正是德行——直接的德行，而不是鲁莽冒失，也不是任何赖以混世的雕虫小技（little Arts of Shifting）。所有其他的考虑与业绩都应让路，推迟到此目标之后再作打算。惟有德行才是坚实的、实质的善，对此，教师不应照本宣科及空谈泛论，而应利用教育工作与教育技巧，把德行供给心理，将其固定在心田，在年轻人对德行产生真正的爱好，并将其力量、荣誉和快乐置于其中之前，决不可停止努力。

对于德行越高之人，作为一种回报，其他一切成就的获得也越发容易。因为凡是服从德行的人，对于一切适合自己的事宜不会采取偏执或倔强的态度；所以我主张将青年绅士留在家庭里，就在父亲的眼皮底下，由良好的教师去教导；只要设法办到这一点，运用恰当，不失为达到教育上的重大及主要目标的最佳、最安全的方法。

绅士的家庭里往往并不缺乏各种类型的伙伴；他们应使其子习惯一切初来乍到的生面孔，儿子一旦具备能和有才能、有教养的客人交际的能力，便应让他们去实践。有些人住在乡村，他们外出对邻舍进行礼节性拜访时，竟然不让儿子同行，我真不知道那是什么道理。我深信，父亲将儿子留在家里教养较之送到外面，他会有更多的机会与儿子朝夕相处，因而能给儿子提供他认为任何合适的鼓励；就能使他少受仆人及品格卑下之人的玷污。但在有关个案中，事情究竟应怎样解决，那主要应由做父母的人根据他们的环境与便利去酌情而定。我只是觉得，无论他的境遇如何，亲自教养儿子就是对于儿子的最好馈赠。如果做父亲的人一点儿也不肯淘神费力去教养自己的儿子，不啻治家之下策。不过尽管道理显然，若是有人仍旧觉得家庭教育过于缺少伙伴，而一般的学校又并不适合青年绅士的教育，那么，也许将来人们能够想出办法，使这一方面及那一方面的缺陷都可避免，亦未可知。

（七）父母应为子女树立榜样

71. 关于同伴有何等重要的影响，我经过考虑后认为，我们所有人尤其是儿童，都喜欢模仿别人；现在我还要向做父母的进一言，就是如果谁希望自己的儿子尊重他以及他下达的命令，他自己便应尊重他的儿子。正所谓：

最大的尊重应属于儿童。①

你不愿意他去效法之事，你自己便决不可当着他的面去做。假若某件事情，他做了你认为是一种过错，而你自己却不小心照做不误，那么，他便必定会以你的榜样作为掩饰的口实，那时你再想用正当的方法去纠正他的错误就非易事。倘若他看见你亲自做了某事，一旦他去做了同样的事你又加以惩罚，那么他决不会认为你的严厉乃是出自你对他的关爱，出自你殷切希望他改过的用意；而他却一定会作如下解读：你不过是在倚仗老子的专横霸道，只许州官放火，不许百姓点灯而已，自己享有自由，可到处寻开心，却不许做儿子的人去享有同样的权力，这样做哪里站得住脚！

若是你觉得你之所以随便一点是年长者的特权，这种特权是一个孩子所不能奢望的，那么你这种想法反而激发他更想去效法。你总该随时记得，儿童之爱冒充成人是比我们预计的还要早些；他们喜欢穿马裤，并非马裤的式样别致，或者穿着舒服，而是因为穿上马裤是迈向成年的一个标志或步骤。上述我所说的父亲在子女面前的言谈举止还应扩大范围，适用于所有有权管理儿童或应受到儿童敬重的人。

---

① 这句格言原文是拉丁文："Maxima debetur pueris reverential"，出自 Juvenal, *Satires*, 14.47。——译者注

（八）儿童的管教与惩罚

72. 我现在又要回到奖励与惩罚的问题上去。儿童的一切带有稚气的动作、不雅的举止，以及其他凭借时间与岁月保准可以改善的事项（这是我已经说过的），如果能免除教鞭约束之苦，现在一般的儿童所遭受的鞭打便用不着如此之多了。倘若我们再把学习读书、写字、跳舞及外语等也都列进这项特权底下，则在名正言顺的教育里面，鞭挞或暴力（Blows or Force）难以有用武之地。将这些教给他们的正当方法是使他们对你要他们去学习的东西产生兴趣，为之吸引，这样他们自然就会去发奋努力。只要儿童能受到应有的对待，上述奖惩能够谨慎地实施，同时在教导儿童的方法方面又能遵守下面提到的几条简要的规则，做到这些并非难事。

73. 第一，儿童应学之事，决不可变成儿童的一种负担，也不应当作一种任务去强加给他们。否则哪怕他们原本喜爱那种事情，他们也会立刻感到乏味，厌恶之心油然而生，或者持漠然态度。你可以吩咐一个孩子，要他每天到了固定的时间就去抽陀螺，不管他高兴与否；你只要让抽陀螺变成他的一项任务，使他每天从早到晚都得花费许多时间，照此样子，不要多久，你看他是否就会厌恶一切游戏呢。其实，成人又何尝不是一样？儿童自己想做的事情，做起来自然兴高采烈；一旦他们发现，是成人指望他们作为一种职责去做，他们立刻就会觉得厌倦，也决不能持之以恒。儿童喜欢袒露心声，表示自己是自由的，他们喜欢别人知道他们的良好举止乃是出自内发，希望人们知道他们是绝对独立的，在这种地方他们和像你这样的成人的极其自尊的心理没有两样，至于你心中怎样看待他们，则悉听尊便。

74. 第二，因此，作为此事的结果，即使你已经使他们对于某事形成向往的心理，但当他尚未立意去做时，也应少安排他们去做。有些喜爱读书、写字、音乐之人，在某些时候对于这些东西也会感到乏味；倘若那时他再勉强自己去从事有关活动，结果无非是无目的地自寻烦恼而已。

儿童也是一样。成人应注意观察他们这种脾性的改变，应该小心地抓住他们资质与性向（Aptitude and Inclination）的有利时机；如果他们自己不能经常具有进取的气概，在安排他们去完成任何工作之前先要告知他们，让他们具有良好的心态。我感到对于一个考虑周到的教师来说，此事不难办到，因为他对儿童的习性已有所研究，他向儿童灌输一些适当的观念，例如，使他爱好他所从事的事务，这并无辛劳之虞。采用这种方法，便可以节省大量时间和减少许多辛劳。因为儿童兴致高涨时，学习效率要好上三倍，然而勉强或被迫去做时，就要花费双倍的时间与辛劳。如果其中的道理能受到应有的注意，儿童便可以尽情游戏，同时还有充分的时间去学习适于各种年龄所能学习的东西。不过普通的教育方法对于这些事情并不注意，而且也无法顾及。那种粗暴的教鞭纪律是建立在其他原则基础之上的，对此毫不在意，它不关心儿童的性情，也不懂得利用儿童性向的绝佳机会。

诚然，最为荒诞不经的事情是：一方面，强迫与鞭挞已使儿童对他所需承担的任务感到厌恶，而另一方面人们又希望儿童能自觉自愿地停止游戏，高高兴兴地去学习。其实，只要事情处理得当，不仅游戏可以作为学习之后的消遣，学习任何其他应学的事项也是同样可作为学习之后的消遣的。为此双方所耗费的劳力是相等的。儿童并不怕劳苦，因为他们原本就喜欢忙碌不休，事情有些变动及花样翻新，自然会使之欣喜不已。我们称之为游戏的事情只有一点占便宜之处，这就是游戏乃是出自儿童的自愿，为此付出的辛劳也是出于自愿（你想必知道，他们做游戏时是从不吝惜精力的）；但是儿童所要学习的事项却属于强加的，他们每每被吩咐、被强迫和被驱使去做。这对于他们，无异于当头一棒，并使其心灰意冷；他们需要自由；请务必使他们去向自己的教师请教，就像他们时常向自己游戏中的伙伴请教一样，以便取代教师吩咐他们去学习，这样一来，他们就会觉得他们的学习乃是出自自愿，与做别的事情没有两样，他们就会同样高兴地去学习，而学习与各种运动、游戏也就变得没有区别了。只要根据这种方法，同时小心地采用，那么，只要是你希望他去学习的事情，都可以设法引起他的求教之心。我承认，最难对付的是第一个或最年长的孩子；不过一旦将他引上正轨，有他在前面引路，其余的孩子的教导就并非难事了，不管各个孩子的意志如何。

75. 无可怀疑的是，儿童学习任何事情的最佳时机是他们兴致高涨、一心向往的时候；此时他们的精神既不消沉，也不会因驰心旁骛而导致别扭与厌烦；但除此之外还有两件事需要注意。

第一，如果这种时机没有被你留心观察到，每一次机会到来时失之交臂，或是这种时机本不常有，你不可因此就不设法使之得到改进，而任他养成一种懒散的习惯，老是心不在焉，兴趣索然。

第二，我们有一件重要的，值得我们全力以赴去做的事是：即使他因心情不好，或是另有所好，在其他事情的学习上表现不佳，我们仍应教他养成一种自控的能力；对于某事虽然做得正起劲，但能拿得起，放得下，并不为难甚至愉快地转向其他事情；一旦得到理智或其他人的忠告指点，要能摆脱懒散的情绪，精力充沛地去做好该做的事情。

在孩子身上，这件事不妨一试，当儿童懒懒散散，不想做事，或是心系他物时，你可以指定一件事，要他们努力去完成。如果采用这种方法，使他的心理习惯于自作主宰，到了必要时，就能放下原有的心事或事务，去从事新的和较少兴趣的事情，既不勉强，又不烦躁，这样做较之学习拉丁语、逻辑或通常要儿童去学习的多数课程，儿童可获得更大的益处。

76. 处在童年期的儿童与其人生的其他任何年龄阶段相比，更为活泼好动，他们只要有事可做，就很满足，至于能做些什么，他们并不介意；如果鼓励与阻遏的力量相当，跳舞与跳房子对他们都是一样的。但是我们在让他们学习的问题上，我们能观察到的巨大而惟一的障碍是，将事情当作他们的任务，吩咐他们去做，他们在有关问题上遭到羞辱与责骂，做事时战战兢兢，忧心忡忡；或者他们原本愿做，可是要他们做得太久，使他们感到十分疲倦；这些做法过于侵占了他们所极端重视的、固有的自由。就一般的游戏而言，它给了儿童真正的享受与快乐，究其原因，全是自由之故。情况一旦改变，你就会发现，他们将迅速改做其他的事情；尤其是他们看见了为其所尊重、所自愧不如的人的榜样时更是如此。倘若他们看见别人所做的事，被暗示是年龄较大与地位较高的人的特权；那么，野心与希望上进，希望与那些地位在上者并驾齐驱的愿望就可以促使他们去工作，去精神抖擞地、快乐地前进；这是他们自己的欲望所发动的快乐。用这种方式，他们享受了心爱的自由的乐趣，这对他们是一种不小的鼓励。此外我觉得，若能在名誉方面再给予满足，其他的促使他们执著用功的鞭策便并非必要了。我承认，为了达到这个目的，最初是需要忍耐、技巧、温和、关注以及小心谨慎的。不过，如果不需要淘神费力，你又何必去请一位教师呢？这一目标达到后，其余的一切就会水到渠成，较之任何严厉与专制的管教来得更加容易。我觉得做到这一点并非难事；只要儿童的眼前没有不良榜样，的确不会太难。我理解的巨大的危险只是来自仆人、顽童，或是佞徒、愚人，他们一方面自己就在儿童面前树立人品拙劣的不良榜样，另一方面又将儿童决不应当立即得到的两样东西提供给他们，从而使儿童陷入沉沦；这两样东西我指的是邪恶的快乐及赞誉（vicious Pleasures and Commendation）。

77. 由于儿童应很少通过鞭挞去纠正错误，所以我感到，斥责过多，尤其是盛怒之下的呵斥，其结果几乎也和体罚是同样的败笔。它会降低父母在孩子心目中的威望，同时减少孩子对父母的尊敬；因为你想必记得，他们很小就能辨别盛怒与理智（Passionate

and Reason）了；他们不能不尊重来自后者的决定，同时很快地变得轻视来自前者的声音；即使盛怒可以短暂慑服他们，但这种慑服的力量很快就会消失；对于这种缺乏理智支撑，虚张声势的稻草人(Scarecrows)，他们出自自然地会去小觑。儿童只有在做了邪恶的事情时（这在他们幼小时期极为罕见），才值得父母去加以制裁，倘若他们犯了错误，只消给点眼色或摇摇头就可以改正过来；如果有时必须责备几句，父母的态度也应严肃、和蔼而又庄重，只须说明他们的过失为何不好，或为什么是不适宜的行为，不可匆匆斥责一番了事；因为这会使他难以弄清，你之所以生气，到底是冲着他这个人来还是冲着他的错误来。盛怒之下的呵斥常常不免混杂一些粗暴不雅的言词，结果还有一宗更大的坏处，就是等于将它们教给了儿童，而且许可儿童去说；因为这些骂人的话是从父母或师长这些具有崇高威望的人那里学得，因此儿童一旦应用到别人头上时，就会毫无羞愧或顾虑可言。

78. 说到这里，我预料会有人出来反对，他们会说，儿童犯了错误，你既不赞成打，又不主张骂，那你还有计可施吗？这样做不就等于将约束一切混乱的缰绳束之高阁吗？其实，只要我们从一开始就能采用正当的方法去训练儿童的心理，遵照前面所讲的措施，在他们心中植入尊敬父母的情感，事情是不致如此的。因为经过不断的观察以后，我们就会发现，儿童遭受鞭挞时，如果鞭挞的实效仅仅只是对鞭挞本身的恐惧或者鞭挞所施加于肉体的痛苦，则鞭挞实在是乏善可称。因为痛苦消失得很快，儿童对它的记忆也会同时忘却。

不过我细细想来，觉得有一种过失——仅仅一种过失，儿童是应遭受鞭挞的，这就是顽梗或者反抗（Obstinacy or Rebellion）。在这种情形之下，我也主张在可能的范围之内，将鞭挞所给予的羞辱——而不是痛苦，作为惩罚的主要部分。惟有使他们由于做错了事和值得被打而感到羞愧，才是真正德行上的制裁。倘若儿童被打但却不感到耻辱，那么鞭挞所产生的痛苦容易消逝及被置诸脑后，很快就变得并不可怕了。据我所知，有一个出身上流社会的孩子，有一种莫名的恐惧，就是怕被人脱掉鞋子，正和别的孩子畏惧教鞭高悬于顶一样。依本人之见，脱掉鞋子这类惩罚比鞭挞要好；因为如果你愿他们具有一种真正坦诚的性情，他们惧怕的应是羞于犯错以及随之而来的羞辱，而不是痛苦。但倔强（Stubbornness）与顽梗（obstinate Disobedience）是应诉诸强力与鞭挞加以克服的；因为除此之外，没有别的良方。

无论是什么特别行动，如果你已吩咐他去做或严禁涉足，你便需亲眼目睹他服从不可，在有关个案中，不许求饶，不准反抗。倘若你下命令，而他反抗，那种情形便成了你们相互暗地较劲，争胜负、斗输赢的局面，这时你便非赢不可；如果你使过眼色，或者发过话语，过后仍未奏效，那时就不惜动用鞭挞；除非从此之后，你有意听命于令郎去过日子。

我认识一位母亲，为人精明、友善。有一次，她的小女儿从保姆那里回来，在一件极容易办到，属于鸡毛蒜皮的小事上与她顶撞，这位母亲在那天早上一连将女儿打了 8 次，才算制服了女儿的嚣张气焰，并使女儿终于听命于她。倘若她早一点松手，打到第 7 次时，就不再打了，那么她便从此把孩子毁了；因为她的不彻底的打法，足以增强她女儿的傲气（refractoriness），使得日后极难矫正；但是这位妇女聪明地坚持下来，一直到女儿的心理被屈服，意志变顺从，亦即坚持到这种惩罚与责打的惟一目的的实现；这位母亲在第一次较量的机会中便在女儿的心目中彻底地树立了威望，从今往后，无论什么事情，她的女儿就不会不立即听命于她了。这是这位母亲第一次鞭挞女儿，我相信也会是最后一次。

儿童第一次遭受他们应该受到的鞭挞之苦时，非等到目的完全达到方可终止，而且还要逐渐加重，这种体罚首先应制服儿童的心理，确立父母的威信，威信一旦确立之后，便应当采取严肃而又不乏和善的态度，并永远保持下去。

如果我们仔细反思其中的道理，便会更为小心谨慎地使用鞭挞及教棍（Rod and Cudgel），便不再以为鞭挞是一粒颇为安全的万应灵丹，可以随处乱用了。有一点可以确信的是，鞭挞如果不能产生良好的结果，它便会引发重大的弊端；它如果不能触及儿童的心灵，使其意志变得柔顺，就可能使得肇事儿童越发顽梗；无论他因此遭受了多少痛苦，不但不思改悔，反而使他更加珍爱他所喜欢的顽梗的脾气，因为这种脾气使他这次获胜，便会使他准备再作较量，指望将来取得同样结果。所以我毫不怀疑，有许多人本来是可以变得柔顺、易驾驭的，只因惩罚不当，结果反而养成了不思悔改的习性。因为如果你在惩罚儿童时，对他暴跳如雷，好像惩罚的目的全在报复他以往所犯的过失，那么，即使你的本意是矫正他的心理，也会事与愿违。倘若儿童的过错里没有倔强的气质（sturdy humor），或者任性嚣张（wilfulness）的成分，严酷的鞭挞根本就无需采用。在改正他们因意志薄弱、疏忽善忘或是漫不经心所产生的过失时，和蔼或严肃的劝诫就足矣，他们需要求助于外力的，不过如此而已。但意志里面如果含有乖张邪恶（perversencess）的成分，如果是一种有意为之的、坚定的反抗，那么惩罚的分量是不能仅仅根据他所犯过失的大小而定的，一旦出现时，应该看他对父命的尊重与服从情况，惩罚需根据违抗程度而定；父亲的命令是永远都得严格地执行的，否则便需断续地加以鞭挞，直到鞭挞的力量触及他的心理，你能从中看出真正的忏悔、羞耻以及自愿服从的迹象为止。

我认为，诸如此类的事情并不像对儿童布置一项任务，一旦他们没有完成，或是做得不如人意，毫无疼爱之心地施加一通鞭挞就可摆平的。这里需要谨慎、留心、观察，还应详细考察儿童的性情，仔细衡量他们所犯的过错，之后才能如此加以惩罚。但这样做较之手里时时挥舞教鞭，将其作为管束儿童的惟一手段，岂不要高明一些？当教鞭频繁地使用在任何场合，误用、滥用，那么这个堪称最后的及有效的方法到了必须使用时，还能指望有多大效果呢？因为如果儿童每逢偶尔犯了细微的过错时，便不分缘由地挥动教鞭，那么，对这种方法还能有其他的指望吗？倘若一个性情温和、勤奋努力的少年在检索《语词索引》时出了差错，或是在抄写《诗篇》[①] 时位置不对，便被人们确信是一种有意为之的罪过，将其视为顽梗、邪恶的肇事者；这种处罚的方式又怎能在其心理上产生良好影响，使之走上正轨呢？须知这是我们惟一应当追求的目标啊！一旦心理步入正轨，你所盼望的一切就会接踵而至。

79. 儿童的意志发生错位，如果无需改正，则不用鞭挞。至于其他所有过失，倘若心理正常，并不违抗父命或教师的管束和威信，那便只是错误而已，通常可以忽略不计，即使需要理会，也只需采用温和的劝告、指导及训诫等方法足矣，除非他们反复地、故意地忽视，证明问题在心理，他们违抗的根本原因是意志倔强之故。但是一旦出现顽梗，即公然反抗之时，我们便不能装着不知情，或是忽略，而应在它初现之际，即加以克服与控制；不过要注意的是，我们决不可弄错，我们务必认准它的确是顽梗，而非他物。

80. 不过，既然惩罚尤其是鞭挞，应该尽量避免，我觉得这种情形还是少发生为宜。倘若儿童具有我说过的畏惧心理，在多数情形下，只要给点眼色就已足够。确实，也不能指望年幼的孩子与年长者具有同样的举止、同样的严肃、同样的勤勉。我说过，凡是适合他们年龄的即使是愚蠢及幼稚的举止，都应允许，人们尽可不加理会。粗枝大叶、无忧无虑，以及打闹逗乐本是儿童时期的特征。我认为我曾说过的严厉方法不应扩大到这种不合时宜的约束。况且

① 这里的《语词索引》（*Concordance*）及《诗篇》（*Verse*），指的是《圣经》上的相关内容。——译者注

儿童的年龄或性情的自然产物也不能仓促解读为顽梗不化或有意违抗。在这种不当举止方面，他们作为天然的弱者，应得到扶持，帮助他们向改过自新方向前进；那种天然的弱点经过提醒之后，即使故态复萌，也不能认为是因完全忽视之故，而立即将他们当作顽梗的孩子去对待。因意志薄弱所产生的过错固然不应忽视，但也不可不予提醒，但除非这种过错含有蓄意的成分，否则决不能夸大其词，或是给予过分尖刻的冷嘲热讽、呵斥责难；只能在时间与年龄允许的范围之内，用一种温和的手段将其导入正途。

通过这种方式，儿童就会明白一切失误中的主要败笔（chiefly Offensive）究竟何在，因此就会学着予以避免。这样就可以鼓励他们保持一种正当的意志；这是一件大事；他们会发现，正当的意志可使他们不至于蒙受任何重大的不快，他们其余的一切弱点都会得到教师与父母的关心和帮助，而不是生气及盛怒之下的责骂。要让儿童远离邪恶，且勿沾染邪恶的性情以及诸如此类的通常能适应他们当时所处的年龄和交往伙伴的一般行为；随着他们年龄渐长，便会逐渐变得专注及勤勉。但是你的话应永远对他们具有力量及威信，如果有时在某一场合，你吩咐他停止干某事（即使是孩子气的举动），你便一定要做到，不可让他占了上风。不过我始终主张，做父亲的人，在有关个案中，除了儿童做事有流于恶习的倾向外，最好少行使权力，少下达命令。除此之外，我觉得还有更好的方法可以制服这些恶习，只要你能使孩子服从你的意志，则在大多数场合，温和地据理说服，效果必定更佳。

81. 我一提到对待孩子也要说理，人们也许会感到不解；但我却不能不认定这应是对待他们的真正方式。儿童一到使用语言之日，就是明了道理之时；如果我的观察不错，儿童之希望被看作是具有理性的生物，远比人们通常想象的年龄为早。他们这种自负的态度应当得到珍惜，我们也应尽量利用这种态度，将其作为支配儿童的重要工具。

不过我之所谓说理，必须以适合儿童的能力及理解力为限，不可引作他用。谁都知道，不可把一个 3 岁或 7 岁的孩子当作大人那样去和他辩论。长篇大论的说教和哲学意味甚浓的推理，最佳效果也无非是使儿童感到惊奇与迷惑而已，并不能提供真正的教导。我之所谓应以理性看待他们，其意是，你的举止应温和，即使惩罚儿童时，态度务必镇静，要使他们感到你的做法是合理的，对他们是有益且必须的；要使他们感到，你之所以吩咐或禁止他们去做某件事，并非出自心血来潮或胡思乱想。这是他们可以理解的；我认为，无论对于应在他们身上激发的德行，还是应远离的过错，无不可以用道理说服；不过所说的道理应符合他们的年龄及理解力，同时应以极少的简明扼要的措辞表达。至于责任的基础及是非的根源，对于那些不习惯于从通行的见解中抽象出自己思想的成人，打进他们的心扉也决非易事，至于儿童就更难了解虚无飘渺原理的推论了。冗长的演绎实难打动他们。倘若要用道理达到目的，那种道理便须明白流畅，符合他们的思想水平，而且应该能够（如果我能这样说的话）被接触到和被感觉到方可。不过，若是他们的年龄、性情以及性向（Inclinations）能被充分考虑，这种可以说服他们的动力绝非难觅。倘若他们犯了任何值得注意的过错，而又缺乏其他特殊的动力可以利用，有一种方法常常可使他们醒悟，并有力量去阻止那种过错的发生，这就是使他们知道那种过错会使他们贻笑大方，蒙受羞辱，失掉你的欢心。

82. 然而在各种教导儿童以及培养其礼貌风度的方法中，最简单易行且富有成效的方法是：将儿童应作出或避免作出的事情的榜样放到他们跟前。在他们知识所及的个人实践上，一旦你向他们展示了他们所熟知的人的榜样，同时说明这些榜样为何美丽或丑恶，那种吸引或是阻遏他们去模仿的力量将比任何可为他们提供的说教都要大。当你指导他们去观察，在其实践中比较这种或那种品质孰优孰劣时，用言语开导去使他们明白何为德行，何为邪恶，不如使他们看到别人的行动。采用这种观察他人榜样的方式，儿童在许多事情上，对于有良好教养所展示的风采，对不良教养所暴露的丑恶，必然懂得更清楚，印象更深刻，这是任何规则及教训都无法企及的。

这种方法不仅应在儿童年幼时采用，而且可以延续，只要他们处在他人的教导或指导之下时；不仅如此，我还感到，为人父者只要觉得合适，无论何时，他都可将此法当作一个最好的办法，去矫正他希望在他儿子身上更改的事项；与榜样相比，没有任何事情能这么温和而又深入地打动人的心扉。儿童无论忽略或沉溺于什么坏事，一旦目睹同样的事情发生在别人身上，他们是不会不厌恶、不惭愧的。

83. 关于鞭挞，人们也许会有疑问，当它作为最后的矫治手段不能不用时，应在何时执行，应由谁去执行，父母是否应亲自鞭打孩子呢？能否在儿童犯错的当时，有关情景还历历在目之时，趁热打铁地去立刻执行呢？

关于第一点，我不主张在孩子犯错的当时立刻执行，因为担心激情混杂其中；倘若父母感情用事，那时即使鞭挞超过了应有的分量，仍难以恰如其分地发挥其应有的功效；因为我们感情用事，即使孩子也能分辨出来。但我在前面说过，凡是从父母的理智出发，镇定自若地加以处理的事情，就能发挥最大的功效；孩子是不会不对此加以区分的。

其次，如果你有一个做事缜密的仆人，可以承担鞭挞之责，同时你家里又有管教孩子的地点（因为如果你请得起教师，想必一定有这样的地点），我主张最明智的做法是：鞭挞的指令应由父母发出，鞭挞时父母也要在场监视，不过最好由别人直接去执行鞭挞；这样一来，父母的威信可以保留，儿童因蒙受痛苦而生的怨恨则会转向鞭挞的执行者。我认为，做父亲的人应少打儿子，除非万不得已，到了最后一步，惟有此法可用时，父亲才可亲自执行，以免他很快就遗忘了所犯的错误。

84. 但是我在前面说过，鞭挞是矫治儿童不端行为的方法中最糟的，也是最后的一个；只有处在极端的情形之下，一切比较温和的方法都实验过且被证明无效时，才可采用；如果仔细观察便会发现，其实，鞭挞是很少用得着的。因为不难想象，一个儿童即使在某件特别的事情上，偶尔当面违抗父命，并不见得会长此以往；做父亲的不必通过专横的规则，将其绝对权力用于干涉儿童幼稚的或无关宏旨的行动，因为那些地方原本属于儿童享有自由的领地，或者用来干涉儿童的学习或进步，因为那些地方根本无需强迫；此外剩下的就只有邪恶的行为应加以制止，在这里，儿童可能桀骜不驯，所以得用鞭挞。一个人只要深思熟虑，对儿童进行合理的教育，鞭挞这种处置方法原本极少有用武之地。

在儿童 7 岁前，他们除了说谎，或者干些恶作剧（ill-natur'd Tricks）外，还会有什么邪恶，竟会在父亲直截了当予以禁止之后反复重犯，以致被视为顽梗不化，须遭到鞭挞呢？倘若儿童表现了任何邪恶的倾向，端倪初现，你就能正当地加以处理，开始是向他表示你的惊愕，以后如果再次出现，那时父亲、教师以及一切周边亲近的人，都对他正言厉色，以示异议、责难，同时用上面已提及的对待名誉扫地者的办法去对待他；一直坚持到他明白了自己的过错，感到羞愧时为止；我认为这样一来，其他的矫治就用不着了，鞭挞也失去了使用的机会。此类体罚之所以不能不被采用，通常都是由于以往过于纵容，或是疏于管教之故。如果邪恶的倾向一开始就受到关注，儿童刚做了不规矩的事情，就能采用较温和的方法去加以矫正，我们每次所须对付的缺点很少会超过一种以上；那时我们便可轻易地去加以克服了，无需兴师动众，也不用鞭挞那样的粗暴纪律。这样一来，只要它们露头，就可以一个一个地悉数铲除，不留丝毫曾经存在的痕迹或记忆。但是我们如果对小家伙一味纵容、迎合，让他们的过失滋生蔓延，直到根深蒂固，枝繁叶茂，其瑕疵使我们自己也感到羞愧不安之时，才不得不加以犁耙，那时锄铲必须深入根部；而且即使用尽气力，使出浑身解数，都不容易清除野草蔓生的苗地，重新得到对果实的希望，来酬答我们的季节性的辛劳了。

85. 这种程序如被遵循，则父子双方都可摆脱由那些重复的训诫，以及可做某事、不可做某事的繁杂的规则而来的重重麻烦。因为我认为，对于导向邪恶习惯的行动（这才是父亲应施加其权威，发出指令性意见的地方），在尚未发现儿童犯错以前不必加以禁止。因为不合时宜的禁止，即使不产生更坏的结果，至少也无异于告诉儿童，使他们知道那些过错自己可能会犯，而且是允许的；其实，这种过失儿童若是完全不知，反而更为安全。我已说过，阻遏这种过失的最佳方法是：在他们这种具有邪恶倾向的行为刚一露头时，立即向他表示诧异和惊愕（Wonder and Amazement）。例如，发现他第一次说谎或是干了恶作剧，最初的医治方法应是把它当作一件匪夷所思之事（strange Monstrous Matter），说实在想不到他竟然会干出这种事情，以此方式让他羞愧难当，而不再重蹈覆辙。

86. 也许有人会提出异议（这种事是会有的），说无论我感到儿童怎样容易教，羞辱及赞誉的温和方法如何有效，但事实上总是有不少儿童，若是缺少皮鞭的伺候，他们决不会自动地去读书，去学习他们所应学习的事物。我想，这里所指的恐怕不是别的，而是一般学校作为时尚所教的语文，它们从来没有尝试过别种教法——而别种教法在能引起关注之处应该去尝试。否则为什么儿童学习拉丁语及希腊语需要鞭策，而学习法语及意大利语却用不着呢？儿童学跳舞、学击剑，也无需鞭策；就算是学算术、图画等，他们也能专心致志，何尝需用鞭策；这就不能不使人怀疑到文法学校[①]里教授的东西或者所采用的教法，实属古怪，违背自然，不适合儿童的

① 文法学校（Grammar-Schools）是英国中学的一种类型。——译者注

年龄特点，致使儿童非得鞭策，不愿学习，而且即使在鞭策之下学得也极其勉强；所谓儿童对于这种种语言，非得有鞭策否则不肯学习的说法，实在是一种错误。

87. 即使我们认定有些儿童真是漫不经心或是懒懒散散，不能采用我所主张的温和的方法去使他们学习，因为我们必须承认，各种性情的儿童在世上随处可见，但不能由此得出结论，所有儿童都得用鞭挞的粗暴纪律去管理。此外，比较温和的方法在孩子身上尚未彻底尝试过之前，我们也不能作出结论，断定某个儿童不能用比较温和的方法去管束；如果这种方法真的不能够使儿童努力去做自己力所能及之事，我们对于这种顽梗行为并不会听之任之；对于这种儿童，鞭挞是一种正当的矫治；但鞭挞的方式应与通常的方式有别。对于故意疏远书本，父亲庄重、严肃地下达了命令后仍然执迷不悟，不肯去做他所能完成的事情的儿童，矫正时不可因为他没有执行任务而恨恨地打几下了事，以后他每次犯同样错误时，又去同样反复惩罚。我认为，当儿童故意的成分暴露无遗，使得鞭挞成为必然时，鞭挞应来得更沉着、更严厉一些，并且应一面鞭挞，一面训诫，直到鞭挞在心理上的印象可从儿童的面容、声调以及屈服的态度上明显地表现出来，不仅是因为感到痛苦，而且是因为对所犯错误的愧疚，并融化在真挚的悔恨中时，才可停止。倘若这种矫治的方法实施时经过适当的间隔，并且极端严厉，同时父亲始终清楚地表现出不快的样子，却未产生效果，不能改变儿童的心理，使他日后变得柔顺，那么，在此情况下，对鞭挞又有何指望可言？我们又何苦再求助于这一手段呢？如果鞭挞不能产生良好的效果，它便不像是出于一位心存怜悯的朋友的善意，而是发自一个激怒难耐的敌人的狂暴了；这种惩罚徒然惹恼儿童，没有丝毫改正的希望。倘若一位父亲倒霉透顶，有了这样一个顽劣不驯的儿子，他除了为儿子祷告外，我真想不出其他的办法来。不过，我觉得在对付儿童的方法方面，如果自开始就能运用得当，那么这种儿童毕竟是极为罕见的；即使真有这种情况出现，我们也不能推此及彼，由此得出结论：这是儿童的教育通则，可以运用在那些本性比较善良，可以采用较好的方法去加以管理的儿童身上。

（九）教师应具备的条件及其地位与作用

88. 如果你能得到一位教师，他将自己设想为父亲的身份，承担起父亲的职责，并喜欢管辖有关事务，并从一开始就能努力去将其付诸实践，日后他将发现，他的工作相当轻松。我认为，在学习与教养两方面，令郎在短期内必可取得超出你期望的骄人成果。不过得让教师明白，在没有得到你认可与指导的情况下，无论何时都不得施以体罚；至少也得在你积累了经验，摸清了他的谨慎周全与脾气后才同意。不过，为了保持教师在学生心中的威信，你除了为教师保守他并没有体罚的权力这个秘密外，你自己应对他极为尊敬，并让全家保持同样态度。因为你不可能指望令郎对被自己的父母或其他人所轻视的人会表示丝毫尊重。倘若你觉得他值得蔑视，那你显然就是选错了人；如果你对他表示了一点儿轻视，他就难以逃脱令郎的轻视；其结果是，无论教师本身有多大价值，以及他在业务上有多大能耐，但在儿童的心目中一切都化为乌有，此后他对令郎再也没有任何益处了。

89. 父亲应该以身作则，教导儿童尊敬教师；教师也应言传身教，使儿童去做教师希望他做的事情。教师的行动绝不可违背自己的训示（Precepts），除非他蓄意要让孩子变坏。如果教师自己放浪形骸，那么他教导儿童克制情绪冲动便会徒劳无功；如果他不洁身自好，那么他努力改正其学生任何邪恶及不端行为的努力将付诸东流。坏榜样的确比好规则更容易被接受；所以他应时时留心，不可使儿童受到不良榜样的影响，尤其是仆人的榜样，因为这种榜样是所有榜样中最为危险的；切勿让儿童接近仆人，但不宜采取禁止的方式，应采取我以前说过的其他方法，因为越是禁止，反而越会激发儿童接近他们的愿望。

90. 我现在要说的一件事，在整个教育工作中恐怕是极少听说，而又难以好好遵守的，那就是，孩子从刚能说话的时候开始，左右便得有个谨慎、清醒，甚至堪称睿智的人，其职责是将儿童引上正轨，并使他们远离一切邪恶，尤其是免受不良伙伴的影响。我认为在这些地方，需要极大的清醒、忍耐、温和、勤勉以及谨慎；上述品质很难集于某人一身，具备这种种品质的人难得用一般的薪金去请到，也是各处都不易觅得的。至于所需聘金，我认为不失为我们在自己孩子身上最值得开销的一笔钱；因此即使比常规多破费一点，也算不上昂贵。在任何意义上，谁舍得在这方面花钱请人，以使自己的孩子心智健全，操守规范，趋向德行，能干有用，同时还兼有礼貌与良好的教养，那么，较之用这笔钱去买田置地，的确要划算得多。在诸如玩具、游戏、丝绸、缎带、花边以及种种无用的花费上，你都可以尽量节约；但是这种必要的开销却不能节省。若使子弟财产充裕而精神贫乏，断难称得上是良好的治家之道。我常常极为惊奇地看见有些人在使子弟享受锦衣玉食、豪宅大院方面极其奢靡，花钱如流水，允许他们拥有超过需要的无用仆人，但同时又使他们的精神遭到饥饿，对于令他们大失颜面的本性中的错误倾向与无知的赤裸裸表现，却不去注意加以掩饰。我将这些做法看作是他们为了满足自己的虚荣心而作出的牺牲；显示出他们为的是夸耀自己，而不是真正关心自己的孩子。

凡是你为令郎精神上的利益考虑而做的事，都可以视为你对他的真正慈爱，即使少留给他财产，也没有关系。一个聪敏善良的人，无论在别人的议论中还是在事实上，都很难不被认可为伟大与幸福之人。然而一个愚蠢或邪恶的人，无论你留给他多少财产，他仍是既不伟大，也不幸福的。这里我要问你，不管世界上有没有这种人，你是宁愿令郎变成每年收入 500 镑的人，还是那些你所知道的收入5 000镑的人呢?①

91. 因此，关于雇佣教师费用的考虑，应不至于妨碍有能力支付有关费用的家长。最大的困难却是到哪里去寻找一个合适的人。因为年龄小、能力弱、德行差的人是不适于担任这种工作的，而年龄大、能力较强、德行较好的人，又难以请动来担任这种工作。我记得蒙田②在他的一篇文章中说过，博学的卡斯塔利阿为了免除饥饿的困厄，不得不到巴塞尔去做制作木盘的工作，而蒙田的父亲那时正打算为他的儿子聘请这样一位教师，随便花费多少金钱也在所不惜，卡斯塔利阿想必也一定愿意以合理的条件接受这种聘请，可惜的是彼此不通消息。③

92. 如果你发现，要遇到这样一位我们所期盼的教师并非易事，你也不必困惑。我能忠告的仅仅是：你应尽你所能，不惜代价，去找到这样一位教师；一切事物只有这样才能得到；我敢保证，倘若你能得到一个好教师，你决不会后悔为此所花费的金钱；你必定永远会不无欣慰地感到，在你以往的投入中，这笔钱是花得最恰当的。不过你务必注意，请教师决不可单凭友谊，或者是当作善举，也不可仅仅信赖大有来头的推荐。而且，如果你按照你应做的去做，一个人仅仅具有严谨的声誉、丰富的学识（通常对一个教师的要求不过如此），还不够资格为你做事。你在为令郎选择教师时，要保持一颗犹如替他选择配偶似的好奇心；因为你决不可心存

---

① 洛克这段话或许可以这样理解：收入500镑的人是伟大、幸福的，而收入5 000镑的人是不伟大、不幸福的。要在二者中作出选择。——译者注

② 蒙田（Montaigne，1533—1592），文艺复兴时期法国人文主义思想家、散文作家及教育家。——译者注

③ 有关记载见蒙田著《散文集》ⅰ·35。有的研究者指出，洛克这里的描述不够准确。蒙田确实提到卡斯塔利阿（Castalio）陷入困厄一事，但蒙田的父亲并未寻家教，而是想建立一个交易所，以让供需双方互通有无。（参见John W. and Jean S. Youlton编辑并注释，Clarendon Press·Oxford 1989年版，*Some Thoughts concerning Education*，第149页注释。）——译者注

侥幸，想试试再说，试得不好，日后再换；这种试试的想法对你自己固然很不合适，对令郎的损害尤甚。当我站在你的立场，小心翼翼地思考有关问题时，表面上看来，好像我在劝你努力去做一件本人想做而未能成功的事情。但我还是要指出，关于如何正确地延聘教师，是一个何等重要的事务，横亘在路上；而许多人，即使是那些自荐去做教师的人，远非明白其中的道理；大家只要想想这种情形，也许就会与我有同感了，就会觉得，适宜于教育年轻绅士以及形成年轻绅士的精神的人不是到处都可找到，选择这种人应比处理日常事务更加小心，否则你的目的断难达到。

93. 我在上面提及，人们希望教师具有严谨的作风及学者的性格。通常认为具备这些条件足矣，一般家长所寻求的也不过如此而已。然而一旦有这样一位教师将自己在大学里学到的拉丁语与逻辑学等知识全部灌输给他的学生之后，难道这种装饰就可以使学生变成优雅的绅士吗？难道就能希望他变得比他的年轻的先生更有教养、更会处世、更具真正德行与豁达大度的基础吗？

欲将一个年轻绅士培养成为他应当成就的模样，他的教师便应当具有良好的教养，通晓礼仪（Ways of Carriage），无论在何时、何地以及与哪种人打交道，都有适当的举止与礼貌；此外他还要使他的学生在与其年龄相称的范围内，努力使他经常照办。这是一种技巧，不是被动教会的，也不是从书本上学会的。除了与儿童为伍者的良好示范与儿童自己的观察相结合外，没有别的办法可催生这种技巧。儿童的衣着或许可以通过裁缝制作显得颇为新潮，儿童的动作也可能通过舞蹈教师的调教变得十分时尚，但此类事情固然可以使他显得风光体面，却没有一样能使他变成一个受过良好教养的绅士。岂止如此，即使他还具有学问也是不够的，因为处理不好，学问会使他在与别人交往时显得更加无礼、更加令人难受。

礼仪（Breeding）是在他的一切其他美德之上加上的一层光泽，使之具有效用，去为他获得一切与他接近的人的尊重与好感。

缺乏良好的礼仪，其余一切成就都会被人看成骄矜、自负、徒然与愚蠢。

在缺乏教养的人身上，往往带有唯我独尊的神采，并逃脱不了众人斥之为“野蛮”的评论；学问变成了卖弄（Pedantry），才智变成了滑稽（Boffoonry），率直变成了粗俗，温和变成了谄媚。倘若缺乏礼仪，无论什么美德在他身上都会扭曲，使其形象大损，反而对他不利。即使某人的德行和才能各自获得了一定的肯定，但仍不足以获得人们的认可，也无法使他所到之处，受到人们的欢迎。未经过琢磨的钻石无人喜欢，即使戴上，也乏善可陈，显示不出高雅华贵。然而一旦经过琢磨，加以镶嵌之后，它们便流光溢彩了。美德是精神上的宝藏，但使之焕发光彩的则是良好的礼仪；凡是一个能够受到大家欢迎的人，他的动作不仅要有力量，而且要优美。坚实乃至有用也无济于事；无论何事，必须具有优雅的方法和态度，才能显得潇洒，获得别人的青睐。在多数情况之下，做事的态度的影响较之所做的事情本身还要大；人们之所以感到满意或厌恶，也正是基于此。这不单是指见了人要脱帽或是问候，而是说应该斟酌对方的人品，按照当时周边的情形，务使外表及一切言谈举止、所处位置等，全都合适，落落大方，气定神闲，应付自如，这是只有通过习惯及实践才能学会的，并非儿童的力量所能企及，小孩子不应因此受到烦扰，但也应及早着手，当年轻的绅士有教师管束，尚未独自闯世界时，便应学得有章可循；因为小事情上面的一些习惯性的非礼的动作，到了那时候再去改正，通常都为时太晚。因为举止要能做到适宜的分上，不到一切细节圆熟自然就难以奏效，正如技艺高超的音乐家的表演，当其指端触及乐器时，不必用心，也不假思索，优雅和谐的乐调自然流淌。倘若一个人与他人交往时，他的心理还无时不提防自己的一部分行为，而不是得到行为的支持协助，那么，他的举止必然会出现矫揉造作，遑论安详优雅。

除此之外，这种习惯是最需要由儿童管理者去亲手照料与形成的，因为礼仪方面的错误，虽然别人最初就会察觉，本人却是最后才能听到的。世上的邪恶每每表现在对于这种错误的飞短流长上，但是事主本人却永远难得听到这种非议，他既不能从别人的评判中获得益处，也不能通过别人的指责来加以改进。诚然，这种地方很难开口，就是朋友之间，希望对方改正错误，也常常不便明说，他不敢告诉自己所爱的朋友，说他们在某件事上缺乏教养。涉及别的过失，人们尚可客客气气地说出，叫别人改正错误是不伤大雅，也不损害友谊的，惟独礼仪方面的错误，根本就不能提及，即使暗示，说别人缺乏教养，都是难于启齿的。能告诉儿童这种事情的只有那些有权管束他们的人；对于一个成人，则即使有权管理他们的人也不会轻易开口；涉世不深者听了他人的批评，无论措辞如何委婉，终归不会感到高兴。有鉴于此，所以这种地方是必须由孩子的教师集中精力去加以关注的，他应该在儿童离开他的掌控之前，尽其所能，使孩子在一切言谈举止方面养成温文尔雅、谦恭有礼的习惯；务使他在后来没有时间，也没有心情去接受教诲，或是缺乏合适的人去教诲他时，在这件事上他可以不需别人的劝告。

所以，做教师的人，首先自己便必须有良好的教养，娴于礼仪；一个年轻绅士从教师那里获得了这种美德，不啻占得了先机；人们将会发现，他凭着这一点成绩，门路就会更广，朋友就会更多，他在这世上的作为就会更大，这是他从文科教育①或教师的渊博的百科全书中所学到的困难字句或真正知识所无法企及的。那些字句及知识并非可以忽视，然而决不可将它们看得比教养更重要，或竟因此去排斥教养、礼仪。

① 文科教育（Libral Arts）是从古代希腊流传下来的教学内容及课程设置。在近代以前，指的是适合于自由民学习的三艺（文法、修辞、辩证法）及四艺（算术、几何、天文、音乐）。其特点是反对教育具有功利性，致力于提高人的一般文化素养。——译者注

94. 教师除了应有良好的教养外，他还应世事洞明，人情练达；他应懂得他所置身的时代的人们尤其是他的国人的行径、气质、愚蠢、奸狡及其他缺点。学生到了能够知晓这些事情的时候，他要将有关情况告知；他应教学生识人、知人的技巧，包括透析各种人的风度人品；将各种人的假面具向学生揭穿——须知这些假面具常被词藻及伪装所掩盖，使学生洞察假面具底下的真相，免得他像一般缺乏经验的年轻人一样，如果无人从旁提醒，便会误以此物为彼物，根据表面假象下结论，将自己毫无保留地展现，对虚有其表之徒则加以迎合，乃至助纣为虐；做教师的人应教导学生，使他对于必须接近的人们的图谋知道猜测，懂得防范，对于他人，既不可过于多疑，也不可轻易置信；由于年轻人的本性容易趋向非此即彼，故教师应予以矫正，使之走向正途。

人们常在小事上暴露出他们的本来面目及内心状况，一个人总会流露出某些迹象，容易让别人去捉摸，尤其是当他没有存心做作、缺乏提防的时候；教师应使学生习惯于尽量根据这种迹象去对别人加以正确的判断。他应使学生熟悉人世间的真情实况，当他判断一个人或好或坏，或智或蠢时，总要与实际情况相差不远才好。这样一来，他就可以平平安安，不知不觉地由一个孩子长成一个大人；这是人生旅途中最危险的一个关头。所以应该格外小心，年轻人应特别当心地度过这一关；不可照现在一般通行的情形一样，让孩子脱离教师的指导，骤然置身社会，一切都靠自己，明显的堕落的危险就会逼近；年轻人一旦脱离了严格的教育缰绳的束缚，立刻就变得骄奢淫逸，肆无忌惮（Extravagancy and Debauchery），这种事例不是频频发生吗？究其原由，我认为主要是由于教养不得法，尤其是关于人情世故的这一部分；因为在他们接受教养的期间，对于世间的真实情况全然不知，一旦置身社会，才发现其情形与教师所教的理想状况以及自己的想象完全不同，那时他们必定会遇到另外一种类型的教师，并被那种教师所说服，那种教师会对他们说，他们以前所接受的管束、所聆听的教诲，全然是教育上的一种形式，目的是束缚儿童；并说，成人享有自由，他们以前被禁止享用的事物，如今可以尽情地自由享用了。这种人将世界揭示给涉世不久的青年，使他到处看到纸醉金迷的榜样，年轻人一旦处于这样的境地，立刻就会神昏目眩，难于自持了。我的少主人也和其他同龄的张狂之徒一样，为了表明自己已是个成人，于是将一切规则置诸脑后，去过最为放荡荒淫的生活；他在此之前是谦逊端庄的，现在则把这种美德去除殆尽，以此表示自己的丈夫气概；他一开始行动时，便去反对教师教给他的一切有关德行的规则，还以为那就是有勇气。

我认为，在他尚未完全置身社会之前便将社会的真实情况告诉他，是预防这种弊端的最佳方法之一。他应该不断被告之眼下流行的邪恶是什么，他应该得到警告，知道世上有一种专想毁坏他的人，他们的图谋是什么。要懂得如何防范那种人的鬼蜮伎俩及圈套；此外还要经常将世上一般正在这样趋于堕落的人，或是已堕落之徒的可悲、可笑的事例讲给他听。时代并不缺少此类事例，它们都可作为他的前车之鉴，使他看到，一个前途原本大有希望的青年，只因堕落了，以致名声扫地，疾病缠身，穷困潦倒，遭人鄙视，那时他就会知道警惕了，他就会被迫明白，那些对于堕落了的青年看不上眼、不加理会的人，原来就是伪装友善、伪装敬重他们、诱使他们堕落之人；而且当那些青年正在堕落之途下滑之时，这些人也曾为虎作伥，加害于他；那时就可以让他不必花费太昂贵的代价去买来经验教训，知道别人之所以劝他舍弃教师的严正训诫及自己理智的主张，硬说那是被人管束，他们的实际目的不过是想让自己取而代之而已；他们使他相信自己已是独立自主的成人了，可去寻求自己的快乐，其实他还完全是个孩子，不过是被这些人引诱去做有利于他们的坏事。这是一种知识，做教师的人应随时传授给儿童，应用尽一切方法，使他清楚明白，烂熟于心，并甘之如饴。

据我所知，有一种说法非常流行，就是认为若将涉及时代的各种邪恶之事告诉一个青年，就等于将那些事情教授给他。我承认，就实际情形而言，这种说法大抵不错；所以才需要一个小心谨慎的学者，他应世事洞明，能够对他的学生的心性、倾向、弱点作出判断。此外还要记住，在当今时代（在以往也许也是一样），欲使一个年轻绅士对邪恶的事情全然不知，以免染上邪恶，实属是不可能做到的事情，除非你想将他一辈子都禁锢在密室里，和其他人老死不相往来。他这样被幽禁的时间越长，一旦走到光天化日之下，便更加看不清楚周围的情形，更加容易成为自己与别人的牺牲品。当一个态度端庄的大男孩在大庭广众中初次抛头露面时，想必会吸引人们关注的目光，乃至全城的鸟儿都在瞄准他，发出吱吱喳喳的声响，其中便不乏鸷禽猛鸟，马上扇动翅膀，猛扑过去。

对于人世的惟一防备，就是彻底掌握有关世界的知识；一个年轻绅士应在他的能力承受范围内逐步走进世间；而且越早越好，那样他就会置身在安全的、技艺高超的掌控中，得到切实的指导。场景的大幕应当徐徐拉开，他的入场应该一步一步地走去，他的身边充斥从各种地位、各种气质、各种图谋以及各种团体的人那里所发出的危险，对此亦应加以指点。他应准备遭受一部分人的打击，获得另一部分人的庇护；应该提醒他，什么人会反对他，什么人会欺骗他，什么人会陷害他，什么人才会为他效力。他应受到教导，知道如何去认识及分辨他们；何时应当让他们看见，何时对于别人及其目的、图谋要佯装不知。倘若他过于相信自己的力量与本领，事事出头，轻率冒进，那么，让他间或经受一些挫折，遭遇一些麻烦，只要不致损伤他的清白、健康或名誉，也不失为教他处事小心、更加谨慎的一个良方。

我认为这里面蕴藏着极大的智慧，绝非泛泛地思考或博览群书的产物；而是由于一个人睁大眼睛，在世上过日子，接触过形形色色的人，积累了经验，经过观察的结果。所以我感到，我们值得利用一切机会去把它教给年轻人，使他日后投身茫茫人海时不至于像那些迷失了航线、丢失了罗盘或海图的航海家一样；他事先就注意到了暗礁、浅滩、激流以及流沙的所在，加之又懂得一点儿驾驶的技术，因此他在获得经验之前便不至于有灭顶之灾了。

较之文字与一般学者所学的科学，这种知识对于绅士的儿子格外重要，绅士家庭也格外需要一位在行的教师，凡是未曾认识到这一道理的人，他就是忘记了，正确地判断人，使自己与别人聪敏地相处，较之说希腊语与拉丁语，或者与别人辩论时在腔调和姿态上得体，其益处要巨大得多；较之将子弟的头脑装满自然哲学与形而上学的深奥理论，要有用得多；一个绅士与其做一个优良的逍遥学派或笛卡儿学派的学者，倒不如精通希腊、罗马的作家，因为那些古代的作家对于人类的观察与描写相当成功，对探讨有关知识领域给予了最好的提示。凡是到过东亚的人，就可以发现一些异常能干而又让人认可的人物，虽然他们并不具备以上所说的种种学识；然而一个没有德行，不懂人情世故，缺乏礼仪（Civility），却有成就、有价值的人，恐怕哪里都难找到。

现在欧洲一般学校流行的学问已深入教育领域，然而如果掂量一下，其绝大部分对一个绅士来说，都是不必要的，没有这些学问，对于他自己没有任何重大损失，对于他的事业也毫无妨碍。但是持重、良好的教养却是人生的一切历程和事件中都不可或缺的；大多数年轻人因在这方面修养不够而吃尽苦头，他们踏入社会时，也因为这个缘故，显得相当生疏笨拙，不能达到应有的水平；这种品性（Qualities）原本是所有品性中最值得教导的、最应得到教师的帮助的，可是每每遭到人们的忽视，将其看成是教师本职工作中的区区小事，甚至认为不是教师分内之事。人们吵吵嚷嚷的只是拉丁语和学问；最关注的是使他精通其中大部分并非一个绅士所应精通的事项；作为绅士，需要的是事业家（Man of Business）的知识及合乎其身份的举止，同时要能按照自己的地位，成为对他的祖国大有裨益的出类拔萃的人物。

一个人如果尚有余暇，或是经过教师的初步指点之后，对于某门学问有意深造，作进一步研究，那么，既然他在那门学问上以前已掌握了一些基本知识，便足以为他今后的勤奋努力开创了途径，向往中的或是能力范围内的目的便可以尽量去实现。倘若他遇到困难时希望得到教师的帮助，以便对付困难时节省时间与精力，那时他也可以找一个对付困难特别有办法的人，或是选一个他认为最适合的人。至于发动学生去学习年轻人日常不能不学的任何学问，有了教师的一般技巧就够了。教师不一定非得是硕彦宏儒（through Scholar），青年绅士粗略懂得即可或耗时很少的学科，也不要求他去门门精通。一个绅士如欲深入钻研，只有在日后凭借他自己的天才与勤奋；因为世上具有高深学问的人，任何科学上的出类拔萃者，无一是在教师的管束及规范下成才的。

教师的重要工作是在他的学生身上培养风度（fashion the Carriage），培养心智；养成良好的习惯，坚守德行与智慧的原则；一点一滴地传授关于人类的观念；使学生喜爱并模仿良好的值得夸奖的行为；当学生依此而行动时，给他力量与鼓励。教师之所以要让学生去用功，目的就在于锻炼他的能力，消磨他的光阴，以免他饱食终日，游手好闲，并借此教会他努力，习惯于吃苦耐劳，能品尝自己的努力所带来的益处。因为谁会希望一个青年绅士在教师的管束之下成为一个有成就的批评家、演说家或是逻辑学家呢？谁会希望他钻到形而上学、自然哲学或是数学的深处去呢？谁会希望他成为一个历史学或是年代学的大师呢？诚然，上述种种学问，都应教会他一点；但旨在开启一条门径，使他得以一窥里面的情形，浅尝辄止，并不要他升堂入室，安营扎寨；如果教师使学生在那里停留太久，或是钻研太深，反而会遭到责难。然而良好的教养、礼仪、关于人情世故的知识、德行、勤勉以及爱好名誉的心思，只会是多多益善；如果年轻人具备了这种种优点，他在其他方面所需要的或所希望的东西便不至于那么急需了。

我们既然不能指望学生有时间与精力去学习一切事物，所以他最主要的精力便应当耗费在学习最急需的事情上；他所最应该追求的事物就是他在世上最需用、最常用的事物。

塞涅卡埋怨过他那个时代的相反做法；但是在塞涅卡的时代，并不像现在的情形，伯格斯蒂西斯和斯切伯勒[①]的作品到处都是。倘若塞涅卡生活在现在，看见一般的教师以为自己的最大任务就是将这种作家的作品去充塞儿童的课业和头脑，真不知他会作何感想。想必他更有理由去说：

> 我们学习不是为了生活，而是为了学校。[②]

我们学习不是为了生活，而是为了辩论；我们的教育只是使我们适合于大学的生活，而不是社会生活。然而这种风气的始作俑者之所以要使风气去适合他们自己的所为，而不是学生的所需，并不令人奇怪。某种风气一旦形成之后，又有谁再感到稀奇呢？无论在此事或是在其他事情上，莫不如此，其中绝大多数人，发现他们的利益就在对这种风气的顺水推舟上，一旦见到有人背叛风气，当然便要气急败坏地斥责那个人是异端邪说了，这又有何难解呢？

然而令人啧啧称奇的是，那些品性、才能均可称道之人，居然也被习俗惯例与潜在信念这样深深地引入歧途。倘若他们问问理智，理智便会告之，他们的孩子的时间应该用在获得一些对于他们日后长大成人时有用的事物上面，而不是将他们的头脑填满其中的绝大部分在他们今后的人生岁月中通常都决不会再想到的各种废

---

① 伯格斯蒂西斯（Franco Petri Burgersdijck）和斯切伯勒（Christoph Scheibler）是17世纪学者。前者著有《哲学道德观》（*Idea Philosophiae Moralis*，1623）；后者是早期逻辑学著作《逻辑学概要》（*Epitome Logica*，1624）的作者。——译者注

② 原文是拉丁语："Non vitæ sed Scholæ discimus"，见 Seneca，*Ep.* 106.12。——译者注

物，对这种东西他们当然根本无需去学习，如果保留一些，对他们只有坏处。这种道理本来是众所周知的，所以我要请那些花钱让孩子学习这些废物的家长认真想一想，当他们的儿子走进人世、漂洋过海时，身上带着一层受过此类教育的痕迹，是否可笑？当他们的儿子在大庭广众之下露出了这种教育的色彩，是否会使其身价缩水，乃至失去体面？人们在最需要表现自己才华及教养时所感到愧疚的东西，才是一种值得称道的追求物，才值得去认真筹划，使之成为教育的一部分。

表明礼仪（Politeness of Manners）与有关人情世故的知识为什么应是一个教师所最需要追求的另外一层理由是：一个有才华而又上了年纪的人，尽管他自己对于任何学科没有多少心得，仍可以指导学生深入学习。只要有关书提供给他，给他指示，他就能去指导一个年轻人；但是他若对于人情世故尤其是礼仪，是一个门外汉，他是决不可能将被指导者引上正途的。

这种知识他是应随身具备的，通过应用及交际，并观察顶级社交团体（best Company）里所实行及所允许的规则，经过长期训练，他就可使这种知识与自己水乳交融。倘若他自己不具备这种知识，他是无处可借来，去供其学生使用的；即使他能找到一些书籍，里面有些文章详细议及一个英国绅士应有的行为，但是如果他自己是个缺乏良好教养的人，他的不良榜样便足以毁掉他的全部教诲；任何一个从粗俗的、缺乏教养的群体中长大的人，决不能变成一个有优雅举止（well-fashion'd）的谦谦君子。

我说这些话，并不意味着这种理想的教师随处可遇，或是能用一般的薪金聘得。我的意思是，有能耐的人对于这种利益攸关的大事是不怕劳神费力去寻访，也不吝惜金钱的；至于那些家境不够宽裕、不能花高价的父母，他们也要记住：选择教师去教育孩子时应该睁大眼睛，集中在最应关注的选择条件；当孩子由自己照管，跟在自己身边时，要知道自己什么地方最应当检点，要时常亲自观察、判断；不要以为一切要务全集中在拉丁语、法语或是逻辑和哲学的枯燥系统里。

（十）父亲正确的教子方法及合理的父子关系

95. 姑且回头再谈谈我们的方法吧。我虽然说过，实施教育儿童的主要手段是利用父亲的正言厉色（Braw and Awe），使这种威慑力从小印入儿童的心灵；但决不意味着在他们正值童年、接受管束的期间，这种方法应该一直沿用下去；我认为一旦他们的年龄稍长，做事知道谨慎，而行为也很端庄的情况下，这种管束便应当随之放松；而到儿子长大，且具备判断事物的能力时，做父亲的还应进一步和他亲切交谈；甚至还可就他多少知道或了解的事物，征求他的意见，与他磋商。这样一来，父亲可以得到两大益处。

第一个益处是，可以促使他的儿子认真思考，这不是任何规则或劝告所能奏效。你越是及早将他当作成人看待，他便越是能及早变成一个成人；倘若你不时和他认真讨论，你便无形中提升了他的精神境界，使他不再沉溺于年轻人所喜好的一般娱乐，不再将心思耗费在一般浪费精力的小事上了。因为显而易见，有许多年轻人，由于父母老是与他们保持距离，视之为地位较为卑下的另类，以至他们的言谈举止和别人比较起来，也老像一个小学生的模样。

96. 你用这种方法对待他，可获得的另一更大的益处是，增进亲子友谊。有许多做父亲的人，虽然也曾根据孩子的年龄及所处环境酌量给孩子一些自由掌握的空间（libral Allowance），但他们对自己的产业及心事却尽量秘而不宣，好像他们是在保守国家机密，不得让间谍或敌人获得一样。这种态度即使不像一种嫉妒心理，但也不是父亲对儿子应显示的和蔼、亲切的表现；无疑会使儿子与父亲攀谈或信赖父亲时，缺少或减少应有的愉快与满意。

常常令我不解的一件事是，我见到一般做父亲的人，非常爱护自己的儿子，可是一辈子对于儿子的态度始终冥顽不化，老是保持一副权威的模样，并且总是与孩子保持距离，好像自己决不能从孩子身上寻到快乐或安慰，尽管孩子是他们人世间的最爱，这种情况一直延续到他们撒手人寰，彻底地失去孩子。建立及巩固友谊与善意的最佳方法莫过于互相信赖地交流心事与唠家常（Concernments and Affairs）。缺少这一特点，别种慈爱终究会留下一些嫌隙（Doubts）；不过一旦令郎看见你向他敞开了心扉，看见你因要交班给他的事物终究会到他的手中，所以你注意让他参与你的事务，那时他便会关心这些事情，如同关心他自己的事情一样；既然你不将他当外人看待，彼此亲密无间，他便会耐心地等待自己的机会，同时又能爱你。这样一来，他还可以知道，你的一切享受并非没有为他考虑；在这些地方他越是清楚，他便越是不会嫉妒你的所有，他便越加会认识到，自己能有你这样的良师益友、这样细致周全的父亲，去替他打理一切，实在是一种幸福。年轻人有了一个可靠的朋友，遇事能够依靠，有了问题亦可随时讨教，身处此境，若还不满意，这种没有脑筋、缺乏感觉的人，人世间恐怕难得一遇。

父亲对于儿子若过于矜持，刻意疏远，常常会使其子脱离他的保护，那种保护的利益远超过成百次的呵斥詈骂。如果令郎要寻一点开心，或者要实施某个奇思怪想，他去做的时候，与其让你蒙在鼓中，不如让你知道一点，那样岂不是好些？在这种事情上，年轻人终究是应得到一些宽容的，你对他们的图谋与计划知道得越多，你便越有能力去防止重大的失误；你不妨使他事先看到事情的结果，这就是用了一种正当的方法，使之可以避免那些比较轻微的麻烦了。你愿意他向你开诚布公，向你请教吗？你便必须首先这样对待他，用你自己的言谈举止去获得他的信赖。

97．然而无论他向你请教什么，只要那件事情不致产生致命的、无法补救的过失，你就可以以一个有较丰富经验的朋友自居，并发表你的看法；但不可在你的意见中带有命令或权威的语气，也不可在与你平起平坐的人与生客之间有所区别。否则就会驱使他从此远离你的要求，也不能使他从你的指导中获得任何益处了。你应将他看作一个年轻人，他具有你曾有过的快乐与幻想。你不应指望他的倾向与你的一模一样，也不应指望他在20岁时具有的思想会与你50岁时的思想竟然没有区别。你所能希望的只是，年轻人虽然应享有一些自由，有若干渠道可供其发泄，但通过儿子的机敏与父亲的警惕，不至于产生严重的弊端。至于达到这个目的的方法，我以前说过，是当你发现儿子具备一定的能力时，就去与他谈谈自己的事务，亲切地与他讨论并征求他的意见；如果他提出好的点子，你便照办；成功之后，你还要对他大加称赞。这种办法不但不会损害你的威信，反而会使他对你更加爱戴、更加敬重。就在你保有你的财产的当口，全体员工还在你自己的掌控之中；而且你的威信带有信赖与和善的特点之后，会得到加强，也就更为可靠。因为只有当他更害怕得罪你这么个好朋友，而不仅是怕失去将来的一部分希望时，你才具有支配令郎的力量。

98. 如果亲切的交谈可在父亲与自己的儿子间进行，它就更适合于教师屈尊去对待学生。师生相处时，不可将全部时间都消耗在阅读与授课上，也不可都由教师根据长官意志去摆布，命令学生遵守及遵循各种条条框框；教师也要倾听学生的意见，凡吩咐学生做的事情，都要让他习惯于用理智去思考，使得规则更容易接受，使其赖以建立的根基更加牢靠，使学生乐于读书及接受教导；当他看到，自己有了知识便能讨论各种话题，大家谈话时他也能成为一员，他所说出的道理有时也有人赞成、有人倾听，他就会因此感到快乐与信任，就会开始看重知识了。

在向儿童告知有关事项尤其是关于道德、持重以及教养方面的事项时，应将有关事例告诉儿童，并让他作出判断。这种方法能更好地启发儿童的悟性，那绝非格言所及，无论解释得多么清楚的格言都赶不上，而且还可使规则记得更加牢靠，有助于付诸实施。倘若让事情这样印入心理，就会连同证据一起存入心中；至于话语，充其量不过是对事物的苍白描述，谈不上是事物的真正影像（true Shadows），并很快就会被忘却。他如果对事例发表过自己的意见，有了适当的时机能和教师一起加以论证，那么，他对于仪态（Decency）与正义的基础与标准，想必懂得更加透彻，对于自己应做的事情，印象必定更加深刻、持久，这与一味沉默地、漫不经心地、昏昏沉沉地听取教师的授课相比，效果必然要好；至于遇到任何问题就去死抠概念，从逻辑上进行辩论，或是拿出自己的辩词来，那就更加相形见绌了。后面提到的这两种方法，一种将思想用在小聪明（Wit）及虚伪的外表上，而不是真理上；另一种教人谬误与口角（Fallacy and Wrangling）；两者都足以破坏判断能力，使人不再遵循正当而又公平的推理；所以凡是想要改进自己、希望被他人接受者，都应设法避免。

99. 你一方面使你的儿子认识到他必须依靠你，是在你的权力控制之下的，这样你便树立了你的威望；同时，如果他执拗地坚持去做你曾禁止他去做的反映不良本性的坏事，尤其是说谎，你对他的态度就应是没有丝毫妥协余地的严厉，务使他对你产生一种必要的畏惧心理；另一方面，你对于符合他年龄特征的所应享有的自由，又允许他去尽量享受，对于他的童真的举止，打打闹闹的行为，都看成是他在年幼时期的必有现象，就像吃肉或睡眠一样不可或缺，使他在你的面前不感到拘束；你须将他看成是你的一个伙伴，通过放纵与温和的举措，使他感受到你的关爱，尤其是当他事情干得漂亮的时候，不管在什么场所，都要用适合他年龄的、自然教给父母且比我想象出来要高明的千百种适合于其年龄特征的时尚方法去抚爱他，向他表示善意；我说，你用这种种父母对其子女决不会缺少怜爱与柔情的方法，就在他心里植入了他对你特别眷恋的心态；这时他就达到你所希望达到的境地了，你便在他的心里形成了一种对你的真正敬仰，以后应当永远小心地将其延续下去；这里有两个部分，即“爱”与“惧”（Love and Fear），都得作为重要原则加以保持，你可凭借这一原则，长久将其掌控，使他的心理走上重道德与爱名誉的康庄大道。

100. 一旦奠定这种基础，你发现这种崇敬之心已在他身上发挥作用，紧接着要做的事情就是仔细考察他的气质（Temper）和他的心理特征。不管他的气质如何，我在前面说过，顽梗、撒谎以及不良的行为都是从一开始就不能允许的。即使是这种邪恶的种子萌发的一点根都不能着床，倘若在儿童身上出现，立刻就得小心地铲除；你必须在他开始获取知识时就去建立你的权威，并用你的威信去影响他的心理，使之成为一个自然的法则，他不知道这种权威的起源、真相，也不知道它原来可以是另外一种模样。这样一来，他便不会反抗了，如同难以反抗他的天性中的原则一样。

101. 你这样及早树立了权威，而且当你发现他有形成任何不道德习惯的倾向时，你又温和地运用你的威信，从而使他感到羞耻而幡然悔悟；因为除非到了冥顽不灵和怙恶不悛（Obstinacy and Incorrigibleness）而绝对必要时，我是不主张呵斥的，尤其是不主张鞭挞儿童的；你最好考虑清楚他的天性使他趋向哪个方向。由于受不可改变的体格结构制约，有些人强悍，有些人懦弱；有些人自信，有些人谦卑；有些人温驯，有些人顽梗；有些人好奇，有些人粗心；有些人敏捷，有些人迟钝。正所谓：人心之不同，恰如其面，[①] 仅有一点不同的是：面孔及体态方面的特点须随着岁月的流逝而变得更加明显，更加容易察觉，而心理上的特殊面相（peculiar Physiognomy of the Mind）则在儿童尚未学会隐瞒自己弱点的技巧，不知道在外表上装模作样去掩饰自己的不良倾向时，最容易看清楚。

① 原文直译应是："人类的心理构造与气质方面的差异，并不亚于他们的面孔与体态方面的差异。"——译者注

102. 所以，你对于令郎的气质，应尽早去仔细考察，而且要选择对他束缚最小的时候，当他正在游戏，当他自以为远离你的视线的时候去考察。你要观察他的主要感情与主要倾向；看是强悍还是温和，是大胆还是羞怯，是有同情心还是残忍，是开朗还是内敛……他在这些方面的差异，就决定了你对待他的方法也要有所不同，同时你运用权威的方式也需作调整。

他这些天生的癖性（Propensities），这些身体构造中占主导的成分，不是规则或争锋相对的斗争可以矫治的，尤其是那些产生于恐怖与颓丧的比较卑微低贱的倾向更是如此；虽然运用艺术可以将其大为改进，让其趋向正途。不过你必须知道，即使用尽各种方法，一个人的倾向也永远是偏向自然最初安排的那个方位。倘若你在他呱呱坠地时就去认真观察他的心理特征，待到他长大成人，思想变得复杂，他会以种种伪装去行动时，你便仍然能够断定他的心思何在，知道他的目的到底是什么。

（十一）儿童的自然倾向、合理与不合理要求的表现及对策

103. 我以前曾向你提及，说儿童热爱自由；故凡是适合他们做的事情，不妨放手让他们去做，不使他们感到有任何束缚。现在我还要告诉你，此外他们还有别的爱好，那就是控制（Dominion）；这一癖好不啻为大多数原发的、一般及自然的邪恶习惯的根源。这种对权力及控制热衷的意愿很早就表现在以下两件事情上。

104. 第一件事，我们知道，婴儿几乎刚刚出世（我相信是远在会说话之前）就会哭泣、使性子、乖张、愤怒，不因为别的，只是为了要满足自己的意愿。他们要周边的一切人随时听命于他，尤其是对于年龄或身份与其相近或比他们低下的人，一旦他们能按照这些区别去看人的时候，就会这样行事。

105. 还有一件事也反映出儿童爱好控制，这就是他们喜欢将东西据为己有；他们喜欢适当及拥有（Propriety and Possession），他们感到高兴的是自己可以从中得到权力，同时又有随意处分物品的权力。儿童很早就具有这两种性情了，只有很少关注儿童行为的人才会忽视。这两种性情几乎就是一切扰乱人类生活的不公正与竞争的根源，凡是不愿及早将其铲除，代之以相反习惯的人，无异于忽略了一个合适时机，而良善高贵的成人的基础需借此时机去奠定。为了达到此目的，我感到注意以下要点不无裨益。

106. 第一，我已说过，儿童恳求的事物，坚决不可让他得到，他们哭着闹着求取的东西，更加不可予以满足，甚至他曾提到的物品也是一样。不过这种说法容易造成误解，把它解释为，仿佛我的意思是说无论什么事物，儿童都不能向父母提及，由此大家或许会觉得，这种做法过于压制了儿童的精神，导致违背亲子应该互相关爱之宗旨；因此这里我要稍微详细地作点解释。

儿童有了需要，应该有自由去向父母申述，父母也应尽量和蔼地倾听他们的意见，满足他们的需要，至少当儿童年龄尚幼时应该如此。然而孩子说“我饿了”是一回事，说“我要吃烤肉”又是一回事。儿童申述了自己的需要，他们的自然需要，包括由于饥饿、干渴、寒冷或其他自然需要所导致的痛苦，父母及周边的人有责任予以解除；不过赖以解除有关痛苦的事物哪些是适宜的，在多大程度上满足？应由父母为儿童去选择、安排；不可由儿童自己决定，比如儿童如果说：“我要喝酒，”“我要吃白面包”；只要他们说出了这些物品的名称，他们便应失去这些东西。

107. 在这种地方，父母所应注意的问题是要区分嗜好的需要（Wants of Fancy）与自然的需要（Wants of Nature）；贺拉斯（Horace）在以下的诗句里将其揭示得异常明白：

（面包买来吧，还有蔬菜、果酒；）这些东西人若得不到，人之本性会感到痛苦。①

如果真是自然的需要，在没有得到其他援助时，理智无法单独抗拒，也不能使之不来打扰我们。疾病、伤害、饥饿、干渴、寒冷的痛苦以及操劳过度之后缺乏睡眠、休息或放松，这些痛苦是人人都会感受到的，即使心境最好的人碰上也会感到不舒服；所以应该用适当的方法加以化解，尽管开始对待它们时不可焦虑或性急，在这些地方时间的耽搁并不会发生不可修补的危害。自然的需要所产生的痛苦，是一种警告，提醒我们注意后面更严重的危害，故对这种痛苦不能完全置之不理，但也不可勉强。不过，若是我们照顾得法，儿童的身心日益强健，那么，他们越是能忍受这种痛苦，对于自身就越有益处。此处，我无需提出任何警告，说这种锻炼只能局限于使儿童获得益处的范围内，说务必小心，在使儿童忍受痛苦的时候，既不可损害他们的精神，也不可伤害他们的健康，因为做父母的人向来对待子女只会过分和蔼、宽松，乃至达不到应有的严格程度。

无论对于儿童自然的需要应给予何种程度的满足，他们嗜好的需要却是决不能得到满足的，甚至不可让他们提及。他们提到嗜好的需要之日，便是失去有关事物之时。当他们提出需要衣物时，可以满足；不过如果他们提到要这种料子，那种颜色，他们就肯定得不到了。我并非要父母在无关紧要的事情上故意和子女对着干；相反，只要儿童的表现值得满足某种需要，人们又确信满足这种需要不会损害或弱化他们的精神，不会因此使得他们去注意琐碎的小事，在这种情况下，我认为，一切东西应尽量策划得使他们满意，好使他们感到在有关事情上运作正常的安逸与快乐。对于儿童而

① 见贺拉斯：《布道集》(*Sermones*)，ⅰ. 1. 74—5。原文是拉丁文："panis ematur, holus, vini sextareius, adde queis humana sibi doleat natura negatis"。洛克在这里引用的是整句中的后半句（不包括括弧中的部分）。——译者注

言，最好的现象是他们根本不将任何快乐建立在与嗜好的需要相联系的事情上，不以嗜好去调节自己的兴致，他们对于自然安排好了的一切事情，最好全然置之脑后。这是他们的父母及教师所主要应实现的目标；但在尚未达到目标之前，我在这里反对的只是儿童请求（asking）的自由，要使他们在这种想入非非的事情上的恳求总是以目的未遂而告终，以此方式去对他们加以约束。

天性仁爱且放任的父母也许觉得这种方法过于严厉；其实，这种做法并未超过必要的限度。因为我所主张的方法中已废除鞭挞；这种对于他们口舌限制的措施对于我们在各处提到的要使儿童养成对父母的畏惧，并保持对父母的尊敬与热爱心理，大有裨益。此外，它还可使儿童养成克制的能力，去掌控他们的嗜好（Inclinations）。通过这一方式，他们就可学习到一种技艺，每当欲望产生之际，还在最容易克制时便去加以打压。因为我们的欲望有了发泄管道就会呈现勃勃生机；凡是敢于将自己的欲望作为要求公之于众者，他的想法差不多就是认为自己是应得到满足的。我相信，在这种地方，一个人自我克制比接受别人管教要来得容易一些。所以儿童应及早习惯于在放浪形骸之前，先找理智咨询一下，并充分发挥理智的用途。这是朝向掌控我们的欲望，令欲望停止，以及使之沉寂的重要一步。这样就可以大大帮助我们去克制欲望，儿童一旦获得了这种习惯，不去多幻想，在说话之前仔细掂量什么该说，什么不该说，这在日后关系比较重大的事情上，对他们的利益非同小可。因为有一件事我不忌讳再三叮咛，就是儿童所喜好的每一个动作，不管事情的性质如何，大小怎样，我们最应该（我差不多要说是惟一的）考虑是：它将对儿童的心理产生何种影响；考虑它会使儿童养成怎样的习惯，要在儿童身上留下什么；还要看它在儿童年龄稍长时，它将变成什么？还要看一旦加以提倡，到儿童长大成人时，它会将他领向何方。

由此可见，我的意思并非故意要将儿童弄得不舒服，那种非人道的做法令儿童无法承受，也违背天性，并会使儿童受到传染。应促使他们克制自己的欲望；通过使他们嗜好受到约束，身体忍受劳苦，使得不管是他们的心灵还是肉体，都充满活力、安适与健壮；但所有这一切都不会使得他们感到任何恶意。他们每次恳求获得某样东西，便反而会更难得到那些东西，这样就会使他们学会谦逊、顺从及忍耐；不过同时应以他们的心仪之物去对他们的谦逊、缄默进行奖励，使他们知道，当初极力要让他们这样服从的人，初衷是爱护他们。他们现在即使得不到心爱的东西，也表现得坦然，这就是一种美德，日后便应拿些合适而又为他们中意的东西去予以奖励；提供这种奖励应视为其良好行为的自然后果（natural consequences of their Good Behaviour），不可作为讨价还价的筹码。不过，倘若他们能从其他人那里得到你所拒绝给予的东西，你的努力便白费了，而且还会失去他们对你的热爱与尊敬。这是需要严厉制止，且小心翼翼地加以监视的工作。说到这里，我不能不又想到与仆人有关的事宜。

108. 倘若对儿童的这种训练能及早开始，使他们从小就惯于将自己的欲望藏在内心，而不发出任何声响，这种有益的习惯就会在他们身上确立起来；当他们渐长，做事更有分寸时，如果届时是他们的理智——而不是情感——出来说话，他们可以得到更多一些的自由。因为凡是理智的发言都应听取。不过如果他们说要某样特别的东西，除非你曾首先向他们提及，否则你还是决不能满足；然而如果他们想知道某件事情，追问某条消息，希望被告之有关消息，你就任何时候都必须倾听，而且要公正、和蔼地予以回答。儿童的好奇心应小心地加以珍惜，就像其他嗜好应认真地予以抑制一样。

虽然一切嗜好的欲望都应严格制止，但有一种情形应允许儿童的嗜好（Fancy）有说话的机会，且应予以听取。娱乐（Recreation）与工作或食物一样，都是人生的必需之物。但由于娱乐不能脱离快乐，而快乐却并不总是根据理智，它根据嗜好的时候也许还要多些，所以儿童不仅要被允许去寻欢乐，而且应依据他们自己的方式去消遣，只要他们的娱乐方式是高尚的，不致对健康造成损害；因此在这件事上，如果儿童提到某种方式的娱乐，他们是不应遭到拒绝的。虽然我认为，在秩序井然的教育里，儿童很少用得着由自己去要求这种自由。

我们应该留意的是，凡是对儿童有益之事，都应使他们总是愉快地去完成；他们对于某件有益的事情尚未厌倦之前，便应及时变化，设法使他们改做其他有益的事情。但是如果未能令他们在这方面达到完善的程度，就可对娱乐做点改进，转换方式，你可强令他们去做他们原本极为喜好但颇为幼稚的游戏；就让他们玩得过量，以至厌烦，不想再玩下去才罢手；但是他们在进行有益的活动时，就必须总要在兴犹未尽之际就离开；至少也要在尚未疲倦、对事情不十分厌烦之前就撒手，并愿意回头重新开始，以便再次品尝娱乐的快感。

儿童在做值得称道的事情时，会感受到快乐；他们的身心轮番进行有益的练习，使得他们的生命与进步在一连串的消遣中变得充满乐趣，疲倦了的部分通常也能得到休息，重新抖擞精神；在此之前，你决不能认为他们已走上了正轨。至于这种境界是不是具有各种气质的人都能达到，教师与父母是否肯劳神费力，是否能深谋远虑及具有耐心，去使儿童达到这个境界，我并不知道；不过，如果采用一种正当的途径，激发儿童产生想要获得其他人的信任、尊重与赞许的愿望，则大多数儿童都能达到这个境地，对此我未曾感到丝毫怀疑。当他们有了这样丰富的真实生活时，就能对他们最感愉悦的话题进行自由交谈，并且得到指导，或得到宽松的待遇，这样他们就会明白，自己是在受到爱护与抚爱，教导他们的人并不是一味反对他们、不让他们得到满足的敌人。这种管理办法就可以使他们爱慕那些指导他们的人，爱慕那些被指点的德行。

使儿童在娱乐方面得到自由，此外还有一样好处，就是由此可以看出儿童的气质，揭示他们的倾向与才能（Inclination and Aptitute），这就可以指导贤明的父母去为子女选择生活的道路以及安排适合的职业，同时，他们如果发现儿童的本性中具有任何错误的倾向，也就可以想出适当的补救办法。

109. 第二，儿童在一起生活时常常爱争夺支配权，喜欢将自己的意志去凌驾其余的人；凡是发动这种竞争的人，务必要受到制裁。不仅要受到制裁，而且还要教他们彼此尽量学会一切与谦恭、殷勤以及礼貌（Deference，Complaisance and Civility）有关的品行。倘若他们知道这种美德可以使自己得到他人的尊敬、热爱与器重，同时自己的优势又不会因此而蒙受任何损失，那时他们就会更加喜欢这种美德，而不再热衷于傲慢地企图控制其他人了；因为其中道理再明显不过了。

孩子们的互相责难，互相攻讦，通常是出自愤怒与报复的喧哗，目的是希望得到别人的支持，对此不可好意地接纳，甚至也不可倾听。他们若老是抱怨，会使心理变得脆弱；如果他们有时受到他人的夹磨（crossing）或打击，却处之泰然，不以为不可容忍，他们这样及早学会了一点忍耐的功夫，经受了锻炼，对他们其实并无害处。不过你对于申诉的一方虽然不必动容，但对于加害一方的傲慢与邪恶，却是应加以关注及约束的。如果你亲眼目睹事情的发生，便要当着被害者的面进行斥责；如果告发的事情的确值得注意，为了避免下次再次发生，你便要将犯事者单独训斥，不过不要让告状的一方看见，并令犯事者去向对方赔罪，作为补偿。这种赔罪的方式表面看来似乎是出于他的自愿，所以他必定比较乐意去做，而受害的一方也会比较友好地接受，结果，两人之间的感情就可以增进，你的孩子们文明礼貌的习惯就会逐渐蔚然成风。

110. 第三，至于在取得与占有事物方面，你要教导他们，使之乐于将自己名下的东西轻易地、无偿地分给朋友；你要让他们从经验中懂得，最大度的人总是最富裕的人，而且还能得到大家的敬重与赞誉，这样一来，他们很快就会学着去实践了。我感到与订立20种关于良好礼仪的规则却使儿童无所适从的方法相比较，这种方法可使兄弟姐妹之间的关系变得更加和睦、更有规矩，其结果还可惠及旁人。

超过我们自身需要的贪婪、多多占有的欲望及支配一切的心理，这些是一切罪恶之根，应及早小心地加以铲除；那种与贪婪相反的，乐于向别人馈赠的美德，则应予以培植。这应该尽量利用赞誉与名誉去进行鼓励，还应时刻留意，不使他因慷慨大方而蒙受任何损失。无论他做过多少慈行善举，每次都应得到报酬，而且还应获得利息；你要使他知道，他对别人表示善意，对他自己也不是一件吃亏的交易（ill husbantry）；它可以使领受好处者以及旁观者，都对他回报善意。你应该将慷慨悬为一个竞争的目标，使儿童争先恐后去取胜；通过这种手段及方式，儿童经过不断的练习，他们便能比较容易地将自己的东西分给别人，敦厚的习惯就会养成，由于他们对人和善、大方、有礼貌，他们会因此感到欣慰，视之为值得赞许的品行。

倘若慷慨大度是值得提倡的，自然应当引起人们的格外注意，不可让儿童有侵犯各种公道规则的举动；无论什么时候，若有类似举动发生，必须予以纠正，如果发生在某些特定场合，还应遭到严厉的斥责。

我们最初的行动多受自爱的支配，而较少受理智与反省的支配，所以儿童做事常常容易偏离是非的正轨，对此不足为奇；因为心理上的这种是非标准本是理智进步与认真反省的结果。儿童越是容易弄错这种标准，对于他们的防范就应越是认真；涉及这种重大的社会德行，哪怕只是小节上的出入，都得加以注意，并予以纠正；即使是最轻微、最无关紧要的事情也一样；基于两点考虑：其一是通过教导让他们摆脱无知，其二是为了防止恶劣的习惯，因为事情的开始，可能只是针头线脑的小事，如果任其自然，就可以发展为高级的欺诈，最后有变成露骨的、冥顽不灵的骗子的危险。儿童首次显示出任何不公道的倾向的时候，父母与教师就应表示惊愕不屑，用这种态度去克服孩子的不良倾向。不过儿童在没有明白财产的意义，不知道某些人的产业怎样得来之前，他们是不能充分明白何谓不公道的，所以，使他们诚实无欺的最安全的方法，就是及早将诚实品性建立在慷慨大方以及轻松地将自己所拥有的或喜爱的东西去给予别人这一行为基础之上。

这些都可及早教给他们，在他们的语言与理解力还不足以对财产形成明确的观念，不知道自己对某些东西享有主权而别人无权染指之前，就可以开展教导。既然儿童除了礼品以外很少有其他东西，而礼品又多半是父母给的，所以最初就可以教导他们，使他们除了父母——有权拥有物品者——所给予的东西外，自己不去占有或是收藏任何物品。等到他们的能力（Capacity）提高以后，别的关于公道的规则和事例，以及关于“我的”“你的”权力概念，才可以提及并灌输给他们。如果他们做了不公道的事情，不是因为错误，而是由于意志倔犟之故，经过温和的责备与羞辱仍不能改正这种不法和贪婪的倾向时，这时就必须采用比较严厉的方法去矫治；有关方法不过是：由父亲或教师去将儿童所珍视、认为已归己有的东西夺走并收藏起来，或者吩咐别人照此办理；这样做就可以使他们明白，他们如想违反公道，将别人的东西据为己有，他们没有多少便宜可占，世界上还有比他们更加强而有力的人。不过，如果你能及早小心地使儿童对于这种令人蒙羞的邪恶感到由衷的厌恶（我觉得这是可以做到的），那才是消除这种罪恶的真正良方；它比任何利益上的考量更能对抗不诚实的缺点；习惯运作起来更能驾轻就熟，比理智更加有恒及得心应手；理智在我们最需要的时候，我们从来就很少公正地去请教过，至于服从它的时候那就更为稀少了。

111. 啼哭是儿童行为中一种不可容忍的过失；不仅是因为那

充斥整个屋宇的令人不快、不合时宜的噪音，此外，基于儿童的自身利益，还有一些更值得考虑的理由，而为儿童着想，就是我们教育的目标。

他们的啼哭有两种：要么是顽梗的及跋扈的（stubborn and domineering）啼哭，要么是吵闹的及怨诉的（querulous and whining）啼哭。

第一，儿童的啼哭常常是为了争夺控制权，是其蛮横或顽梗的公开宣告；当他们没有能力实现自己的欲望时，就吵闹、抽泣，力图以此来保持他们对于那种欲望的权利。这是公开昭示他们的要求的一种继续，是因为他们有了心爱的事物，而别人却拒绝提供，他们针对压迫及不公道的待遇所表示的一种抗议。

112. 第二，他们的啼哭有时的确是由于痛苦或真正的忧愁，悲从中来，于是变作哭泣。

如果对这两种哭泣仔细加以观察，是很容易从儿童的外形、脸色、动作，尤其是啼哭的声调分辨出来的；但是这两种啼哭中的无论哪种，都不允许存在，决不可鼓励。

第一，顽梗的或高声的啼哭是绝对不能允许的；因为认可这种啼哭就等于是以另一种形式去迎合他们的欲望，助长那些我们责无旁贷应帮助他们去克制的情感；如果按照眼下一般的情形，儿童不管受到什么责罚，都允许他们哭，就会将责罚的良好效果抵消殆尽。因为对于任何责罚，若同意他们以这种方式去公然反抗，责罚就会使他们每况愈下。倘若儿童受到的约束和惩罚不能及时制服他们的意志，不能教导他们去克制自己的情感，使他们的心理变得柔和、顺从，接受父母根据理智给予的指导，使他们将来也能服从自己的理智，那么，那些约束与惩罚便全然用得不对路子，毫无效果可言。如果儿童遇事受了夹磨就可以用哭泣去开脱，他们对于自己的欲望就会更加坚持，且可助长他们的坏脾气，致使他们公开宣布他们的权力，并决心只要有机会就会去满足自己性向所指的欲望。

这是反对鞭挞的又一个理由；因为一旦到了极端处境，单凭教鞭或对儿童施以鞭挞是不够的，你应该等到你发现已制服了他们的心理，他们已经用顺从、忍耐（Submission and Patience）的姿态对矫治表示屈服以后方可停止；这些你可以从他们的哭嚷，以及他们听从你的命令立刻停止啼哭上看得出来。如果做不到上述几点，鞭挞儿童不过只是对他们激情冲动的专制而已；虽然使他们遭受了皮肉之苦，却对他们的心理没有任何益处，这纯粹是残忍，哪里是改正错误呢。

这就给予我们一个理由，表明儿童为什么要少受责罚，同时也可以阻止儿童不致常受责罚。因为如果我们责罚儿童时不受情绪支配，而是严肃、有效地去执行，采取鞭挞及惩罚（Blows and Smart）时不是盛怒之下一次搞定，而是慢慢地打，一边打，一边说理，同时观察打的效果，一旦他们因此变得顺从、愧悔以及屈服，便停止责打；通过这种教训，儿童知道咎由自取后，就会小心在意，避免重蹈覆辙，以后就很少用得着同样的惩罚了。此外，采用这种方法，责罚固然不致因为用得太少而效果甚微，同时又因为只要我们察觉到儿童的心理受到影响，有了改进立即住手，它也就不会用得太多。因为呵斥或鞭挞儿童，可能情况下次数应当越少越好，而受盛怒支配的责打却是难得遵循这种标准的，通常都是打过了头，然而实际证明又不够。

113. 第二，有许多儿童遭受了些许痛苦就爱哭泣；碰到最轻微的伤害就要诉苦与叫嚷。极少儿童能够避免不这样做；因为儿童学会说话以前，啼哭是他们表示痛苦或是需要的最初的和自然的方法，可是人们却由于同情他们那种稚嫩的年龄而愚蠢地鼓励他们去哭泣，使之延续到远在他们能够说话之后。我承认，儿童周边的人看见儿童遭受了任何伤害，他们在责任上应给予同情；但是却不应显示出怜悯（pitying）的神情。你应该尽力帮助他们，安慰他们，可是决不能怜悯他们。因为这样做会使他们的心理变脆弱，使他们遭遇一点轻微的伤害就支持不住；结果，他们就更沉浸于受伤的部分，并将伤害扩大。他们应能承受得住一切苦难，尤其是身体方面的痛苦，除了由真正的羞耻心与对名誉的敏感所引起的事项外，不可得到爱怜。人生的磨难很多，要求我们不可对每一样轻微的伤害都过于敏感。凡是我们的精神未曾为之屈服的事情，就只能产生淡漠的印象，对我们的害处微乎其微。惟有我们的精神受了磨难，我们才有持续的痛苦。精神上的强健有力与泰然自若（brawniness and insensibility）是我们抵抗一般罪恶与人生意外的最好盔甲；与其他方式相比，这种性情最能通过练习与养成习惯去获得，所以应当及早着手实践；凡是从小就受到这种训练的人就是幸福的人。精神脆弱是应加以防范或医治的，在我所知道的事物中，没有什么比起啼哭更容易使得儿童的精神变得脆弱，所以，从反面看来，防止抱怨这种缺陷产生的方法莫过于制止、抑制儿童的啼哭。他们因为磕磕碰碰或摔跌受到轻微伤害时，你不可对他们的摔跌表示怜悯，而应要他们将原来的动作照样再做一遍；这样一来，不仅使他们停止了啼哭，而且比责备或怜悯更可医治他们疏忽大意的毛病，有效地防止下次再次摔倒。但是他们无论受了什么伤害，你要教他们停止哭泣，这样不仅可使他们现在变得较为安静、平和，而且从长远来看，会使他们变得坚强。

114. 对于第一种啼哭，须得采用严厉的手段去使它停止；如果眼色或正面的命令未能奏效，鞭挞就应随之而来；因为这种啼哭是源于骄傲、顽梗以及欲望（Pride，Obstinacy and Stomach），所以作为过失根源的意志应该被压服，应该采用严厉的方式、足够的力量去掌控意志，使它变得顺从。但是第二种啼哭的原因通常是由于心理柔弱，与前一种啼哭的原因恰恰相反，所以应当用温和的方法去对待。最初，对儿童可采用的合适方法有劝说、转移注意力，或是在他们哭泣时进行取笑等。不过在这里，事情的情境以及儿童的特性必须加以考虑，没有什么一成不变的规则；应由父母或教师去酌情处理。但是我也可以概括地说一句，即使是这种啼哭也应每次遭受冷眼；做父亲的人应永远利用自己的威信，兼以严峻的脸色及严厉的言辞，这样去阻止啼哭的发生，脸色及言辞要随着儿童年龄渐长及气质逐渐坚定而作相应调整；不过总以能够制止他们的啼哭、结束无序状态为度。

115. 懦弱和勇敢（Cowardice and Courage）与以上所说的气质有密切关系，在这里也许不应错过不提。恐怖是一种情感，如果控制得当，自有其用处。虽然我们由于自爱之故，很少会将恐怖置之脑后，不予重视，但是有时会过于勇敢，失去分寸；愚夫之勇（Fool-hardiness）和对危险麻木迟钝，正同见了一点灾祸就吓得颤栗畏缩一样，都是没有道理的。恐怖是对我们的一种警告，叫我们加紧用力，保持警惕，防备灾祸的来到；所以，如果我们对迫在眉睫的灾难毫无察觉，对于危险不能作出正确的估计，却漫不经心地迎头撞去，这不是一个理性动物的果断表现，而只是一种野兽般的粗鲁行为而已。凡是有了这种气质的孩子，家长惟一的办法就是下一点功夫去唤醒他们理智，自我保护的心理对于理智的劝告是能很快地听取的；除非（这是常有的事例）有别的情感使得他们莽莽撞撞，失去常识，失去考虑。人类天生就不喜欢灾祸，我想对灾祸不害怕的人一定没有；恐怖其实不是别的，只是我们见了我们所不喜爱的事物时所产生的一种不安的情绪而已。所以，倘若有人甘愿去冒危险，我们就可以说，他一定是因为无知，或者是由于受到某些特别强烈的情感支配的缘故；世界上绝没有甘心与自己作对的人，故意去受难，自愿为冒险而冒险。因此，倘若自负、虚荣心或愤怒使儿童失去了畏惧感，或者使他不听恐怖心的劝告，那些心理便应采用适当的方法予以消退；如促他稍微考虑一下，降降他的火气，使他掂量掂量，看值不值得去冒险。不过这种缺点不为儿童所常犯，我在这里用不着详细讨论补救的措施。精神脆弱才是一种常见的缺点，所以也更值得引起人们的关心。

刚毅（Fortitude）是其他德行的保障与支柱；一个人没有勇气很难恪尽职守，从而具有一个真正的有价值的人的各种品性。

勇气（Courage）使我们抵抗我们所害怕的危险和所遭遇的灾祸，由于我们在生活中四面受敌，它对于我们这种处境的人是异常有用的；所以我们最好能尽己所能，及早使得儿童具备这种武装。我承认，天性在这里关系重大；不过，即使天性有缺点，心灵自身脆弱怯懦，它还是可以通过正确的调教获得更大的果断的。至于怎样在儿童年幼时，人们不因为他们受到外界灌输的对恐惧的困扰，以及受到一点轻微的伤害就去哀怜他们，以免他们的精神变得脆弱，这是我已注意到了的。现在需要进一步考虑的问题是：倘若我们觉得他们过于为害怕所困扰，我们应该怎样锻炼他们的气质，提高他们的勇气。

我以为真正的刚毅是：当一个人无论被什么灾祸或危险缠身时，都能镇定自如，不受干扰地尽其职责，能够达到这种境地的成人原本就很少，我们更不能指望儿童都去做到。不过有一些事情还是可以做的；如果指导得当，逐步进行，他们可达到的境地比人们所预期的也许还要高远。

儿童年幼时，人们曾疏于这种照料，或许就是他们成年后不能充分具有这种美德的原因。我想，也许原来不应说，一个民族，就像我们英国人一样，天生是如此勇敢，以至真正刚毅的德性只是指的决战疆场，不怕在敌人面前牺牲生命的勇气。我承认，这在刚毅的德性中并不是不重要的，桂冠与荣誉也是应当永远属于为国捐躯的勇士。但是这还不够。除了战场外，我们还有从别的方面来的危险；死亡虽然不啻为一切可怖事物之首，但是痛苦、羞辱与贫困，也有狰狞的容貌，可以使得大多数的经历者深受困扰，有些人对于其中的几项并不恐惧，但是对于别的几项仍是胆颤心惊的。真正的刚毅要准备遭受各种各样的危险，无论遇到了什么灾祸威胁，都要岿然不动。我的意思并不是说对于任何恐惧心灵都静若止水，危险初露端倪，忧虑感就会发出危险在何处的警告，如果没有就是愚蠢，有了危险便应有危机感；要有充分的对危险的担忧情绪去使我们保持清醒，激发我们的注意、发奋和精力；不过不可让它扰乱我们镇静地运用理智，或者妨碍我们去做理智所吩咐的事情。

要获得这种高贵的、充满阳刚之气的镇定功夫，第一步就得照我在上面所说的办法，当儿童年幼时，极力使他们避免一切惊吓。不要使他们听到任何胆战心惊的谈话，也不要使他们看到可怖的东西，受到惊吓。这些常常会使他们的精神受到惊扰与损害，乃至失常，以后再也无法恢复；在他们的一生中，只要听人一提到或是想到任何可怖的念头，他们就会惊惶失措，方寸大乱：身体瘫软如泥，精神紊乱不堪，这种人几乎不可能做出任何沉着镇定或者合理的举动来。

这种情形的产生不知是否由于第一次的印象过于强烈，以至形成了血气（Animal Spirits）方面的习惯动作，或是此外还有更加难以说明的原因，导致体质的改变所使然；但是事实的确如此，明明白白，摆在那里。诸如这种因年幼时受到惊吓，导致精神脆弱、怯懦，并且贯穿一生的人是到处都可见到的，所以应该尽量加以防范。

第二步就要使儿童对他们过度畏惧的事物逐渐习惯。不过你在这里需要格外小心，决不可草率从事，也不可过早纠正，以免不仅不能医好恐惧的毛病，反而导致病情加重。怀抱中的婴儿可轻易将可怖的事物置诸脑后，在他们学会说话以及明白大人对他们说话的意思之前，他们几乎没有能力去推理及讨论，但是人们只有运用这种能力，才能让他们知道那些可怖的，我们要他们逐渐接近与习惯的东西其实并没有害处。所以在他们能自如地行走、说话之前这种方法是很少用得着的。但是，倘若婴儿不喜欢任何易逃脱其视线以外的东西，一旦看见又总是表示恐惧；那么，你便应当转移他们的心思，或给那些东西加上一层赏心悦目的外表等，采用这样的方法去逐步消除恐怖，直到他们看习惯了，不再反感为止。

我们都曾注意到，儿童降生后，他们看见的东西只要对于他们的眼睛没有伤害，他们都会持有无所谓的态度；他们看见一个黑奴或者一头狮子，并不觉得比他们的保姆或者一只狸猫可怕。然而他们后来为什么看到某些形状与颜色的物品又害怕了呢？没有别的原因，他们只是害怕受到随之而来的那些东西的伤害而已。倘若一个孩子每天换个奶妈吃奶，我敢预言，他早在6个月的时候就不会比60岁的时候更怕生面孔了。小孩子之所以不去接近生人，其理由只是因为他已习惯于在招呼他的一两个人手上取到食物，获得关爱，一旦生人抱着他，他就恐惧起来，生怕失掉使他快乐、给他食物、能随时满足他各种需要的人，所以保姆只要一走开，他就害怕不已。

我们天生为之胆寒的事情只有痛苦，或者失掉快乐。一切视觉中的东西，无论形状、颜色或尺寸，都是与痛苦无关的附属品，所以，我们在没有由此而得到痛苦，或者有人告诉我们，说它们会使我们受到伤害以前，我们统统是不怕的。火焰的光彩熠熠生辉，美丽动人，博得儿童喜爱，最初他们总爱去玩弄它；但是他们经历过巨大的疼痛后，经验使他们知道火焰是异常残忍，毫无怜悯之心的，他们以后就不敢再去接触它，而会谨慎地避之惟恐不及了。

这就是恐怖的根据，由此就不难发现恐怖产生于何处，以及如何去矫治对于所有恐惧载体的错误认识。如果他们的心理坚定，不怕可怖的物品，对于比较平常的恐怖，即使在一些场合被引发后，他们仍能控制自己；就具备了对付真正危险的良好准备。你的孩子看见一只青蛙就吓得尖叫，掉头跑开吗？如果是这样，不妨让另一个人把青蛙捉住，放在离他有相当距离的地方；最初只是叫他用眼睛看；看惯之后，再叫他走近，看青蛙跳跃，而不动声色；然后再让别人捉住，叫他轻轻地去抚摸，这样逐步做去，一直到他能自信地玩弄一只青蛙，就像玩弄一只蝴蝶或麻雀一样为止。采用同样的方法，其余不必要的恐怖都可以悉数消除，只要你小心在意，行动时不操之过急，他的头一件恐怖尚未完全消除前，不要匆匆忙忙把他推向新的自信。

可按照此理去对一个青年战士进行训练，以对付人生的战斗；你需要留意的是，除了真正有危险的事情外，不可把更多的事情当作危险的代表；你若是发现他居然害怕任何不应害怕的事物，你务必要不知不觉地逐步诱导他，一直到他最后摆脱恐怖的情绪，他由于克服了困难，因此受到了赞扬。他在这种地方获得多次成功以后就会明白，灾祸并不总是如我们所担心的那样确定，或是那样严重；防止灾祸的方法不是逃之夭夭，也不是被恐怖所困扰、所慑服、所阻止，我们的名誉及我们的责任都要求我们继续前进。

但是既然儿童恐怖的重要基础是痛苦，所以使儿童变得刚强，向他们提供掩体（fortifie）以对抗恐惧、危险的方法就是使他们习惯吃苦。慈爱的父母也许会觉得这种方法对于他们的孩子太不自然；在多数人看来，为了要使一个人不怕痛苦就去使他经受痛苦，实在是匪夷所思。他们会说，这种办法可能会使儿童怀恨使他遭受痛苦的人，却决不能使他接受吃苦的建议。这的确是一个奇怪的方法。你不愿意让儿童因他们自己的过失而受到鞭挞，受到责罚，但是你又要因为儿童事情做得好而去磨难他们，或是去为磨难而使他们受到磨难。我毫不怀疑，人们会提出这种种反对的理由，我也知道别人会说我提出这种主张是自相矛盾，或者说我想入非非。我承认，这件事情去实施时必须十分谨慎，因此只有认真思考、对任何事情都追根究底的人才能接受并欣赏我的主张，不致作错误的领会。我不赞成儿童由于过失而多受鞭挞，因为我不愿意他们把肉体上的痛苦看作最大的惩罚；我主张儿童把事情做得漂亮时，不妨间或使他们受点痛苦，理由相同，就是要使他们受惯痛苦，不把痛苦看作最大的灾难。通过教育，可以使年轻人受惯痛苦与磨难，斯巴达的榜样充分揭示了这一点；凡是不将肉体上的痛苦看作最大的灾难，不将这种痛苦当作最可恐怖的东西去承受的人，他们德行上所得到的进步将是非同小可的。但是我不会愚蠢到要把拉西台蒙人①的训练方法放在我们这个时代或我们的政体中来实行；我只是说，温和地训练儿童，使他们养成遭受了一点痛苦而不畏缩的习惯，这是一种可行的方法，通过这种方法，可使儿童精神镇定，并为他们将来的生活奠定勇敢无畏与坚决果断的基础。

第一件应做之事是，不要看见儿童每遭不测，受了一点苦就去表示同情，或允许他们顾影自怜。不过关于这一点，我在别的地方已经说过了。

接下来应做之事是，你要有时故意使他们受点苦；不过一定要当心，这件事要在孩子心情愉快，并且知道使他受到伤害的人对他原本是怀着善意及心存仁爱的时候去进行。实行时，一方面不可有愤怒或不高兴的迹象，另外也不可表示同情或后悔；而且所施加的痛苦要使儿童能够忍受得住，不要弄出怨恨，发生误会，也不可被他看成是一种惩罚。我知道这样的事例：一个儿童在这种情境中受到上面所说的那种对待，他被人用棍在背上重重击打了几下，还是若无其事，笑嘻嘻地跑开了；然而他在平时是受了别人的一句重话都要哭泣的，即使这个打他的人给他一个冷眼，当作惩罚，他也能感觉得到。你对于儿童要总是照顾他、关爱他，使他感受到你完全的爱，并为之欣然，然后就可以通过渐进的方式，使他习惯于从你那里忍受极其痛苦的经历和粗暴的待遇，既不畏缩，也不怨天尤人。我们知道，孩子们在做游戏时，几乎天天都是这样彼此相待的。你的孩子越是柔弱，你就越是应当找出适当的时机去对他实施这种锻炼。其中的重要窍门（the great Art）是：要在你和他正玩耍的时候，他心情愉快，兴致勃勃，与他说话最投机的时候去实

① 拉西台蒙人（Lacedamonian）是古代斯巴达人的正式称呼。在这个民族中，流行一种习俗：用鞭挞去增强年轻人的忍痛耐苦能力。——译者注

施，要从痛苦最小的事情开始，然后不知不觉地逐步推进；当你使他明白，他虽然受了些罪，可是因为勇气可嘉，获得了大家的称赞，因此而得到了补偿，他就会心满意足了；一旦他因他这种刚毅的表现而感到荣耀，不去逃避小的痛苦，不在小的痛苦前面畏缩，而宁愿取得勇敢刚强的名誉之后，你要具有信心，不失时机，并利用他正在增长的理性的协助，去控制他的怯懦，改进他性情中的弱点。当他年龄较大一点，他还应该去做他的天性所不敢做的更大胆的尝试；倘若有些事情只要有勇气就可以做到，而他仍然畏缩不前，那么开始你要帮助他，逐渐羞辱他去做，直到练习使他产生了较大的自信力，掌握了个中诀窍为止；对他的进步应大加赞赏，以资鼓励，周边舆论也要对他的作为给予好评。通过这种步骤，当他变得足够果断后，凡是自己应做之事，他就不至于隐藏着危险就止步不前，当他遇到突发的或可怖的事件，也不会由于害怕而六神无主，浑身战栗，以至不能行动，或是跑开去躲避，这时他就具备了一个理性动物所应当具备的勇气了。这种胆量是我们应努力设法，一旦有了适当的机会就让儿童通过形成习惯而获得的。

116. 有一种情况我常在儿童身上看见，这就是，他们如果弄到了一个可怜的动物，往往去错误地对待；他们常常折磨，或是极其粗暴地对待小鸟、蝴蝶，以及其他落到他们手里的弱小动物，并对这种做法引以为乐。我觉得他们这种情形颇应引起人们的关注，如果他们表现了这种残忍的倾向，他们应获得反其道而行之的教导。因为虐待与杀戮动物的习气可能迁移，使他们即使在对待人类时也逐渐具有铁石心肠；凡是以虐待和摧残弱小动物为乐的人，对于同类也不会十分仁慈。正是由于注意到了这一点，我们不让屠夫参加生与死的审判。我们在教养儿童时，从一开始就要使他们把杀戮或折磨任何生灵看成是一件令人深恶痛绝的行为，要教导他们，不去破坏或毁坏任何事物，除非是为了保存其他更高贵的事物，或者为了更高尚的目的。诚然，保存整个人类本是人人应尽的责任，也是调节我们的宗教、政治与道德的真正原则，倘若人人都将此当作自己的信仰，这个世界一定会恬静、安详得多。但是，且让我们回到目前的事务上来吧；我认识一位母亲，对于她的仁慈友善与郑重谨慎，我都不能不由衷钦佩；她的女儿中如果有人像一般年轻的女孩子所爱好的那样，要一只狗、一只松鼠、一只鸟，或是任何诸如此类的东西，她总是让她得到。不过一旦到手之后，她们一定要予以善待，须时时精心照料，不可使小动物感到什么不足，或受到不良的待遇。如果她们疏忽大意，那就要算是严重失职，这位母亲常常因此剥夺女儿的拥有物，她们至少也得受到一番谴责；因此她们很早就学会了勤劳与和善了。确实，我认为，人们从摇篮时代开始就应养成一种习气，要温和地对待一切有感觉的动物，决不要无端地去损毁或浪费任何资源。

他们从做坏事（doing of Mischief）所取得的这种快乐——我之所谓做坏事是指无故损毁任何东西，尤其是指在有感觉的动物身上施加痛苦，并引以为乐——是一种外来的、引入的性情；一种从习俗与交往中得来的习惯，除此之外，我无法说服自己它会来自何方。

人们有时教儿童打人，看见儿童造成了伤害，或是让他人蒙受不幸，就开怀大笑；他们周围的大多数人中也有类似的榜样，去加深他们的习惯。历史上的所有娱乐与谈话涉及的几乎也只有战争与杀戮；功勋卓著者及名声远扬者（他们多半只是一些杀戮人类的大屠夫而已）的荣誉与名声更是误导了成长中的年轻人，使他们认为屠杀就是人类的令人钦佩的事务，是最英勇的德行。这样一来，不自然的残忍习性便在我们身上扎下根来；而人道所憎恶的事情便被当作取得荣誉的媒介，是习俗将残忍与人道调和，并推荐给了我们，使我们不对残忍感到惧怕。于是，由于时尚和舆论推动，它便成了一种快乐，然而实质上，它既非快乐，也不能成为快乐。这是应该小心监视并尽早予以矫治的；务必把那种与它相反的，比它更自然的仁爱与同情培养起来，并取而代之；但是要采用医治上述两种过失的同样温和的方法。说到这里，要提醒一件事情，也许不是不合理的，那就是：儿童所犯的过失或是造成的伤害，如果是游戏时发生，出于无心或无知，他们并不知道会造成伤害，也不是有意为之，那么，虽然这些伤害有时也许会产生严重的损失，但是可以不必介意，或稍稍注意就够了。关于这一点，我想我不会嘱咐太多，要说的是，无论儿童犯了什么过失，无论所犯过失的结果如何，人们所应注意的只是他犯事的根源和可能养成的习惯；矫治应当着眼在此处，儿童不可因为游戏或者漫不经心造成的伤害就受到责罚。应该纠正的过失是在他们的心里；凡是在他们年龄增长之后就可以改正，或者不致养成恶习的过失，则目前的行动无论令人多么不喜欢，都可放他一马，而不必加以责难。

117. 在年轻人身上养成人道情感并使之勃发生机的另一途径是：使他们在言谈及行为举止上习惯于以礼貌对待那些身份卑下的人，尤其是仆人。人们熟视的一种现象是：绅士家庭的儿童使用粗暴的言辞、蔑视的称呼、傲慢的举止去对待家中的仆人，好像这些仆人是属于比他们低下的另外一个种族和种类（another Race and Species）。不管这种情形是由于邪恶的榜样，还是由于财大气粗，或是由于其天生爱慕虚荣造成的，均应加以防范或消除；应使他们以一种温和、有礼、和蔼的态度去对待下人，以此取代前述的傲言恶行。如果他们爱护下人，外表上又对他们彬彬有礼，使下人在服从中分享主人的器重，他们的尊严丝毫不会因此而受损，他们的高贵地位及威望反而会提高，仆人们将更自觉自愿地为主人效劳，他们发现自己并不是由于财富才拜倒在主人的脚下，遭受主人的驱使。儿童不应耽于外表就失去对人类天性的尊重。他们越是这样，他们就越是要受到教导，使其脾性变得浑厚，以更富同情心及谦和的态度去对待那些地位较低、财富较少的同胞。如果他们自襁褓时起就凭仗父亲的爵位而颐指气使，自以为具有支配他人的权力，充其量也是教育不得法的结果；如果教养者未采取明智措施予以重视，就可能使他们天生的自负心理潜滋暗长，乃致形成一种鄙视下人的习惯。其结果除了导致压迫与残酷，还会有别的结局吗？

（十二）怎样对待儿童的好奇心

118. 儿童的好奇心（这是我在 108 节已提及的）是一种追求知识的热望，因此应加以鼓励，这不仅因为它是一种令人欣慰的迹象，而且因为这是自然为他们提供的扫除天生愚昧的优良工具。如果缺乏这种急切的求知欲，无知就会将他们变成呆滞无用的动物。我认为，鼓励好奇心，使之处于经常旺盛的活跃状态的方法有以下一些。

第一，无论儿童提出什么问题，切不可以制止或羞辱，也不可使他受到讥笑；你应按照他的年龄特征与知识容量，回答他的一切问题，解释他所想要明白的事物，使他尽量懂得。不过，你的解释或观念不可超过他的悟性所及，眼下无用的形形色色的事物不宜多提，免得反而把他弄糊涂。你要注意他的发问的目的，而不要注意他发问所用的言辞；一旦你告诉了他，使他得到满足之后，你就可以看到，他的思维本身就可以扩大，适当的答复可以引导他前进，乃致超出你所想象的限度。因为知识之为悟性所喜悦，犹如光线之为眼睛所喜悦；儿童极端喜欢知识，尤其是当他们知道自己的问题引起了注意，以及他们的求知的欲望受到了鼓励与赞扬时，更是如此。我相信，许多儿童之所以沉迷于无聊的娱乐，将全部时间乏味地消磨掉，其原因只有一个，这就是他们的好奇心受到了抑制，他们的求知欲遭到了冷落。我相信，如果他们能够得到比较和善与尊重的待遇，他们的问题能够得到应有的满意的答复，他们就会在学习与增进知识方面取得更多的快乐，因为较之时时回到同一游戏与玩具上去，那里始终有他们所喜爱的新奇的与充满变化的事物。

119. 第二，除了认真地答复儿童的提问以及告诉儿童那些他们急切想了解的事情外，此外还可采取一些特殊的称誉的方法。你可当着他们的面，告诉他们所敬重的人，说他们懂得某某事情了；我们从摇篮的时候起就都是一些自夸自负的动物，不妨让他们的虚荣心在有益于他们的事情上面得到鼓励；应当利用他们的自负心理，使他们去做有益于其长处发展的事情。立足于此，你将会发现，要使年长的孩子通晓你要他学习的事物，且能独立求知，最好的鞭策莫过于让他去教他的弟妹。

120. 第三，儿童的问题不可忽视，甚至还应格外注意，以确信他们从未得到虚妄的、困惑难解的答复。如果他们受到了轻视，或者受到了欺骗，他们是容易察觉的；他们很快地就会仿效，学会疏忽、佯装及伪善等伎俩。在一切交往之中，我们全都不可侵犯真理，尤其在与儿童交往的时候；因为如果我们跟他们弄虚作假，我们就不独愚弄了他们的期盼，阻碍了他们的认识，而且也毁坏了他们的纯真，使他们学会了最坏的邪恶。他们是新到一个陌生国度的旅行者，对于当地的情形一无所知；所以我们应该凭据良心，不要把他们导入歧途。虽然有时候他们提出的问题好像不很重要，我们也应认真地回答，因为它们在我们看来虽是一些并没有发问价值的问题（因为这些早就属于路人皆知的问题），但在完全不知道的人看起来还是十分重要的。儿童在我们所熟悉的事情上面，往往是生手；他们日常遇到的事情，对于他们最初都是未知的，正同以往对于我们是一样的；凡是能够碰到礼贤下士、容忍无知而又能帮助他们摆脱这种窘境的人，就是幸福的人。假如你或我到了日本，凭着我们的明智和知识，自负会使我们对于儿童的思想和问题也许不屑一顾；但是，我还要说，假如你我到了日本，我们就无疑地会要发出成千的问题（假如想要知道当地情形的话）。这些问题在一个傲慢或轻率的日本人看来是那么愚蠢，不着边际，但在我们看来它们都颇为重要，并急待解决；倘若我们能找到一个谦恭有礼的人来满足我们的要求，指导我们的无知，我们一定会感到欣慰无比。

儿童看见了新鲜的事情，通常都用陌生人的口吻提出同一个问题：这是什么？他们的意思一般只是指那东西的名称；所以，通常对此问的合适答复就是将该物的名称告诉他们。他们通常发出的第二个问题是：它有什么用处？对于这个问题，我们的答复要真实准确，直截了当；我们要在他们的悟性所及的范围内，将那件东西的用途告诉他们，并将使用方法解释清楚。对于他们的其余发问也是一样；要在他们理解力所及的限度内给他们以充分的满足之后，才能叫他们走开；这样就可以引导他们从你的答复里面再去萌生新的问题。这种交谈对于成人而言，也许并不完全像我们所想象的单调乏味及无意义。好问的儿童发出的天真的、未经人教导过的问话，常常可以使得一个肯用思想的人去动一番脑筋。我感到：较之成人的街谈巷议，儿童无意中提出的问题常常可以使人多学到一些东西，因为成人所说的话往往是拾人牙慧的，是为他们所受的教育上的成见所囿的。

121. 第四，通过使儿童领略新奇的事物，引发问题，并提供机会让他们自己去求得了解的方式，以激发他们的好奇心，这在有时也许不能视为不智之举。万一他们的好奇心引发的问题不是他们所应知道的，你就最好坦诚地告之：这是一件他们眼下还不宜知道的事情。不宜用假话或琐屑、不得要领的答复去加以搪塞。

122. 有些人从小就显得鲁莽、活跃，这很少是因其体格强健之故，也不能视为其头脑判断力强。假如人们想使儿童变成一个机敏的、擅长言辞的人，我相信是有办法做到的。但是我认为：一个明智的父亲与其让其子在儿童时期是一个善于交际的好伙伴，不如使他在长大成人后变成一个能干、有用的人。即使那样，此事也是应当考虑的。我觉得本人可说的话是：让儿童绕舌，讨人喜欢，其实并无多大乐趣可言，还不如善于推理来得有用。所以，你应当尽你所能，在他能力所及的范围内，满足他的需要，指导他的判断，这样去鼓励他的提问。他的理智只要相当完善了，你就要使他因此得到信任与赞赏。如果他离开了正轨，你不可讥笑他的错误，而应和颜悦色地予以矫正；如果他对于所遇到的事情肯去推理，你就应该尽量当心，不要让人阻碍他的这种倾向，也不可以用强词夺理的或谬误的谈话，去对这种倾向产生误导。因为，这是我们的心理上的最高级而又最重要的能力，应该受到最认真的关注，去予以培植；我们的理智的正当改进与运用乃是人生所能达到的最完善的境界。

（十三）怎样看待儿童的闲荡及矫正措施

123. 人们在观察儿童时会发现，与上述好问的脾性相反，他们有时把任何事物都置诸脑后，漠不关心，甚至在他们的正经工作上也是一味地闲混。在我看来，这种闲荡的性情乃是儿童身上最坏的一种品质，如果它是出于自然的，又是最难医治的一种顽症。不过，事情有时容易出现差错，所以，当我们有时埋怨儿童在读书与工作上闲混时，我们应小心作出正确的判断。做父亲的人头一次怀疑儿子具有一种闲荡的性情的时候，应对他仔细观察，看他是不是在一切行动上都显得漫不经心、冷漠乏味，还是只在某些事情上面显得迟缓与懒惰，而在别的事情上面却又表现得生机勃勃。因为我们虽然发现了他读书不用心，把在房里或读书的时间大部分都蹉跎掉了，还是不能够立刻就得出结论：这些都是因为他的闲荡的脾性使然。那也许是一种孩子气，觉得别的某些事物比读书更有趣，并一门心思地想着那些事情。他是被迫读书的，自然就不喜欢他的书本。你要完全掌握其中的原委，你就应该在他不读书的地点与时间，在他放纵活动的时候去观察他，看他是不是忙乱活泼的，看他能不能设计某些事情，并付诸劳力与热情，坚持不懈，直至达到目的；还是一味慵懒淡漠地消磨时光。如果他的懒惰只限于读书的时候，我觉得那也许是容易医治的；如果根源是在气质方面，那就需要多费一些气力、多给予一些关注，才能治疗痊愈。

124. 如果你满意地看到他在工作的间歇做游戏，或者做别的他所愿沉浸于其中的事情时是很热心的，你就会知道他本身并不想偷懒，只是因为书籍枯燥乏味，方才不予注意、不肯用功；为此，第一步就要设法把偷懒的愚蠢之处和弊病和善地告诉他，说他这样一来便耽误了好些本可花在其他用途上的时间。不过谈话的时候态度一定要恬静、和蔼，开始不必絮叨不休，只要简单地说明这种平易的道理即可。如果这种办法生效，你就算是用了最合适的方法，即理智与和善，达到了你的目的。如果这种比较温和的办法未曾奏效，你就不妨羞辱他，每天当他走到桌子旁边的时候，假若没有生人在座，你就不妨问他，看他那天做事花了多少时间，使他为自己的所作所为感到羞愧。如果他在应该完成的时候还没有做完，你就可以把这种情形宣布出来，使其尴尬；不过不可掺杂斥责，只要给他一点冷淡的脸色即可，一直到他改正为止；他的母亲、教师以及一切周边的人，都要同样地对待他。如果这种办法还没有产生你所期望的效果，你就可以告诉他，再无须烦扰教师去教他了，你也用不着再花钱去请一位教师陪着他无聊地消磨时光；他既然不爱书本，而钟情于这种或那种活动（无论他喜欢什么游戏），他从此以后便只能专心致志于游戏，然后极力敦促他去做他所爱好的游戏，要他不分黎明傍晚，专心去做，一直到他做够了，宁愿换换口味再去读几小时书为止。但是你这样把游戏当工作要他去做时，你一定要亲自或派人监视他，要使他接连不断地做，不准他在那里再偷懒。我说你要亲自去监视；因为为人父者，无论有何等重要事务缠身，他都值得花两三天功夫在他的儿子身上，去为他矫治这种在正经工作上闲荡的严重缺点。

125. 如果懒散不是来自于他的一般气质，而是一种特殊的或是习得的对于学习的憎恶——对此你应仔细地考察与分辨，那么，这就是我的主张。不过，虽然你的眼睛可以盯住他，看他在可自由支配的时间内究竟干些什么，但是你不可使他知道你或者任何别人在那里监视他；因为那是会妨碍他去随心所欲的，他的心理充满了某种欲望嗜好，可是出于对你的畏惧，所以不敢去做他一心向往之事，对于其他一切当时不感兴趣的事，他则完全不予理会，于是从表面上看去，他就好像真的是懒懒散散，无精打采似的，事实上，他的心里正一门心思想着那件事情，不过因为怕你看见或知道，所以不敢放肆而已。为了弄清这一点，观察要在暗中，在他不必疑心有人在监视而感到拘谨的时候去进行。在他完全自由自在的时候，你可以吩咐一个你所信赖的人，去看他是如何消磨时光的，看他在没有任何限制，能够放任所为的时候，还是否懒懒散散地混日子。从他这种在自由时光的所作所为上，你就容易分辨清楚，他之所以蹉跎掉他的读书的光阴，究竟是由于气质慵懒还是由于憎恶书本之故。

126. 假如他的天性存在缺陷，以致精神沮丧，自然而然地淡漠慵懒，耽于梦想，那么，这种没有出息的性情是不容易对付的，因为在此情形之下，他对于未来的事情一般并不关心，这种性情缺乏行动的两大动力，即远见与欲望；对于冷漠的、扭曲的性情，问题就在如何培植并且增进其远见与欲望。当你知道这种情形乃是一种个案时，你应仔细考查，看他是不是什么都不喜爱；你要知道他最热衷的是什么；如果你能发现他的心里具有某种特殊的倾向，你就应尽力去增进那种倾向，并利用那种倾向去使他工作、去激发他的勤奋。假如他喜欢赞誉，喜欢玩耍，或喜欢漂亮的衣服等东西，或者相反，他怕痛苦，怕羞辱，或者怕你生气，诸如此类等等，无论他所最喜欢的是什么，只要不是懒惰（因为懒惰决不能够使他去用功），你就要利用这些东西去激励他，使之振作。在这种冷漠的性情中，你不必担心将欲望发展得过头（就像在其他情形中一样），将其珍藏起来。欲望正是你所需要的，所以你应尽力去唤醒它、增进它；须知，欲望不现，努力不再。

127. 如果用这种方法还不能充分地支配他，激发他的精力与活力，你就应使他从事一些经常性的体力劳动，这样也许可以使他养成一种做事的习惯。本来，令其努力学习是使之养成锻炼及运用心智习惯的一个更佳途径。但是由于这一做法难以观察，谁也不知道他究竟是不是在偷懒，所以你必须给他找些体力活，使他经常地忙于其中，无暇它顾。如果那些体力活有些难做，令人羞辱，那也无妨。因为这样一来，它们就更容易使他感到厌倦，使他想回到书本中去。不过你必须确信，当你用书本替他交换别种劳动的时候，你所安排的工作和工作的时间必须使得他即使想偷懒也无机可乘。只有到他在你的引导之下注意书本、发愤攻读之后，你才可采取另一做法，即当他在规定时间内学习完毕后，作为一种奖励，使他从别种劳动得到一点休息。随着他越来越执着于他的学业，这种劳动也可相应减少；直至最后，他的闲荡、疏于书本的毛病治愈时，就可完全取消劳动了。

（十四）怎样矫治儿童厌恶书本、喜欢玩耍的习惯

128. 我们以前说过，变换及自由乃是能令儿童感到愉悦的，因此，建议为他们安排适合其特点的游戏；依据此理，我们不应把书本和别种我们要他们去学的事物当作一种任务，强加给他们。这是他们的父母、教师和教员①所易忘却的；他们一旦想到了适合儿童去做的事，就急于使儿童卷入其中，而不会设法诱导儿童去做。但是儿童重复受过几次教训后，很快就会明白，知道哪些是别人要他们去做的，哪些不是。一旦这种错误的做法弄得儿童对书本感到不安之后，医治的方法就得从反面着手。这时再要使他把书本看作游戏，已为时太晚，这时你就应采取一种相反的方法，即看哪种游

① 这里的“教师和教员”（Tutor and Teacher）在前面单独提到时都统一译为“教师”。“Tutor”一般指私人教师或家庭教师（高校中可指导师），“Teacher”则是对教师的泛指。作者在书中提到教师时不时采用二者中的一种，同时提到二者的时候很少。——译者注

戏是他最喜欢的，就强迫他去玩那种游戏，每天要他玩上许多个小时，不是将此当作对他热衷游戏的惩罚，而是当作他务必完成的一种工作。假如我没有弄错的话，这种办法不要几天就会令儿童对他最心爱的游戏发生厌倦，以至他宁愿去读书，或者去干别的事情了。如果读书或者别的事情可以赎换令他去完成的游戏任务的任何部分，或是他可将耗费在这种游戏中的时间匀出一部分去读书，或者去做别的真正对他有益的事时，那就尤其如此。我认为这种疗法至少比禁止他们游戏好（禁止通常反而会增强欲望），也比用别种惩罚的方法去治疗要好；因为一旦你使他的欲望得到了过度的满足（除饮食外，别的事情都可以这样处理，不会发生不测），使他在你本意要避免发生的事情上做过了头之后，你就使他生出了憎恶的心情，你再也不必担心他以后会干同样的事情了。

129. 我觉得这件事是清楚明白的，即儿童通常都是憎恶懒惰的。所有的关注集中到一点，那就是他们的好动的性情应该经常用在对于他们有益的事情上面；欲达此目的，你就应该把你所愿意他们去做的事情当作他们的一种娱乐，而不是当作一种工作。为了不使他们感到你在中间操纵，特提出实现上述构想的建议如下。找出一些借口，把你所不愿意他们去做的事情，责令他们去做，直到他们做够为止，使他们因此厌倦那件事情。比如，你的儿子不是过于喜欢抽陀螺吗？那就强迫他每天一连玩上许多个小时，你要在旁监视着他，让他不停地抽。你可以发现，他很快地就会厌倦抽陀螺，心甘情愿地放弃这种游戏。采用这种方法，把你所不喜欢的娱乐当作他的一种工作，他自己就会愉快地去做你所愿意他做的事了，尤其是在如下情况，即儿童如果把这些事视为他做了那种被吩咐去做的游戏的奖励，那他就会更加乐意。因为，假如他每天被吩咐去抽陀螺，不到十分厌倦不让他停止，这时倘若你肯应允他，将读书作为在规定时间内用力抽过陀螺之后的奖励，你想他还会不用功读书、不向往读书吗？儿童所做的各种事情，只要适合其年龄特点，在儿童从事时彼此就并没有多大区别。他们之所以把某件事情看得比另一件事情重要，那是因为受了别人的影响所致。所以，凡是被当作奖励去给予他们的事物，就真能产生那种效果。运用这种技巧，儿童的管理者就可以选择，看是把跳房子当作跳舞的奖励呢，还是把跳舞当作跳房子的奖励；是使他们喜欢抽陀螺呢，还是使他们钟情读书；是使他们热爱掷球呢，还是使他们乐于研究地理；儿童所喜欢的就是忙碌不停，忙于那些他们想象中乃是他们自己选定之事，忙于那些他们以为是父母或是他们所敬重、所愿得到信赖的人所恩赐之事。我相信，被如此安排，且未受到其他不良榜样影响的儿童，自会热忱地、快乐地去学习读书、写字以及其他你所愿意他们去学的事物，正与那些儿童爱好其日常游戏一样。年岁最长的儿童这样进入角色，形成风气之后，那么，是不能阻止他们不去学习的，因为学习在此时通常已吸引了他们的注意力。

（十五）儿童的玩具

130. 我觉得儿童应该有玩具，包括各种类型的玩具；但是他们也应在教师或他人的监督下去玩玩具，他们一次只可有一种玩具，当第一种玩具仍在他手中时，不可让他得到另一种玩具。这就可以及早使得他们留神不要将自己所有的东西丢失或毁坏了；如果你让他们自己保有各种各样数量繁多的玩具，他们就会嬉闹任性、漫不经心，这就会把他们从小变成挥霍浪费的人。我承认，玩具是些小事情，似乎用不着管理者去操心；不过，凡是能够形成儿童心理的事情，都是不可忽视、不可大意的，凡是能使他们养成习惯、敦风化俗的事情，都值得儿童管理者去留心、去关注，因为这些所谓的小事，其可能产生的后果却一点也不小。

此外，还有一件关于儿童玩具的事情，也值得他们的父母注意。这就是，即使儿童不妨拥有几种玩具，但是我认为，这些玩具决不可以从购买得来。这样，就可以避免一种常见的现象发生，即儿童因为拥有玩具的种类过多，遂养成见异思迁、贪多务得的心理，这种心理搅得他们不得安宁，时时都要追求更多的东西，虽然内心并不知道自己缺乏什么，可是对于自己的所有总不满足。有些人为了向权势者献殷勤，便物色了这类礼物送给他们的子女，使得小孩子深受其害。他们几乎在能说话前就因此学会了骄傲、虚荣和贪婪。我知道一个幼儿，他被自己数量、种类繁多的玩具弄得心猿意马，每天要女仆去全部检查一遍，使女仆不堪其烦；他对丰富的收藏已司空见惯，可是对自己的所有总还是不满足，老是问：还有什么？还有什么？我还可以得到哪些新玩艺？须知，节制欲望，才是造就一个自满自得、幸福快乐的人的合适途径啊！

“既然他们的玩具全都不该从购买中得到，那么，你所允许他们拥有的玩具又从何而来呢？”我的答复是，他们的玩具要自己做，至少也得自己努力试着去做；在此以前，他们一件玩具也不能有，尤其是任何一件精巧的玩具也休想得到。一粒圆润的石子、一张纸、一串母亲的钥匙，或是任何不会使他们受到伤害的东西，在小孩子看来，其好玩的程度并不亚于那些从店铺里买来的价格昂贵得多、造形古怪的玩意儿，那是一玩就会出毛病，弄坏弄破的。儿童若不是玩惯了这种玩具，他们是决不会因为缺乏那种玩具就觉得乏味或发脾气的；他们年幼时，玩什么东西都行；等到他们年龄渐长，如果不是别人愚蠢地花些钱而使他们拥有许多玩具，他们就会自己去做。一旦他们自己有了什么构想要去亲手制作时，他们就应该得到教导及帮助；不过如果他们自己不去动手，只是一味懒洋洋地坐着，百无聊赖，一心指望别人给他们提供现成的，他们就什么都不应该得到。如果你在他们遇到困难时伸出援助之手，那就较之买些昂贵的玩具给他们，更能得到他们的喜爱。有些玩具，如陀螺、鱼钩、毽子板之类的东西，要想造出来，非他们的技艺所及，通常要用些气力，自然得为他们预备。他们最好具有这些东西，不是图的多样化，而是为的运动；但是这些东西也以尽量少给为宜。

假如他们有了一只陀螺，则抽陀螺所用的木棍和皮带就要让他们自己去制作及配好。如果他们只是张大嘴巴，坐等天上掉馅饼这样的好事到来，他们就休想得到这些东西。这样就可以使他们习惯于依靠自己的努力去获取自己所需要的事物，他们就可以学得克制、专心、勤奋、思考、策划和节俭等品质；这种种品质对于他们日后长大成人的时候不无裨益，所以学习不宜一味求进度，根基不必一味求深度。儿童所有的游戏与娱乐都应以养成优良、有用的习惯为目标，否则不良的习惯便会乘虚而入。无论他们做了什么事情，都会在那种幼小的年龄留下一些印象，使得他们养成一种良好的或者窳劣的倾向；凡是具有这种影响的事情，都不应该忽略。

（十六）儿童的撒谎与对策

131. 撒谎是遮掩任何过失的一种现成便捷的方法，因此它在形形色色的人群里面都颇为流行，要使儿童察觉不到别人在各种情况下说谎是很困难的，所以，若不特别留意，小心防范，他们是很难不学会说谎的。但是说谎是一种恶劣的品质，是许多恶德败行的温床和庇护所，所以将一个孩子从小带大时，应尽可能地使他憎恶这种行为。如果有机会当着他的面提到说谎这件事情时，应当总是表示极端的憎恶，将其视为一种与绅士的声名和品格绝不相容的品质，凡是稍有信誉的人都不能忍受说谎的非议；它是一个最可耻的标记，一个人会因此落到最可羞辱的下贱境地，乃致跻身于那些极可鄙的人类及极可怖的流氓的行列；凡是想和上流社会人士交往的人，或是在社会上还有点声誉的人，对它全都不能忍受。当儿童第一次被发现说谎时，你最好将此看作他身上的一件匪夷所思的事情，表示惊愕，而不可把它当作一种普通的过失去责备。如果这还不足以使之改邪归正，当故态复萌，重犯类似错误时，他就应受到严厉的斥责，并遭到父母亲以及一切注意到了此事的人的唾弃。万一这种办法仍未奏效，你就应当借助鞭笞了；因为他在受过上述警告之后还有意说谎，那就是一种顽梗的表现，这是绝对不允许不遭惩罚，轻易逃脱的。

132. 儿童由于害怕自己的过失被他人看得清清楚楚，无所遁形，所以他们也像亚当（Adam）的其余子孙一样会找借口。[①] 这种缺点与虚伪相差无几，而且可导致虚伪，对此行为是不能放任不管的；不过医治的方法宁可采用羞辱，而不是粗暴行为。所以，如果有某事要问儿童时，如果他最初的答复是一种遁词，你就应该严重地警告他，令其说出真相；万一他仍用假话搪塞，就应受到责罚；不过如果他爽快承认了，你就应该表扬他的坦诚，原谅其过失，不管有怎样的过失；既然原谅他了，以后则切不可再因此而训斥他，或者再次提及此事。因为假如你想使他热爱坦诚，并通过经常实践而形成习惯，你就应该当心，不可使他因为坦诚而感到任何极小的不便；相反，他的坦白认错，除了永远不会令他受到处罚之外，你还应该用一些称誉去加以鼓励。假如你不能证实他的遁词里具有虚假的成分，你就姑且把它当成真话，并不要流露出一丝怀疑。你应使他在你的面前尽量保持最好的声誉；因为一旦他知道自己的名声扫地，你也就失掉了对他的一种重要的，乃至最佳的支配权。所以你要在可以尽量避免而又不至于助长他说谎的范围内，使他在你跟前不要觉得自己是个说谎者。他说话有时信口开河，与事实有所出入，是可以忽略不计的。不过，一旦他因说谎受了矫正之后，如果发现他又再犯同类错误，你是绝不可原谅他的；因为这种过失是一直禁止他犯的。假如他不是有意，本可避免，所以再犯就完全是顽梗的表现，对此有意冒犯行为，应严惩不贷。

---

① 据《圣经·旧约》记载，人类的祖先是亚当、夏娃；他们本为上帝所造，却不听上帝的话，偷吃了伊甸园中智慧树上的禁果，从而染上了“原罪”（即本性恶），并世代相传。——译者注

（十七）绅士应具备的四种品质

133. 以上所说的就是我所想到的关于教育一个年轻绅士的一般方法；我感到，虽然这些方法对于他的整个教育历程可以发生一些影响，但是我也决不以为上述意见已将一位成长中的年轻人的需求或培养特殊脾性所需事项包罗无遗了。不过，前提大致提过之后，我们就可以转到以下话题，比较仔细地考虑他的教育的几个部分。

134. 每个绅士（凡是关心儿子教育的绅士）希望为其子所做之事，除了留给他家产外，包括在（我假定的）以下四种品质的培养上，即德行、智慧、教养和学问。至于这些名词是否有时并不代表同样的事物，或是否真的彼此互相包含，我就不想作深入的探讨了。我现在只是采用这些名词的通行用法，我假定它们已够清楚明白，可以使我的话能为他人所理解，我希望大家不难明白我的意思。

（十八）德行

135. 在一个人或者一位绅士应具备的各种品性之中，我将德行放在首位，视之为最必需的品性；他要有存在价值，受到敬爱，被他人接受或容忍，德行乃是绝对不可缺少的。缺乏德行，无论是在阳世还是在阴间，我认为他都毫无幸福可言。

136. 作为德行之基础，应尽早在他的心里印上对上帝的真实观念，知道上帝是独立的最高的存在即致尊，是一切事物之源泉和创造者，他爱我们，赐予我们一切，从他那里，我们得到自身所有的善。继后，就要将对此至尊的热爱与敬仰之情灌输进他的心田。开始时，能够这样做就够了，不必将有关事项向他作深入的解释；因为过早与他谈神灵，不合理地超前地去使他了解这个无限的存在的不可理解的性质，他的头脑里恐怕就会不是充满谬误，就是被主的不可知的观念弄得糊里糊涂。儿童只要有机会知道，上帝制造一切、统治一切、听见一切、看见一切，凡是热爱上帝、服从上帝的人，上帝就给他们一切善，这就够了；他听到你说的这一个上帝后，你会看到，他的心里对于上帝很快就会产生别的种种想法；如果你发现这些想法存在错误，你就应予纠正。我认为，若是大家对于上帝都持这种观念，对于这个人人都得承认系不可理解的存在的观念不过分好奇，那无疑是一件令人欣慰之事。许多人缺乏有力度及清晰的思想去分清哪些事情可知，哪些事情不可知，从而陷于迷信或无神论，将上帝看成与他们自己一样的凡夫俗子，或者（因为他们并不懂得别的事物）陷入虚无，根本否定上帝之存在。我觉得，与其让他们被好奇的问题所困惑，去探究上帝的不可思议的本质与存在，倒不如使他们每天早晚都用一种平易的、简短的、适合其年龄与能力的祷词，去向上帝，他们的创造者、保护者与恩人祈祷，这在宗教、知识与德行上的益处要大得多。

137. 一旦他的能力所及，你就要从容地将诸如上帝这样的观念印入他的心灵，同时又教他去向上帝祈祷，将上帝作为其存在及所作、所享一切善之创造者而加以颂扬；你不可向他谈论别的神灵，除非日后他根据某一场合的需要，自行提出这一问题，或是在他读圣经史的时候产生了此类问题。

138. 但是，即使如此，在他年轻的时候，你也要切记保护他稚嫩的心灵，使它免受一切关于神灵鬼怪的印象、观念以及恐黑情绪的骚扰。在这一方面，他可能陷入因仆人无知而导致的危险境界。这些仆人的惯用伎俩是总爱拿些妖魔鬼怪等令人恐怖的、有害的观念去恐吓儿童，让儿童服从，当儿童孤身一人时，尤其是处在黑暗中的时候，他对于这些东西自然会害怕。这是应予小心防范的。因为他们虽然可以用这种愚蠢的方法去防止儿童的轻微过失，但是这种治疗的方法较之疾病本身更为糟糕；他们的想象力从此就烙上了须臾不离的惊骇、恐怖的观念。这种关于妖魔的思想一旦侵入儿童稚嫩的心灵，产生一种强烈的、伴以忧心忡忡的关于恐怖的印象之后，这种忧虑越积越深，乃至根深蒂固，即使能再拔除，也非易事了；他们有了这种情绪，就时时生出许多奇异的幻觉，孤身一人就很胆小，甚至对自己的影子和黑暗都感到害怕，此后整个一生都是如此。有些小时候有过这种经历及体验的成人向我诉过苦；虽然他们已欣然知晓，没有理由在黑暗中比在光天化日之下更畏惧那些看不见的东西。尽管他们的理智纠正了他们以前所获的错误观念，然而这些观念还是要窥视任何可乘之机，使他们产生幻觉，不付出一些痛苦，是不能将这些观念清除的。我在这里可以告诉你一个不同寻常的，但却是真实的故事，使你知道人们心灵中早期所获得的印象是何等的持久与可怕。西部的某镇上住着一个神经错乱的人，男孩子看见了都爱取笑他。有一天，这个人在街上看见了平时捉弄他的一个孩子，于是跨进附近的一家利器店，抓住一把出鞘的剑，转身就去追赶那个男孩；男孩看见他拿着武器追来，拔腿逃命；幸而身体强健，步伐敏捷，在疯汉赶上他之前跑回了家。那时屋门只是闩着；当他手扶门闩，回头张望追逐者还有多远时，疯子已经追到了走廊的入口，举剑就要砍；男孩刚刚来得及跑进去并关上门，才幸免于难；可是虽然他的肉体逃脱了，但精神逃脱不了，这种可怖的观念给他留下了极深刻的印象，即使不说终生不忘，起码也保持了许多年。因为当他长大成人，告诉我这个故事时，还说，从此以后，无论何时，只要他从那门口经过，总禁不住要回头张望一下，不管他当时心里为何种事务缠绕，或尽管当时根本就没有想到那个疯子。

如果让儿童独立发展，他们在黑暗之中决不会比在光天化日之下更感惊恐。他们愿意过一种有昼夜变化的生活，欢迎黑夜有利睡眠，正与欢迎白昼有利游戏一样。他人的谈话不应使他们产生歧义，得出黑夜比白天蕴藏着更多的危险或恐怖事物的观念，如果由于周边人的愚昧使他们受到这种伤害，使他们觉得在黑暗与睡眠的时候有些反常，你应尽快去使他们的心理摆脱这种观念；你要使他们明白，为他们创造了一切美好事物的上帝也为他们创造了黑夜，好使他们得到更为舒适、安谧的睡眠；他们是处在上帝的庇护之下的，黑暗中并无伤害他们的东西存在。关于上帝与善的神灵还应当再告诉他们些什么，我们以后再议；至于邪恶的神灵，则在他没有成熟、不宜知晓那种知识之前，最好能让他摆脱错误的想象。

139. 你在儿童年龄所许可的范围内，如同教义所明智教导的，根据上帝的真实的观念，奠定了他的德行基础，使他惯于向上帝祈祷；在此之后应予注意的事，就是要让他准确地谈论真理，同时还要用尽一切可想到的方法，使其向善。你要使他知道，人的许多过错，较快就会得到原谅，惟有歪曲事实，用遁词去遮掩过失则另当别论。你要及早教他有爱心，善待他人，这样做这就可以较早奠定一个诚实人之根基；一切不公道的事情通常都是源自我们太自爱，又太漠视他人之故。

以上就是我对此问题所要表达的一般意见，要在儿童身上奠定德行的初步基础，有了这些也就够了。等他长大后，其本性中的倾向是应予注意的；他的本性如果使他偏离了德行的正道，有误入歧途之虞时，我们就应采用一种合适的方法去救治。因为亚当的子孙中，极少拥有天性毫无偏倚的幸福，消除或平衡这种偏倚乃是教育之事务。不过对此问题的详细讨论非本文——一篇短短的教育论文的任务。我并不想作一篇详细讨论一切德行与邪恶的论文，也不打算阐述每种德行如何才能获得，每种特殊的邪恶如何对症下药，加以治疗；尽管我曾提到几种最常见的错误以及纠正那些错误的方法。

（十九）智慧

140. 和一般流行的见解一样，我将智慧理解为：一个人在世上处理其个人事务时精明强干并富于远见。这是善良天性、心智专一和经验结合的产物，故非儿童所能企及。对于智慧问题，于儿童而言，能做到的一件最重要的事情是：要尽力阻止他们变狡猾；狡猾仿效智慧，却与智慧相离最远；它像一只猴子一样有近似人的外表，但缺乏人的实质，因此更为丑恶不堪；狡猾只是因为缺乏悟性，不能直接达到目的，于是求助于诡计与欺骗术；其弊在于：狡猾的计谋只能使你得利一时，却受害长远。无论何种掩饰均不能天衣无缝，不被人发觉。世上绝没有一个人能如此狡猾，以至蒙蔽了所有的同类；他们的真面目一旦被人发觉以后，会遭到所有人的厌恶；人人都不喜欢狡猾的人，整个世界都会联合起来群起而攻之；但是坦诚、公正、聪敏的人则会受到每个人的礼让，使其专一于其事务。应使一个儿童习惯于获得关于事物的真实观念，不达此目的就不满足；应使儿童把心智用在伟大的、有价值的思想上，而与虚假以及包含大量虚假成分的狡猾保持距离；这才是儿童对于智慧的最合适的准备。至于其他事项，那是需要时间、经验和观察，并且还要熟知各类人的脾性与计谋，方才能够学到，对于无知、粗疏的儿童，或急躁、轻率的青年来说，不能抱如此之期望。在这种尚未成熟的年岁时所能做到的，就是我曾经说过的，要使他们习惯于真实与诚笃、服从理智，以及尽量反省自己的行为。

（二十）教养

141. 一个绅士的第二种美德是良好的教养（Breeding）。不良教养在行为举止上有两种表现：一种是忸怩羞怯，另一种是轻狂放肆。要避免这两种情况就须恪守一条规则，即：不可轻视自己，也不要藐视他人。

142. 这条规则的前半，不可理解为反对谦虚，而是反对狂妄自大。我们不应把自己想得太好，将自身的价值估计过高；不可自以为自己具有某些超越别人的长处，便以为应在别人面前占优势；我们只应在我们的本分之内，谦逊地接受别人的给予。不过有些行动是我们义不容辞的，其他人也期待我们去做，在实施这些行动时，我们便应该看得起自己，无论在谁面前都不要惊慌失措；要按照各人的地位与身份保持尊重与距离。经常在人群中尤其是儿童中可见到的一种现象是：这些人在陌生人或地位较高者面前，表现得笨拙羞怯。他们的思想、言语以及外表，全都显得惊慌失措；他们在紊乱中也丧失了主心骨，以致一事无成；即便能做事，也不可能做到自如、优雅，不能因此得到别人的喜悦与欢迎。医治这种毛病的办法也与医治其他毛病的办法一样，只有一个，即引入并使之养成一种相反的习惯。但是，正如我们不与生人及上流社会的人士相处，我们就不能习惯于跟他们交谈一样，医治这种不良教养毛病的惟一方法，是结交各种朋友，多与地位较高者交往。

143. 以上所说的是，我们在别人面前要注意自己的行为举止，对此也许谈得多了一点；不良教养的另一表现则是对于那些我们必须与之交往的人的喜好与尊严过于疏忽。为了避免这种情形发生，有两件事情必须要做：第一，持有一种不愿冒犯他人的性情；第二，要有表现那种性情的最受欢迎与最令人愉悦的方式。人具备了前者就叫作有礼貌；具备了后者就叫作得体。后者具体指容貌、声音、言语、动作、姿势以及整个外在的举止都庄重优雅，使我们在朋友中获得好评，使那些与我们交谈的人感到安逸与高兴。这是表明心灵内在礼貌的一种语言；它与别种语言一样，主要被各国的时尚与习俗所控制，它的规则与实行，应主要通过观察、向那些教养得体的人们的举止学习。至于前者，与外在的表现相比，那是隐藏在外表之内的，是对于一切人的一般的善意与尊重，使得一个人小心在意，不在举止上有任何对他人蔑视、失敬或疏忽的表现；而是依照那个国家的时尚与惯例，按照别人的等级与地位，去对别人表示尊重与肯定。这是一种通过外在举止表现的性情，具备这种性情的人不会使任何对方在交谈时感到不安。

下面我将提出四种品质，它们是与所有社会德行中首屈一指、最为称道的品质极不相容的。缺乏文明（Incivility）的毛病，通常都从这些品质中的某一种产生出来。我要把它们列举出来，为的是使儿童避免受其不良影响，或是使儿童从其不良影响中幡然醒悟。

（1）天生的粗暴是位居第一的不良品质，它使得一个人对别人缺乏殷勤与恳挚，从而不知道尊重别人的性向、脾气或身份。这是粗汉悍妇的确凿标记，这种人对于交往者毫不在意何种事物可使之高兴，何种事物则使之厌恶；人们常常可以遇见一种人，他们衣着时髦，性格暴虐，颐指气使，为所欲为，完全漠视别人的感受，周边的人深受其蹂躏之苦。这是人人看得见，觉得可怕的一种兽性，无人可与之安然共处；所以，在任何一个想让别人觉得自己还有一点教养的人身上，都没有它的地位。因为良好教养的目的与作用本在使得自然的顽梗变柔顺，使人们的脾气变温和，使他们对人谦恭有礼，以及善于和交往者相处。

（2）轻蔑，或者缺乏适当的尊敬，每每体现在一些人的脸色、言语或姿势上面；无论蔑视的对象是谁，它总会导致别人的坐立不安，因为没有哪一个人会心甘情愿地被人家轻视怠慢。

（3）非难，以及挑刺找碴，是和文明礼貌直接对立的。无论人们犯了什么过失，或者实系子虚乌有之事，他们总不愿意人家当着他们或其他人的面，在大庭广众、光天化日之下予以公开宣布。任何人有了污点都会感到羞耻；任何缺点一旦被人发现了，总会令人感到不安，即使是明显的、恶劣的缺点也一样。

嘲笑是暴露别人过失的一种最精巧的办法，不过因为嘲笑通常都是很隽永的，所用语言也很精彩，而且还可以使得在场的人乐不可支，一般人就产生一种误解，以为它在适当的范围以内并非失礼行为。所以，那些社会地位较高者也常采用这种取笑的谈话方式；这种人的谈话颇受欢迎，并常常引来旁观的第三者的满堂喝彩。不过他们应该思考，他人的快乐是以被他们嘲笑的当事人作代价的，那个被嘲笑的人岂能安逸自在，除非嘲笑的主题真是一件值得称道之事。因为在此情形之下，令人忍俊不禁的比喻与描述使得嘲笑将娱乐与赞扬兼收并蓄，被嘲笑的人也能从中获益，并参与其中去取乐。不过正确地把握此事是如此微妙，以至一点疏忽就会全盘弄糟，并非每个人都具备合理把握取笑的才能，所以我认为，凡是不愿意激怒他人的人，尤其是一切年轻人，都应小心地避免戏谑别人，因为一点小小失误，或任何一个不当措辞，都可能使得取笑对象不快，并在他们心灵中留下一段难忘的记忆，认为是自己做了该受责难的事，才会招致别人辛辣的、虽不乏睿智的嘲弄。

除了嘲笑，反驳也是非难别人的一种方式，教养不良的缺点也在这种谈话形式中暴露出来。对别人殷勤、尊重，并不意味着要我们在任何时候都对别人言听计从，也不是说我们无论听到什么都要听之任之，保持缄默。真理与博爱有时候要求我们反对别人的意见，纠正别人的谬误，只要做的时候相当小心，注意场合，那是并不违背礼仪的。不过有些人你一看就可以知道他们是喜欢诘难、较劲的，他们不管是非，老是反对某一个人，甚至反对群体中的每一个人，不管他们说什么，他都一概表示异议。这是一种易见的极其荒谬的责难形式，听到的人谁也不能逃脱受到伤害的切肤之痛。所有反对别人的言论容易被人家疑心为责难，别人接受起来，很少有不感到屈辱的，所以说的时候态度要极端温和，措辞要极其婉转，要以所有行为举止去表明，你并非是在责难他。同时，应该尽量伴之以尊敬和善意，这样，我们在辩论中获胜时，才不至于失掉对方对于我们的敬重。

（4）刁难是和文明礼貌相反的另外一种过失；不仅因为它常常带来不合时宜的、使人动怒的言语和举止；还由于它是我们动怒时，对于对方无礼行为的一种无言的非议和责备。这种怀疑或暗示是会令任何人都感到不自在的。不仅如此，席中有了一个爱发脾气的人，会使大家都败了味口，和睦的氛围在此噪音的骚扰下，就会荡然无存。

人类如此坚定不移地不断追求的幸福是快乐，由此不难理解，为什么有礼貌的人较之有用处的人更能受到别人的青睐。一个重要的、有价值的人（或是一个真正朋友）的能力、诚挚和善意，极难抵消其严峻与冥顽的表白所产生的不安。权力与财富乃至德行本身，之所以被人看重，无非是它们能够增进我们的幸福之故。所以，一个旨在增进他人幸福的人，如果在为他人效力时，粗言恶语，形象不佳，就会在做事的风度上引起别人的不快。凡是知道如何使得交谈对方舒畅自在，而自己又不至于降低身份溜须奉迎的人，他就可以说是掌握了处世的真诀，到处都会受到欢迎与器重。所以礼貌乃是置于首位的大事，应特别小心地在儿童及青年身上养成习惯。

144. 此外还有一种违反良好风范的过失，就是礼节过繁，固执地坚持将不合时宜的、令人不能不感到愚蠢或羞辱的礼节强加于人。这种情形看起来，与其说是对别人的尊重，不如说是对别人的戏弄；至少，也像是和人争强斗胜，充其量也不过是使别人不堪其烦，故决非良好教养的表现；良好教养的功用或目的就在于使那些与我们交流的人感到安逸、自在，此外并无别的用途及目的。这是一种极少有青年去犯的过失；不过万一他们犯了，或有将犯的嫌疑，他们就应该被告知，应得到警告，勿在礼节上出差错。他们与人交流时应作为目标的事情是在礼仪上对于每一个人表达一种合适的普通礼节及致意，借以表明自己的尊重和善意。欲达此目的，而又不被别人疑心为系奉迎、伪善或卑下之举，这是一种杰出的技巧，只有敏锐的感觉、理性及行为端庄的伙伴才能使之领悟；但是这种技巧在社会生活中用途极大，所以非常值得学习。

145. 虽然我们的行为在这方面表现得体就可获得良好教养的名声，似乎它是教育的特有的效果；然而，正如我说的，幼儿不应为此多受烦扰；我的意思是说，勿让他们在诸如脱帽致意、屈膝行礼等问题上，都要讲究时髦动作。如果你能尽力将谦逊和善良的品性教给他们，这种风度便不会缺乏；其实，礼仪只不过是一种小心，不在交往中对于任何人流露出丝毫怠慢或鄙视而已。至于最被认可、最受重视的表达方法，我们在前面已经说过。在世界上的一些国家中，礼仪与它们的语言一样，各有特点，各不相同；所以，我们只要认真思考一下就会明白，将有关礼仪的规则和内容教给儿童是无用且不当的，就好像要一个只和英国人说话的人不时去学一两条西班牙语的规则一样。尽管你尽你所能，与令郎谈论了礼仪问题，但是他的伙伴是个什么样子，他的仪态也不会脱离同样的窠臼。与你近邻的一位农夫，或许从未越出其所在教区一步；无论你对他如何训诫，他的言语和他的举止一样仍旧会是一副谄媚者的神气；也就是说，他的言语与举止不会比那些他日常与之交往的人显得更得体；因此，关于这一点，在他长到可请一位教师的年龄之前是无计可施的，而教师也务必是一个受过良好教养的人。假如我能自由发表我的意见，我是切切实实地主张，儿童的所作所为，一定要与任何顽梗、虚骄，以及邪恶的事情绝缘，至于他们如何脱帽、如何屈膝行礼等，则是无伤大雅之事。倘若你能教他们热爱、尊敬别人，那么，一旦当他们的年龄所需要时，他们就会按照日常习惯的时尚，找到可令所有人接受的表达方式；至于他们身体的动作和举止，前面已经说过，到了适当的时候，一个舞蹈教师就可以把最合适的姿态教给他们。与此同时，当儿童尚幼时，人们不会指望他们过于注意这些礼节；在那种年龄，儿童在礼节上粗疏一些是允许的，正和成年人应该懂得寒暄是一样的；即使有些非常讲究的人觉得这是一种过失，至少我也深信是一种不必介意的过错，应留给时间、教师与交往去矫正。因此我认为干涉，或是责备你儿子的过错（这是我常见的儿童的一种遭遇）是并不值得的；不过，一旦他的举止里面有了骄傲或邪恶的成分，那就应采用规劝或羞辱的方法去力图消除。

当儿童尚幼时，虽然不宜为教养上的规则及礼仪细节所过分困惑，但是确实存在这种情况，即一种失礼、粗野的行径极易在年轻人身上滋长，如果未曾及早加以约束的话；这就是，当别人正在谈话的时候前去插嘴，用反驳去打断别人的说话。年轻人之所以爱找机会去纠正别人的谈话，他们之所以不放过任何表现自己的才智的机会，这种情形或许起因于好辩的习俗，或是才华、学问的声誉使然，以致把辩驳视为知识的惟一标准与证明；我知道学者们在这种地方是最受责难的。别人谈话的时候去插嘴打断，这是一种极度的鲁莽行为；因为我们在知道别人将说什么之前就发议论，若不是不着边际的愚蠢，也是一种明白表示：我们已对他的发言腻烦了，再也不愿恭听，我们轻视他所说的一切；而且按照我们的判断，他的话也让在座的其他人感到不中听，所以要他们听我们的，我们可以说些值得他们去听的话。这种做法表示出一种极大的不敬，是不能不惹恼别人的；但是这种不敬几乎在所有的插嘴中都有所流露。假如按照一般情形，通过插嘴增加一些谈资，以此去更正他人的错误，或是驳诘别人所说的话，我们这样插进去自充先生，俨然凌驾于他人之上，要去补偏救弊，或是揭露他人判断之谬误，这就是一种更大的骄傲与自负的表现了。

我并不是说，人们交谈时意见不能有分歧，也不是说对别人的议论我们不能反对；因为这样做可能使社交的最大优势荡然无存，使人们不能从机敏的同伴处获得教益和改进；在争辩时，人们都可从对峙的意见中获得启示，争辩还可揭示事物的方方面面、不同特点及各种可能性，假如第一个人说过之后，其余的人必须赞同，并鹦鹉学舌，人云亦云，这种好处便会损失殆尽。我所反对的不是一个人不能对别人的观点表示异议，而是反对在表述时风范欠佳。我们应该教导年轻人，除非别人问到他们的意见，或是别人说完了，一片安静时，不可插嘴；说话的时候只能用一种探讨的语气，而非教导的口吻。应该避免武断的态度及傲慢的神情；要等在座的人全都停止了说话，有了机会时，方才可以以学生的身份，谦逊地提出问题。

这种谦恭有礼的态度既不会遮掩他们的才能，也不会减弱他们的理由的力度；反而可以使他们引人注目，使他们所说的话占尽风头。一个不当的论据或是平庸的观察这样提出来时，加上几句不同凡响的礼貌的对他人的意见表示尊重的开场白，便可以使他们获得更多的声望与尊重。与上述情况相反，即便是最敏锐的智慧或最深邃的科学，如果用粗暴、傲慢，或吵吵嚷嚷的方式提出，永远只会令听者烦躁，即使他在辩论中获得胜利，也不会在别人的心中留下良好的印象。所以，这种情形在年轻人身上是应该谨慎地加以注意的，从一开始就应予以阻止，要使他们在一切交谈中养成一种相反的习惯。而且因为成人也常常有饶舌、爱在辩论时插嘴、大呼小叫的现象，即使在我们这种阶层的人中也是这样，所以尤应及早防止。印度人是被我们叫作野蛮人的，可是他们谈话时比我们彬彬有礼得多，他们彼此洗耳恭听；要等别人说完，然后再去从容地答复，既不吵闹，也不动容。假如在我们这种号称世界文明之都的地方还不能做到这一点，我们应当归咎于教育的失职，它还没有把我们身上这种古代的蛮性改正过来。

你不曾瞧见这样一个令人发笑的场面吧：两个有身份的贵妇人，偶然坐在一间房子里的两边，面面相觑，周围还有许多人；她俩争辩起来了，越争越起劲，以致在达到高潮时彼此都逐渐把座椅向前移动，一会儿功夫，两个人竟紧紧地贴在房子的中央了；为了取胜，她们在那里激烈地争辩，就像斗鸡场上的两只公鸡一样，对周围的人视若无睹，毫不在意，难道你不觉得这是一幕令人忍俊不禁的景象吗？这个故事是一个有身份的人告诉我的，争辩的时候他就在现场，谈及此事时，他没忘记提到争辩双方当时的口不择言，那是争辩的热度经常会驱使人们去这样做的；既然习俗使得此类事情频频发生，所以教育更应小心在意地加以提防。没有人对于别人的这种毛病不感憎恶，虽然他们对自身的此类缺点视而不见；也有不少人察觉到自己身上的这种毛病，决心予以改正，但却难于摆脱这一不良习气，这应归咎于他们所受的教育的失误，导致积习难改。

146. 如果我们将上面所说的关于伴侣的话沉思一下，或许它就可给我们以更大的展望，使我们知道它的影响有多么深远。交际在我们心上打下的印痕不仅是礼仪的样式而已。与外表相比，伴侣的色泽更深地渗透到内部；如果我们把世上的道德与宗教作一个准确的估计，我们也许就会知道，绝大多数人不惜献身去坚持的见解与礼仪，根据的多半是他们本国的习尚和一般人的日常实践，而不是他们的理智的信仰。我说这句话的意思只是要使你明白，我觉得伴侣对于令郎的生活的各个方面有多么重要的关系，由于同伴是作用于他的、比你在其他方面所能做的更大的力量，所以应受到高度重视并为儿童提供好的伴侣。

下篇　知识与技能教育

一、学问在教育中的地位

147. 你也许会觉得奇怪，为何我将学问放在最后，假若我告诉你，我认为学问最不重要，你是更会觉得难解了。这从一个书呆子口里说出来是稀奇的；通常大家为儿童殚精竭虑的即使不全是学问，但主要是学问，人们谈到教育时，所想到的几乎也只有学问一件事，所以我的上述说法就更显得是一种反论了。人们为了一点拉丁语与希腊语，不知遭了多少罪，耗费了多少年的光阴，无端地弄出了多少吵嚷与忙碌，每忆及此，我就禁不住想到，儿童的父母还在依靠学校教师的教鞭的威慑，他们把教鞭看做教育的惟一工具，好像掌握一两种语言就是教育的全部事务。人们认为，一个儿童在他的最好的年岁里拿出七八年乃至上十年的功夫去刻苦向学，以求掌握一两种语言，这是必要和可能的；我却认为，儿童所花的劳苦与时间可以大打折扣，难道它们不是几乎都可以从游戏里面学到吗？

请你原谅我，假如我说，我不忍想象，“为了接受心灵的教化”①，一个青年绅士竟然像牲口似的被放入牧群里，被人鞭笞去驱使，好像要使他饱受夹磨之苦似的经过几个年级，其后果将会怎样呢？你不是口口声声地说不要他读书写字吗？我们教区里的牧师

① 原文是拉丁文：“ad capiendum ingenii cultum”，出自 Gellius，*Notctes Atticae*，1.2.1。——译者注

把霍普金斯和斯坦霍尔当作是世界上最伟大的诗人，[1] 是他自己读书不得法，将霍普金斯和斯坦霍尔的真实身份弄得面目全非，难道你要使令郎变得比这个牧师更加糊涂颟顸吗？不应这样，不要如此性急，我在此向你恳求。读书、写字和学问，我也认为是必需的，但却不应成为主要的工作。我想，如果有人竟然不知道将一个德者或者智者看得远比一个大学者更为可贵，你也会觉得他是一个愚不可及之人。我并不否认，对于心智健全的人来说，学问对于辅佐德行与智慧都极有帮助，然而同时我们也得承认，对心智不是那么健全的人来说，学问就徒然使他们更加愚蠢，乃致沦落。我说这些话的意思，是要你在考虑令郎的教养，为他寻求一个教员或教师的时候，不可只是一心想着拉丁语和逻辑。学问固然不可少，但应居于第二位，只能作为辅助更重要的品质之用。你应寻找一个知道如何去小心地形成他的风度的人；务必将孩子交到这样的人的手上，他能尽量保持令郎的纯真，珍惜并培植其优点，温和地改正与消除其任何不良倾向，使之养成良好的习惯。这才是问题肯綮之所在，只要作如此安排，我想学问不仅可以去追求，而且可用我们能够想到的办法去获取，且收事半功倍之效。

二、知识教育的具体意见

（一）如何诱导儿童学习

148. 当他到了能够说话的时候，他就应该开始学习阅读。但

---

① 霍普金斯（John Hopkins）及斯坦霍尔（Thomas Sternhold）是 16 世纪英国学者。他们于 1549 年将《圣经·旧约·诗篇》翻译成诗歌体的英文，流传极广。——译者注

是与此有关，我又要提到一件大家极易遗忘之事，再来叮嘱一下。这就是，你应该极力注意，决不可把读书当作他的一种工作，也不可使他把读书看成一项任务。我已经说过，我们甚至从摇篮时代起就是自然而然地爱好自由的，所以我们对于许多事情之所以感到憎恶，不为别的，只因那些事情均系强加于我们之故。我常发一种奇想：学习可以变成儿童的一种游戏、一项娱乐；觉得如果学习被儿童当作一件充满荣耀、名誉、快乐及娱乐意味的事情，或是把它当成作了某事的奖励；假如他们从未因为忽略了求学就受到责备或惩罚，他们是会向往求学受教的。有一件事情使我对这种意见更为深信不疑，这就是在葡萄牙人那里，儿童把学习读写视为一种时髦和竞赛，以至欲罢不能；他们相互学习，如此专心致志，好像有人禁止他们去学似的。我记得有一次我住在一个朋友家里，他的小儿子是一个穿童装的幼儿，要他读书十分困难（当时他是由他的母亲在家里教他读书的），于是我就劝他们换个方法，不要令其子将读书当作他的一种责任；我们有目的地谈论起来，并让他听见，但是对他毫不留意。我们说，当学生是嗣子与长兄的权利；说他们读了书就可以变成美好的绅士，得到每一个人的喜爱；至于其弟受教养，乃是对于他们的一种恩惠，教他们学习读、写，本是他们非分的获得，只要他们自己情愿，尽管可以去变成一些无知无识的村夫土佬儿。这种做法果然奏效，自那以后，那个孩子就自己要求受教了；他会自己走到他的母亲跟前去学习，他要女仆听他读书，否则就不让她安宁。我相信，对其他儿童也可以用这种类似的方法对待；一旦我们发现了他们的性情，就可以将某些想法注入他们的头脑，使他们自己去向往学习，把求学当成另外一种游戏或娱乐去追求。但是，如同我以前说过的，决不可把学习当作他们的一项任务，也不可变成他们的一种麻烦，我们可以在骰子和玩具上面粘上字母，在游戏时教儿童学习字母；此外还有许多适合他们特殊性情的方法，可以使他们把学习当作一种玩耍。

149. 照此情景，儿童是可以被诱导去学会有关字母的知识的，当他们学习阅读时，勿需正襟危坐，只觉得是一种玩耍，别人在皮鞭的淫威下才肯去学习的东西，他们在玩耍中就学会了。儿童不可把任何诸如工作或其他严肃的事情放到自己身上；这是他们的精神与身体都无法承受的，这会使他们的健康受到损害。我相信，之所以有许多人憎恶书本及学问，原因就是当他们在敌视一切此类约束的年龄，被迫束缚在书本中之故。这种情形正同暴饮暴食一样，饱食之后所生的憎恶是难以消除的。

150. 所以我觉得，倘若通常并没有加以利用的玩具能够适合达到教学的目的，我们就可以设法使儿童在他们以为是游戏的时候学习阅读。例如，假如我们仿照皇家橡树彩票①抽奖所用之圆球，制作一个分作 32 面或是 24 面或 25 面的象牙球；然后在一些面上粘上一个 A 字，在另一些面上粘上一个 B 字，其余的面分别粘上 C 字和 D 字，你看如何？我主张在开始阶段，你不妨只粘这 4 个字母，甚至只粘 2 个，待他烂熟于心后，再酌情增加；一直到每面有一个字母，全部字母都在球上可以显示为止。我宁可由别的孩子在他的面前玩耍这个象牙球，玩的时候不妨采取打赌的形式，看谁先掷出一个 A 字或者 B 字，这同掷骰子的时候，看谁先掷出六点或七点如出一辙。这是你们的游戏，不要引诱他参加，免得你把它当作一种工作；因为我并不想让他认为这不过是成年人的一种游戏，我相信他自然就会喜欢这种游戏。为使儿童更有理由认为这是一种游戏，觉得是一种得到了别人的善意的认可才能加入的游戏，游戏完毕，就要将球收起，不要让他拿到，免得他将球长期占有，从而使球变得对他来说陈旧乏味。

---

① 皇家橡树彩票（Royal-Oak Lottery）是 17 世纪下半期在英国流行的彩票，获益者是皇家渔业公司。奖金采用终盘大奖或永久年金的形式发放。1698 年后，除此之外的其他彩票都被禁止。——译者注

151. 你要保持他的求知的热望，你就得使他觉得这是属于他们长辈的一种游戏；等到他用这种方法认识字母之后，你再将字母换成音节，他就可以不知不觉地学习读法，决不会因此受到责备或烦扰，也不会因为书本中有关拼写等的困难用法及由此造成的烦恼，而使他们把书本视若寇仇了。如果你对儿童留心观察，就会发现，他们常常花费很大的气力去学习几种游戏，那些游戏假如是由别人强加的，他们就会畏惧它们，就像畏惧任务与工作一样。我认识一个极有身份的人（其学问与德行较之其出身及显赫地位更为可敬），他将六个元音字母粘在一个骰子的六个面上（因为在我们的文字里面，Y 也是元音字母之一），而把其余十八个辅音字母分别粘在另外三个骰子上面，将此作为其子女的一种游戏，看谁一次用这四个骰子掷出的字数最多，谁就将获胜；他的长子那时还是一个穿着童装的幼儿，全身心地投入这项游戏，在玩耍中自己就学会了拼音，他从未被强迫向学，亦从未因此受过训斥。

152. 我曾见过一些小女孩，一连耗费几小时的时间，费尽气力，要把自己变成掷石子的专家。我在旁观看时不禁想到，可惜缺乏一种良好的设计，去使她们利用那种专注与努力，做别的对她们更为有益的工作；我觉得这完全是年长的人的差错及疏忽所致。儿童远不如成人爱偷懒；如果他们好动的性情未曾用到有益的事情上面，那是应该责备成年人的；如果成人愿意耗费哪怕一半的力气，去对儿童加以引导，那么这些小猴子一定会乐于追随，那些有益的事情通常也可以变得像儿童的游戏一样令他们感到快乐。我猜想，以前一定有些聪明的葡萄牙人，在本国儿童中，开创此风气（我曾在那儿被告知此事），正如我说过的那样，要阻止他们的儿童不去学习读、写竟是一件不可能的事；在法国的某些地方，儿童从很小的时候起也都互相学习唱歌与跳舞。

153. 粘在骰子或多边形物体上的字母，大小最好跟对折本的《圣经》上的字母相同，儿童开始学习时，全都不要用大写体；他一旦能读小写字体所印的东西之后，他就不会长期忽视大写体的；在他开始学习的时候不可变化太多，以免他困惑迷茫。你还可以把这种骰子当作皇家橡树一样的游戏去玩，这又是一种变化，在游戏时，可将樱桃或苹果等作为打赌之物。

154. 除此之外，凡是喜欢这种方法的人，只要他们愿意，很容易发明许多别的利用字母进行的游戏，去达此用途。不过，我觉得上面所说的四个骰子极便易、有用，要找到比它更好的颇为不易，因此也许不用淘神费力去找了。

155. 关于学习阅读，我说的已经很多，就是不要强迫他学习，也不要因此责备他；你要尽你可能地诱导他去阅读，但是不可将此作为他的一种任务。在儿童可以阅读之前，你宁可让他迟一年学会读书，不可使他因此对学习产生憎恶心理。如果你要与他辩驳，应局限于那些急切的、关系真理与善良的事情上面；但是不能把ABC当作任务强加于他。应该利用你的技巧，使其意志变柔顺，服从理智。你应教他爱好信用与赞誉；害怕被别人误解或小觑，尤其怕被你和他的母亲看不起，然后，其余一切都可轻而易举地发生作用了。不过，我觉得，如果你打算那样做，你就不可在无关紧要的事情上面定下许多规则，对他加以束缚，也不可为他的每一个微不足道的过错，或可能别人以为是大的过失，就去责备他；但是关于这一问题，我已说得够多了。

（二）适合儿童阅读的书及正确的学习方法

156. 当他用这种和缓的方法开始学习读书时，你应该选择一本浅显、有趣而又适合其能力的书，放到他的手上，书中的乐趣，一旦被他发现，就可吸引他前进，并可作为他读书时所受辛劳的酬报，不过所选的书不可使他的头脑充满纯粹空疏无用、华而不实的东西，或是奠定邪恶与愚蠢的根基。我觉得《伊索寓言》是达到此目的的最佳读物。《伊索寓言》是一些故事，可使儿童感到愉快和满足，但是成人亦可从中获得一些有益的反思，假如这些故事长久地保留在他的记忆中，乃致在他成年后仍存在于他们充满阳刚之气的头脑和严肃的事务中的话，他也决不会因此感到后悔。当此类书籍包含的知识容量增加时，比如他的《伊索寓言》是配有插图的，那就更会使他欢欣雀跃，并可鼓励他去阅读求知，因为如果儿童的观念中缺乏此类生动直观的事物，单是听人说说没有多少用处，而且也不能够获得满足；这些观念不能从声音中得到，只能从事物本身或事物的图片上获得。因此我认为当他开始学习拼音的时候，你就应该尽量将能够找到的动物图片提供给他，并在图片上印上动物名称，这种办法一方面可以引导他去阅读，同时又可供给他一些发问与求知的材料。我认为《列那狐的故事》[①] 是可以用来达到同样目的的另一本书。当儿童懂得开卷有益及乐在其中的道理时，如果他周围的人经常和他谈论他所读过的故事，听他讲述那些故事，对他的阅读不啻是一种鼓励，其他的益处姑且不论。通常所用的方法对于这种钓饵似乎完全予以漠视；初学者往往要耗费很长的时间才能体会到开卷有益及乐在其中的道理，并“入其彀中”，未入门前他们认为书本只是一种时髦的娱乐，或是无端的麻烦，没有丝毫用处。

157. 祷词、教义和十诫是他应该学习并烂熟于心的；[②] 但是我认为熟记的方法不宜由他自己捧着入门书死读，而应由别人反复读给他听，甚至在他能够阅读之前就可以开始。但是不可将熟记与

① 《列那狐的故事》是 12～13 世纪法国民间创作的讽刺作品，以兽喻人，并赋予群兽以人的行动、语言、思想和感情，以此揭露封建统治阶级的丑恶和腐败。——译者注

② 这里提到的“祷词、教义、十诫”以及下面提到的《摩西律》、《福音书》等都是和基督教（尤其是和《圣经》）有关的规则、教材、文献、文件。其中“十诫”与“摩西律”是一回事，指的是《圣经·旧约·出埃及记》中提到的耶和华（上帝）与人类立约，要求勿拜别的神、不可制造和敬拜偶像、勿奸淫、勿偷盗等十条戒律。——译者注

学习阅读混为一谈，以免彼此掣肘。学习阅读时应该极力避免产生麻烦，或是将此变成他的工作。

我不知道是否还有其他用英文写的类似上面所说的书籍，可唤起儿童的兴趣，并诱导他们去阅读；但是我倾向认为，既然一般儿童都被交付给学校，适应学校的方法，而学校只知利用教鞭的威吓去强迫他们，却不知道利用学习中的乐趣诱使他们学习，当这些有用的书籍混杂在别的种种糊涂的书籍中时，注定是会被人忽视的；除了《角帖书》、《入门书》、《诗篇》、《圣约书》和《圣经》以外，我不知道有过这种考虑。

158. 至于一般儿童所常阅读，借以练习和改进其阅读能力的《圣经》，我认为，若按章节顺序乱读一气，儿童的获益就是遥不可及之事了，无论是就增进阅读能力而言，或是从确立宗教信仰考虑，恐怕都找不到一个比它更糟的方法。因为在阅读一本全然不解的书籍的各个段落时，儿童怎能从中得到乐趣，或是受到鼓励呢？而《摩西律》（*Law of Moses*）、《梭罗门之歌》（*Song of Solomon*）、《旧约》里的《预言书》和《新约》里的《使徒书》与《启示录》，不是太难理解了吗，又如何能适合儿童的能力呢？虽然《福音书》和《使徒列传》的故事有些地方较易理解，但是完整地阅读还是与儿童时期的理解力极不相称。我承认，宗教的原则乃是从这些书籍或篇章中提取，或是体现在《圣经》的字里行间；但是只有适合儿童能力和观念的部分，才可建议儿童去阅读。但这与阅读《圣经》全文，及为阅读而阅读不可同日而语。一个儿童如果从小漫不经心地阅读《圣经》的各个段落，只知道那是上帝的话，此外并无别的特点，那么，他的脑筋里面倘若还有一点他应具备的关于宗教的信条，他的那种思想将会是何等的混乱！我认为，之所之有些人终其一生，对于宗教从未有过清晰明确的观念，原因盖出于此。

159. 我现在既然碰到了这个话题，不妨再说几句。《圣经》里面有些部分是适合于儿童阅读的，因而可放到儿童手上，并使他们沉醉其中；比如，约瑟（Joseph）和他兄弟的故事，大卫（David）与歌利亚（Goliah）的故事，大卫与约拏单（Jonathan）的故事等，都属于适合儿童阅读的故事；[①] 此外，还有别的种种他所应当作教训去读的部分，如同“你要别人怎样对你，你便先得那样去待别人”之类的警句；类似的其他简单明了的道德规则只要选择得当，通常都可作为阅读材料，兼收教导之功；故应让儿童经常阅读，直至烂熟于心；后来，当他年岁渐长，到了可以实践这种规则的时候，我们就应在儿童转折期的适当时机，对他谆谆教诲，使之成为他生活与行动的标准和神圣的规则。但儿童若漫不经心地阅读整部《圣经》，我认为对于他们是极不相宜的，在此之前，他们首先应熟悉《圣经》里的最平易、最基本的部分，对于自己所最宜信奉并付诸实践的事项具备一些基本概念，不过对于这些内容，我认为他们也应从《圣经》的原文去领会，而不可从诸如思想偏颇的人的著述中去了解，这些人因从体系及推论出发，产生偏见，却在自己的著述中大肆宣扬，并力图强加于人。沃辛顿博士[②]为要避免这种情况发生，编了一部《教义问答》，里面的答语均来自《圣经》原文；不失为一个良好的楷模，所用词语的健全形式是不会招致任何一个基督教徒的反对，以为不适合他的孩子去学习的。儿童一旦能够背诵祷词、教义和十诫之后，他就可以按照自己的悟性及记忆所能接受或记住的，每天或每周学习一个问题。当他把这本《教义问答》背得滚瓜烂熟，甚至对整本书里的任何问题都能够对答如流时，这时他就可很方便地将心思转移，放到剩下的散布在整部《圣经》中的道德规则上面，作为培养记忆的最好练习以及须臾不离、

① 这里提到的若干人名，都是《圣经·旧约》中记载过生平事迹或提到的人物。——译者注

② 沃辛顿（Dr. John. Worthington）是17世纪英国学者。他所编写的《教义问答》（*A Scripture Catechism*）于1673年在伦敦出版。——译者注

永远奉为人生行为的准则。

（三）怎样练习写字、绘画

160. 当他能够流畅地读英语的时候，就可以叫他去学写字。在这里，应该教他的第一件事是正确地握笔，他在纸上写字前就应掌握完美的握笔姿势，否则到那时会尝到苦果；因为一个人要想干好任何事情，一次就不要揽得太多，如果一个动作能够分解为两部分，他们就不可奢望自己同时把两部分动作都完美地掌握，不仅儿童如此，其他任何人也概莫能外。我觉得意大利人只用大拇指和食指握笔的方式也许是最好的；不过关于这一点你可以向一个良好的书法教师或是任何字写得又好又快的人请教。他学会握笔后，第二步就应该学会怎样铺纸，怎样搁置手臂，以及怎样保持身体姿势。上述各种练习全都做过之后，有一个教他写字而不十分麻烦的方法，就是去找一块木板，刻上你最喜欢的字体。但是你必须记住，板上的字形要比他平常所写的大一些；因为不管是谁，被教授书法时，总是初学时字写得较大，后来则自然地越写越小，而决不会越写越大。上述木板刻好后，你可以取出几张上好的书写用纸，用红墨水把字印下来，他只要用一支好笔，上满墨水，照样子勾画一遍即可；开始时要向他示范：每个字母从哪里起笔、应如何组成，这样做，可以很快地使他的手能书写那些字母。这一步练熟后，他就应该到白纸上去练习；这样他就会便捷地掌握你所喜欢的书法。

161. 当他字写得既好又快时，我认为他不仅应继续习字，同时还可以进一步学习绘画，以改善手的用途；绘画对于一个绅士有时候是极有用的；尤其是在他旅行时；有些东西即使写满整整一页纸，都不能够表述清楚，使人理解，可是只要好好地画上几笔，组合起来，就可以将一个人的意见充分传达。一个人无论看见多少建筑，遇到多少车辆，以及领略过多少种类的服装，他只要施展一点绘画的技巧，就可容易地将它们的观念保持下来，传达给别人；倘若用词语去表示，则有丧失之虞，即使描述得极为确切，充其量也只会留下雾中看花的影子，难道不是这样吗？我的意思并不是希望令郎成为一个高明的画家；要达到像样的水平，耗时甚多，非一个青年绅士所可负担，因为他尚需在其他更加重要的事情上面求取进步。但是，假若他在绘画上只求懂得透视画法及技巧，除人像外，能将其他可视之物都画在纸上，并过得去，就可以了；我觉得这是很快就可以学会的，特别是如果他有绘画天才的话；不过，要是他缺乏这方面的才能，那么，除了绝对必要的事情以外，最好让他平静地过去就得了，而不要使他无端地遭受许多烦恼；所以在绘画与其他一切并非绝对必需的事情上面，规则都是一样的，这就是，不要违反米勒娃的意思。①

我曾被告之，速记作为艺术，只有在英格兰才为人们所知晓，并被认为值得学习，其原因是：一方面它可以使人们记下要记之物，其次是可以隐匿人们不愿公开之事。因为凡是学过任何一种文字的人，可以轻易地将那种文字加以变换，使之适合于自己的私人用途或奇想，如果再紧缩一下，就可以使之适合于自己将从事的职务之便了。里奇先生②发明的速记法是我所见过的速记法中最好的一种；我认为，凡是精通文法，而又肯于在此领域钻研的人，还可以将速写变得更容易、更简短。不过学习这种速写的方法，是用不着急于去找一位教师的；等他的手能够自如地运笔，字写得又好又快时，再寻找合适的机会，在任何时候去学习也为时不晚。因为孩子们很少用得着速记，在他们写的字尚未达到炉火纯青并成为固定的习惯前，决不要去练习速写。

---

① 这句话用的是拉丁语“Nihil invitâ Minervâ”。“米勒娃”（Minervâ）通译“雅典娜”，是希腊神话中的智慧女神（在罗马神话中称作“米勒娃”）。——译者注

② 里奇（Dr. Jeremiah Rich）是17世纪英国人。他在其叔叔卡特怀特（William Cartwrighy）发明的速记法的基础上，加以改进，于1642年对外发表速记研究成果，后冠之以《笔下的彻底灵巧》（*The Pens Dexterity Compleated*），受到洛克的赞赏。——译者注

（四）对外语学习的意见

162. 一到他能说英语的时候，他就应该学习别种语言。如果建议儿童去学的别种语言是法语，那是不会引起任何人的疑虑的。其理由是，一般人习惯于教授法语的正确方法，这就是经常用法语与儿童交谈，而不是诉诸于语法规则。如果常和儿童在一起的教师只与他说拉丁语，也只准他用拉丁语回答问题，那么，他的拉丁语一定也同样地容易学好。不过由于法语是一种时下流行的语言，更多地用在口语中，故应先学，可在儿童发音器官还很柔弱时开始，以使它能对那些规范的声音构成十分熟悉，从而养成法语发音纯正的习惯，这是耽搁愈久就愈不容易做到的。

163. 采用这种方法，通常花上一两年时间，他就可以将法语说好读通了，那时他就应该继续学习拉丁语；不过一些父母亲对此问题的态度令人费解，他们虽在法语教学上进行过成功的尝试，可是竟然并不觉得拉丁语也应采用同样的说与读的方法去学习。当儿童与教师在一起，通过说、读，而不是任何其他方式学习这些外语时，只有一点要注意的，就是他不可忘了读英语，这可以由他的母亲或其他人通过听他每天从《圣经》或别种英语书上选读几段文章等形式进行，他的英语可借此温习，不致淡忘。

164. 我认为拉丁语对于一个绅士是绝对必需的；毋庸置疑，支配着一切的习俗已将拉丁语变成了教育的一个如此重要的部分，以致许多儿童在皮鞭的淫威下被迫去学习这种语言，在难熬的学习中将许多宝贵的光阴付诸东流，尽管他们一旦离校，终生终世再也用不着和拉丁语打交道。一个做父亲的徒然耗费自己的金钱与儿子的时间，让他去学罗马人的语言，同时又打算叫他今后从事一项根本用不着拉丁语的职业，他在学校里面学到的一点拉丁语后来也难免不忘得精光，而且因为学习时受过夹磨，故他对于拉丁语也十之八九会感到厌恶；你想，世界上还有比这更为荒唐可笑的事情吗？

一种语言对于一个前途已确定的儿童的一生毫无用处，却仍被迫去入门；与此同时，写一手好字与算账技能在所有生活状态下，都会令人风光十足，尤其是在多数的商业上，绝对缺少不了，却被人们予以忽视，若非我们到处都有此种事例，这种情形难道能令人置信吗？但是，虽然这种种经商处世的本领在文法学校里是并不容易乃至根本无法获得的，然而事实上，不仅绅士们将其意在商界发展的年幼子弟送进了文法学校，就是商人和农夫也趋之若鹜，虽然他们既无意向，亦乏能力去使他们的孩子变成学者。假如你问他们为什么要这么做，他们会把你的问题看成是一个奇怪的问题，仿佛是问他们为什么要去教堂一样地奇怪。这里，习俗取代了理智，在如此行事的人看来，遵循习俗即是理由；这种做法是如此神圣，以至被人们几乎奉为宗教信条而遵守执行，他们恪守这种做法，就好像他们的孩子如果不学利黎①的文法，就等于没有接受正统的教育似的。

165. 不管拉丁语对于某些人是如何必要，对于另外某些人虽然毫无用处，也被看成是必要的；然而我经过考虑之后，却认为对于文法学校通常所用的教授拉丁语的方法是不能加以鼓励的。反对这种教法的理由是显而易见，能使人心悦诚服的，所以已使一些明达之士改变观念，停止走从众的老路，并获得了成效，虽然他们所用的方法还不完全是我所想象的便捷易行的方法；简而言之，这个方法，是这样的：绝对不要用文法去麻烦儿童，不必受规则的烦扰，像说英语一样，与儿童用拉丁语进行交谈；假如你肯思考，就不难明白，当儿童呱呱坠地时，在他看来，拉丁语并不比英语更生疏；但是他既不要先生、规则，也不要文法，就开始学英语了；学

① 利黎（William Lilly）是英国语言学家。他制定的语法经爱德华六世（1547—1553）的钦定，成为英国全国通用的拉丁语语法。——译者注

习拉丁语亦可照此办理，如同西塞罗[①]的样子，儿童只要经常有人与他讲拉丁语，这种语言就会不断长进。我们常常看见一位法国妇女教一个英国女孩法语，只过了一两年，英国女孩就可以用法语流畅地交谈及阅读了；法国女教师一点也不需要文法规则这类的东西，采取的主要做法就是与女孩闲聊，这就不能不令我感到奇怪，为什么绅士们在其子弟身上竟然忽视了运用这种行之有效的方法，还误认为儿子没有女儿聪明能干。

166. 所以，假如你能找到一个拉丁语说得流畅的人，与令郎形影相随，经常和他说拉丁语，不准他说或者读别种语言，这就是教授拉丁语的正途，我所建议的就是这种方法；因为这不仅是儿童习得一种语言的最易及最佳方法，可使儿童免受辛苦、不遭斥责，就能学会别人在学校里受教鞭驱使，花费六七年工夫才能学会的语言，同时还可以形成儿童的心理与风度，并且还可以使他学习别的几种科学，例如，地理、天文、年代学、解剖学的大部，历史的若干部分，以及其他各种在感官范围内而又基本上只须运用记忆的事物的知识。因为我们假如采用真实的方法，我们的知识就会源源而来，应在这些可感知的事物上面奠定基础，而不要在逻辑与形而上学的抽象观念上奠定基础。因为它们在悟性乍开始求知的时候，只能使悟性得到娱乐，而不能使之得到启迪。年轻人把脑筋用在这种抽象的思考上面，如果假以时日，仍不能取得成功与进步，或是不能得到他们预先期望的用处，他们就会无论对学习还是自身，都会产生一种轻视或自惭形秽的想法；他们觉得书本里面只有一些佶屈聱牙的字句和空泛的声音，此外一无所有，于是他们就会停止学习，抛弃书本了；再不然，他们就会得出结论：如果书本里确有真

① 原文为“Tully”，过去人们一般音译为“杜里”。实际上，此处（及本书中）指的是古罗马著名文学家、哲学家西塞罗（前106—前43）。西塞罗原名 Macus Tullius Cicero，但在流传中，有人将其中间的名字“Tullius”简化成“Tully”，并以此作为对他的称呼。洛克在本书中亦采用这一名字。——译者注

知灼见，他们自己则缺乏理解那种知识的悟性。如此而已，也许我依据自己的经验就可以向你作证。当一个年轻绅士的同龄人正在全力攻读拉丁语及其他语言时，他用我建议的方法学习的其他事物中，我还可以把几何学也加上去；我知道有一个用这种方法教养的年轻绅士，还不到十二岁，他就能够证明欧几里得几何学上的好几条定理了。

167. 不过，假如你找不到这样一个既会说拉丁语，又能在知识的所有领域承担起对令郎指导之责的人，愿意使用这种方法；那么，其次的一个最佳选择就是尽量用接近该办法的方式去教他，可以找一本易读而又有趣的书，如同《伊索寓言》之类，将英译文（要尽量直译）写在一行，将相应的拉丁文写在正上方的一行。让他天天反复诵读，直到完全了解了拉丁文的意义为止；然后再读别的寓言，也要到他完全掌握为止，练习时，即使他已经懂了的部分也不可删节，要不时复习一下，以免遗忘。当他习字的时候，可以用这些材料供他作抄写的范本，这样，他就既训练了手，同时又使拉丁文得到了进步。这种方法没有用拉丁语直接与儿童会话好；教的时候首先要使他熟悉动词的构造，然后再去准确地背熟名词与代词的变格，这样他就可熟悉拉丁语的精髓和风格；须知拉丁语的动词和名词不像现代的语言那样，字义变化的时候不是在词前加上虚词，而是改变词尾的音节。我认为超越以上范围的文法他是不必掌握的，以上学习要到他能够自己用斯齐俄彼阿斯和培利查阿斯的注释去读《圣米勒娃》的时候为止。①

（五）教师的合理教学方法及技巧

在对儿童的教学中，我认为还有一些事项是务必遵守的，就是

---

①《圣米勒娃》（*Sanctii Minervà*）是一部拉丁文法著作，作者是桑切斯（Francisco Sanchez），1587年初版。1664及1693年，由斯齐俄彼阿斯（Scioppius）和培利查阿斯（Perizonius）增加注释，在法兰克福等地再版。——译者注

在大多数的情形之下，如果他们遇到了困难，不宜通过提问的方式，要他们自己去寻找解决难题的途径，因为这会使他们更加迷茫；例如，问他们所要解释的句子里面的主格是什么；又如当他们不能迅速回答提问的时候，因为想要使得他们明白“abstulere”（已经带走）的意义，便先去问他们“aufero”（带走）是什么意思。这种做法徒然耗费时间，使得他们不安；因为当他们正在全神贯注地学习的时候，他们应该保持良好的心境，更使一切事情都变得容易，尽量使他们感到快乐。所以无论他们在什么地方停住不动，同时又想前进时，你不可斥责埋怨，而应立刻帮助他们克服困难。请记住，如果教师采用比较严厉、苛刻的手段，则纯系其骄傲、暴躁性格之体现；他指望儿童应掌握的知识和他自己知道的一样多，其实，他应该想通，他的任务是在使儿童养成习惯，而不是忿怒地反复向儿童灌输规则，规则对于我们人生行为的作用并不大，至少对于儿童没有用处，因为儿童对于规则是左耳进右耳出的。在需要运用理智的科学上面，我并不否认这种方法有时可以改变，可以故意设置一些障碍，去激发他们的努力，使他们的心理习惯于竭尽全力去推理。但是我觉得这在儿童年纪极小的时候或是在他们接触任何知识的入门阶段都不可行；那时一切事情的本身都是困难的，教师的重大作用和技巧就在尽力使得一切事情变得容易，尤其是在极少有机会为儿童摆正位置的语言学习问题上。因为依靠呆读死记与习惯才能学会的语言，当能流畅自如地表达时，一切文法规则都已统统置诸脑后。我承认，一种语言的文法有时候是要极其仔细地加以研究的，但是这种研究只能由一个沉浸其中，能批判性地了解某种语言的成人去做，很少是专门学者以外的其他人的工作。我觉得大家会同意，如果一个绅士要研究任何语言，他就应该研究他本国的语言，以便对于自己经常使用的语言获得一种绝对精确的理解。

做教员的人之所以不但不应为他们的学生制造困难，相反地应使他们的道路变得平坦，在他们趑趄不前时应立刻帮助他们前进，是基于另一个更深层的原因。儿童的心理是狭窄与脆弱的，通常一次只能容纳一种思想。一个儿童的头脑里面无论萌生了什么念头，顿时就为那件事情所缠绕，尤其是同时有激情相伴随的时候更是如此。所以，儿童学习任何事物的时候，教师应该施展其技巧，去为他们清除一切杂念，最好使他们心灵腾出地方来，专心致志地接受他们所应接受的思想，否则这些思想在他们的心里便不会留下印象。儿童的天性使得其心理飘忽不定，新奇的事物都可吸引他们；当此类事物出现时，他们就立刻急于去尝试，过后却很快就厌腻了。由于他们对同一件事物很快就会感到厌倦，所以他们的快乐几乎都是建立在变换与多样化上面的。要使儿童去固定他们的纷扰变换的思想，是与儿童时期的天性不相容的。这种情形不知是应归因于他们脑筋的气质，还是由于他们的血气旺盛，不够稳定，以致心理不能对其完全支配；显而易见的是，要儿童将思想长久地用在某一件事情上，对他们是一种痛苦。长久的、持续的注意是强加于他们的最苦的差事之一；所以，凡是要使儿童专心用功的人，就应该尽量使得他所提议的事情令人愉悦；至少应小心避免带来令人沮丧或惊吓的观念。如果他们拿起书本时全然没有喜悦及趣味盎然之感，他们的思想自然会远离令他们厌恶的事情，而在比较可喜的事物上面寻求较大的快乐，随后不可避免地闲荡，就是一件毫不奇怪之事了。

我知道，做教师的人常用的方法是，努力使学生注意力集中，如果发现学生有一点走神，他们就用训斥与惩罚去使他们将心思固定在当时所从事的事情上面。但是这种办法产生的效果必定适得其反。教师的愤激言词或打击使得儿童的内心产生恐怖，并迅速蔓延开来，占据了他的整个心理，使它再也没有容纳别的印象的空隙。我相信，读了上述这段话的人都一定会回忆起以前父母亲或教师的粗暴行为及专横训斥对自己精神的伤害；当时自己的脑筋因此变成了一片虚空，以致对于自己说的什么和听到的什么都茫无所知。他顿时丧失对所在环境的洞察力，他的心里充满了紊乱与慌张，在那种状态之下，再也不能注意任何事物了。

的确，父母和管理者应使受教的儿童敬畏自己，以确立自己的权威；并以此去管束他们；但是一旦获得了对于儿童的支配权以后，他们应当极为慎重地使用这种权利，不可把自己当成惊吓鸟儿的稻草人，使学生总是在他们的目光下战栗。这种严酷的办法，可使儿童容易管束，但是对于他们的益处却是微乎其微的。儿童的思想若是被某种情绪尤其是恐怖情绪所支配与骚扰时，他们就不应学习，因为恐怖对他们的稚嫩脆弱的精神会产生最强烈的印象。你要使他的心理接受你的教导，或者增加知识，就应该使之保持安逸平静。你不能在一颗战栗的心灵上写上美观平正的文字，正如同你不能在一张震动的纸上写上美观平正的文字是一样的道理。

教师的突出技巧在于集中并且保持学生的注意；一旦办到之后，他就可以在学生能力所及的范围内向前推进；如果他不能集中并保持学生的注意，他的所有忙乱辛劳就会是无的放矢。为了达到此目的，他应该使儿童理解（尽其所能地理解）他所教授的东西的用途，应该让儿童知道，利用他所学过的知识，他就能够做出以前所不能做的事情了；这种事情能给他以力量，使他具有真正的优势，凌驾于对此一无所知者之上。此外，教师在他的一切教导中，还要显得和蔼可亲；他可通过谦和的举止，使儿童知道教师是爱他的，他的良苦用心只是为了自己好，这是在儿童身上激发爱心，使之一心向学、热爱教师教导的惟一方法。

除了顽梗以外，对待任何事情都不应采用专横或粗暴的方式。儿童的所有其他过失都应采用温和的手段去改正；和蔼勉励的言语能够更好地做工作、更卓有成效地影响一个俯就的心灵，甚至可在相当程度上预防粗暴专横的做法常在健全豁达的心灵上所造成的刚愎任性的缺点。自然，顽梗和有意的玩忽职守是应予控制的，即使要用鞭挞也在所不惜；但是我认为，学生的刚愎任性常常是教师刚愎任性的结果；此外，儿童如果不是因为受了不必要的和施用不得其法的粗暴待遇，从而形成了逆反性格，以致憎恶他们的教师、憎恶从教师而来的一切事物，那么，大多数儿童很少应受到体罚的处分。

漫不经心、疏忽健忘、见异思迁、神志恍惚，这些都是儿童时期的自然的缺点；所以，只要他们不是有意表现，应予温和地提醒，假以时日，逐渐地克服。如果属于此类缺点的每一过失都引发恼怒与申斥，则训斥和惩罚的机会必然频繁到来，以致教师在学生的心目中变成一个永远可怕的、令人不安的对象。单是这一点就足以妨碍学生从教师的授课中获益，使他的一切教学方法统统难以奏效。对于儿童，他应经常流露出亲切与善意，并以此调剂他施予儿童心灵的对他的敬畏之感，这种亲切与善意的情感可激励儿童去完成其本职工作，使之乐于服从他的命令。这就可以使他们赢得教师的青睐，可使他们听教师的话时，就像是听从一位对自己关怀备至，为自己好而甘愿吃苦受罪的朋友一样；这就可以使他们在与教师相处时感到安适、自在，只有具备这种情绪，心灵才能接收新的知识，才能容许各种印象进入，那些印象如果不被他们所接收、所保持，那么，他们和教师合作所做的一切均告徒劳；其中不快的情绪多，而学习的成效微乎其微。

（六）学习拉丁语的方法及对传统教法的批评

168. 用拉丁文与英文相间排列的办法，使儿童具备了关于拉丁文的相当知识，之后他就可以前进一步，去阅读别的简单的拉丁文书籍，诸如查士丁或攸特罗彼阿斯①等的著作；为了使他在阅读

① 查士丁（Justin）及攸特罗彼阿斯（Eutropius）是拉丁语学者。他们曾致力于一些重要拉丁文著作的简化。前者曾将特洛佳（Pompeius Trogus）的《历史演说》（*Historiae Philippcae*）改编成删节本（1609）；后者曾出版过《罗马史摘要》（*Historiae Romanae Breviarium*）（1683）——译者注。

和理解方面减少沉闷、困难的感觉，如果他乐意，可让他用英译本去帮助自己。有人说，这样一来，儿童认识拉丁语只能通过死记硬背了，不能让这种反对意见吓唬任何人。如果仔细思考一下，就会感到，这种说法不仅在任何时候都不能用作反对采取上述方法去学习语言的理由，而且这种方法显然是符合语言学习方式的。因为语言是只能通过死记硬背去学会的；那些不肯通过反复记忆背诵而将英语或拉丁语说得流畅的人认为，一个人要开口时，一心只想着他要说的事情，毋须考虑语法规则，他的舌头自然而然地就会恰如其分地表情达意，运用那种语言的成语警句；我认为这种人既不能将英语或拉丁语说好，更谈不上精通了。我很愿意获悉某君的尊姓大名，他能告诉我一种通过文法规则，任何人都可以按其所能学会或说好的语言。语言不是规则或人为造成的，而是由于偶发事件及人们的共同使用而形成的，凡是想把语言说好的人，只有那条规则可守：他不能信托任何别的东西，而只能信托记忆，信托一种说话习惯。根据这种习惯，人们要遵循师从能说会道者学习的时尚，换言之，就是只有依靠死记硬背去学会说。

也许有人在这里会问：然而文法就没有用处了吗？难道那些人们花费许多气力才总结出来的几种语言的规则与解说，写下数量如此众多的关于各种词类的变格、各种变化形式，以及关于性、数、格一致与各种句法的人，都是白费气力，学了这些东西真是毫无用处吗？我并不这样认为，文法自有它的地位。但是我认为我可以说，文法引起的骚扰太多，大大超过了实际的需要，那些为了文法吃尽苦头的人，其实他们并不需要文法；我的意思是指那些在文法学校里面因为文法常受困扰的儿童。用死记硬背方法学会的语言，对于应付生活和一般商业上的共同事务是足够了，这是一件不言自明之事。不仅如此，那些身份高贵，与教养良好的同伴长期相处的妇女也向我们揭示：几乎不学文法或不具备文法知识，采用这种平易自然的方式，同样可以使她们的言语显得极为文雅优美、礼貌得体。有些从来不知道何谓动词的时态与分词，不知何谓副词与介词的女子，说起话来，其得体及用词之正确程度，也与一般文法学校用通行的方法教养出来的大多数绅士没有区别（如果我说她们的说话和乡村学校教师是差不多的，她们还会勃然动容呢）。所以我们说文法在某些情形下是可以不学的。接着有人一定会问，什么人才该学文法，并且应在什么时候开始呢？对于这个问题，我的答复如下。

（1）学习语言的目的是出于日常的社会交往及共同生活中的思想交流之需，除此之外并无进一步的用处。对于这个目标，通过会话去学习一种语言的基本方式不仅已经够用，而且因为它最迅捷、最合适、最自然，不失为一个较好的方法。因此，就语言的此项用途而言，人们也许可以答道：文法并非必需。对于这一观点，我的许多读者不能不认可，因为他们明白我在此处所说话的含义，一个人在与他人交谈时，即便他从未学过英语文法，也可以了解他人的意思。我认为用这种方式交流的人在英国人中毫无疑问占了绝大多数，至于通过规则而学会母语的人，迄今我还从未听说过呢。

（2）此外还有一种人，其中绝大多数在世上是靠嘴巴及笔杆子过活；如果方便的话，他们最好能将话说得合适而又正确（虽然并非必需），好使自己的思想更容易地进入别人的心灵，留下更深刻的印象。有鉴于此，对于一个绅士来说，无论使用哪种说法，仅仅使人明白意思是不够的。他应该研究各种有助于他流畅表述的文法，但必须是他母语的、正在使用的语言的文法，以使他准确无误地懂得国语，谈吐得当，避免用一些文理不通的、冒犯人的不合规范的话，使听者感到刺耳。文法对于实现这一目的是必需的；但是仅限于他们自己的固有语言的文法，只限于那些努力对自己的语言加以修习并使文体趋于完善之人。至于一切绅士是不是不应该这样去做，我将此问题留待思考，既然人们认为说话不得体以及缺乏文法准确性是有悖于绅士阶层之一员的身份的，因此一个人有了这种缺憾常常颇遭訾议，被指责为系因过去未曾受到良好教养，以及与其身份不合之狐朋狗友交往使然。如果人们认可这种说法（我姑且假定这种说法是对的），那么，为什么一方面年轻绅士们被强迫去学习外国的、且已死亡的语言的文法，同时却从未有人将他们本国语言的文法告诉他们，这就不能不算是一件蹊跷之事了。他们根本不知道有这种东西，更谈不上就教从师了。加之从未有人告诉他们，说他们的本国语言是值得他们关注、值得他们修习的，虽然他们天天都要使用国语，而且在其未来的生涯中，表述得优美或是拙劣，常常被人们当作评价他们人品的标准。至于他们潜心研究过文法的语言，日后他们也许很少有说写的机会；即使有了使用的机会，他们使用不当的错误也会得到别人的谅解。假如有一个中国人注意到了这种教养方式，岂不会萌生遐想，以为我们的年轻绅士们全都是预定去当专教外国死文字的教师或教授，而不是成为国语的行家里手吗？

（3）此外还有第三种人，他们潜心研究两三种已死亡的，我们又称之为习得的外语，努力激发自己对这些语言技巧的兴趣。毫无疑问，凡是以这种眼光去学习某种语言，希望精通那种语言的人，当然应该仔细研究其文法。此处，我不希望被人误会，以为这是在贬低希腊语和拉丁语的价值，我承认这两种语言用途很广，且非常优美，一个对其茫然不知的门外汉在世界的这个地盘上不可能有任何地位可言。但是一个绅士通常要从罗马及希腊作家中间获得于己有用的知识，我认为，他尽可不必研究文法，而在单靠阅读就充分理解这些语言的情况下达到他的目的。关于今后对这两种语言中的不管哪一种的文法及其精确性的关注应达到何种程度，那是在他产生研究之需时，可由他自行决定的。这就把我引向了问题的另外一部分了，即：何时教授文法为宜？基于上述前提，对此问题的答复是显而易见的，就是：如果在任何时候须教授文法，必须教给一个已经能说那种语言的人；否则他怎么能够受教呢？对于这一点，至少可从古代那些睿智、学术发达的国家获得证据。他们将文法当作修习本国语言，而不是外国语言的教育的一部分。希腊人将别的民族视为化外之人，同时鄙视他们的语言。在罗马共和制末期，虽然希腊的学问备受推崇，但是罗马青年研究的还是罗马人的语言；他们使用的是他们自己的语言，所以他们所学的和练习的也都是他们自己的语言。

但是，如果要较为具体地确定教授文法的适当时机，我认为文法可以作为修辞学的导论，此外我就看不出可供人们研究的其他理由了；一个人要到须对自己的言词小心润饰，表述胜过未受教育者时，方才可以学习文法规则，在此以前则不宜学习。因为文法的功用不在使人能说话，而在使人将话说得正确，且能按照语言的确切规则去说，这是使语言优美的要素之一，如果一个人说话不必求美，文法上的规则对他来说就几乎无用了；如果修辞学不是必修之课，文法也就可暂付阙如了。我不明白为什么一个不想当拉丁语批评家，或者不想用拉丁语演说，或者不想用拉丁语写急件的人，却要去浪费时间，为拉丁语的文法大伤其神。一个人如果自己觉得有某种必要，或者怀有某种心情，要去探究某种外语，希望确切地了解它，他是应将足够多的时间用于文法研究的，如果他使用这种语言的目的仅在看懂用那种语言写出的书籍，不求精通那种语言本身，那么，我已说过，单是阅读就足以达到此目的，而不必使心灵承受记忆众多规则和错综复杂的文法之苦。

169. 为了让儿童练习书写或写作，有时你可以令他将拉丁语译成英语；但是拉丁语的学习则仅限于拉丁语单词的学习，这种工作无论对于年轻人或年龄大的人来说都是一件兴味索然之事，所以你应尽力在这些工作中增加一些真实的知识，开始时，还是应利用感官去感知那些最易明白的事物，包括诸如矿物、植物和动物的知识，尤其是树木、果树及其构造、种植方法的知识，其中有许多东西都可以教给儿童，同时对于成人也并非毫无用处；至于地理、天文和解剖学更应加以利用。不过无论你教他什么东西，都要小心在意，不可一次塞得太多；同时除了纯粹的德行以外，不可将任何事情当成他的任务，除了邪恶或明显的邪恶倾向以外，不可为任何事情责备他。

170. 但是如果命运决定了他必须进学校去学拉丁语，那么，即使我将我认为的在学校中应该采用的最佳方法告诉你，也是徒劳之举；你只能顺从学校的陈规旧制，不能指望学校的一切为令郎一人而改变；但是如果可能的话，你应当用尽一切方法，使他不要作拉丁语作文和演讲，尤其不要作任何韵文。如果这种办法有所裨益，你就应该坚持不懈，并表示你不打算把他变成一个拉丁语的演说家或诗人，只要他对一个拉丁语的作家的作品能完全理解即可；你还应表明的是，根据你的观察，那些担任现代语言教学且成效斐然的教师，也从来不会为了逗乐而要学生用法语或意大利语演说或作诗，他们的事务仅限于语言，而非构想。

171. 但是为什么不要他练习作文、吟诗，我还要稍为详细地告诉你理由。首先，我承认，作文有个有用的借口，就是声称对于无论何种主题，它都可以教人将话说得冠冕堂皇、流利畅达；假如真能用这种方式去达到这个目的，诚然不失为一大优点，能够随时根据当时目的，侃侃而谈，对于一个绅士来说，没有什么比这更不可少了，也没有什么比这在生活的一切场合中更为有用了，但是我要指出，一般学校里采用的作文方法完全无助于这一目标的实现；你只要考虑一下，青年人做作文的时候在搞些什么，就不难明白；他们所从事的无非是利用某些拉丁成语，例如“爱情战胜一切”①或“战场上不允许犯两次错”②之类去杜撰一篇演说词而已。可怜

① 原文是拉丁文：“Omnia vincit Amor”，出自罗马作家威吉尔（Virgil），*Ecl*. x. 69。——译者注

② 原文是拉丁文：“Non licet in Bello bis peccare”，传为雅典将军拉马求斯（Lamachus）的名言。出自伊拉斯谟的《箴言集》，（*Adagia*），iii. 1. 31。——译者注

的年轻人，他对于那些自己要谈论的事情一无所知，——须知，这些事情只能依靠时间与观察去懂得，但又不能不绞尽脑汁、冥思苦想，去在他一窍不通的事情上面勉强发议论；这简直是一种埃及式的暴政，他们缺乏制砖的材料，却偏要吩咐他们去做砖。所以，在这种情形之下，可怜的孩子们常常跑去向高年级的同学求助，对他们说："请你给我一点感觉吧！"这种情形究竟是合情合理的成分多还是荒谬可笑的成分多，一时恐怕难下断语。一个人在具备能力就某一话题发表评论之前，他应该先去熟悉那个题目；如果让他贸然发言，其愚蠢程度则无异于叫一个盲人去谈色彩，或者叫一个聋人去谈音乐一样。如果有一个人邀请另外一个完全不懂得我们法律的人到我们的民众集会上辩论一个法律问题，你不会觉得他有点发颠吗？然而为了增强和训练学生的想象力，一些教师常常叫他们去做作文，讨论某些事情，我且请问，这些学生对于作文的题材又懂得些什么？

172. 其次，请你想想他们做作文所用的语言；那是拉丁语，是一种曾在一些外国通行，但后来不论在何处，都早已死亡了的语言；这种语言是令郎在成人后的一生中，未必有千分之一的机会去用来发表演讲的；况且用这种语言表述观点的方式与母语又大相径庭，即便学精了，对于其英语文体的纯粹与熟练也无甚裨益。此外，在我们英国的各项事务中，现在极少有使用事先撰写好的英文讲稿的场合或用途，所以我看不出我们学校里采用这种练习有什么道理，除非这种练习有以下用途：即学习撰写拉丁语演讲稿是教会人们用英语即席演讲的必要途径。而我认为，要使一个人具备即席演说的才能，宁可采取以下方法：按照年轻绅士的年龄与接受能力，就某些他们似懂非懂但利害相关的题材，提出合理而且有益的问题，当他们已成熟到能进行此类性质的练习时，叫他们在所在场合，立即或者稍微思索一下就谈论某一话题，这样做时是没有任何写好的材料可资利用的。我姑且问你，如果我们能采用这种方式去考查学生学习说话的效果，那么一旦学生有了参加辩论的机会，哪种人能做到无往而不胜呢？是那些习惯于在说话之前要有写好的讲稿的人呢，还是那些只去思考所处的情境，力求将其理解得清楚明白，依靠自身能力，即席发表讲话的人呢？谁只要肯从这种角度进行判断就不会认为，习惯于用经过字斟句酌的演讲词和现成文稿去发言的方式，是适合于一个年轻绅士应付不同情境的各种事务了。

173. 但是也许有人会告诉我们，说作文的目的乃是增进和完善他们拉丁语的能力。诚然，练习作文是他们在学校里的正当事务；但是作文不是达到这个目的的正当途径；作文使他们的头脑因为挖空心思要去找些事情说而变得颠三倒四，不是要去学习字词的意义；他们作文时所寻找以及努力追求的不是语言，而是思想，但是学习和精通一种语言，其本身就是一件远非安逸、愉快的事情。不应该像这种方式行事，又用其他困难去拖累它。总之，如果我们想用这种训练去促进儿童的创造力，就让他们用英语写作吧，因为他们熟悉英语字词，运用自如，当他们用本国语言写作时，就比较容易看出是一种什么思想。如果拉丁语非学不可，就应该采用最容易的方式，不可用诸如杜撰演说词之类的困难的工作，去使其心理遭受磨难煎熬并产生厌恶情绪。

174. 如果上述理由可以用来反对儿童在学校里用拉丁文作文，那么，我还有更多更有分量的话，去反对他们练习写作诗歌韵文，包括任何种类的诗文。因为假如他缺乏作诗的天才，却偏要使这个孩子吃尽苦头，把大好光阴白白浪费在毫无成功希望的事情上，那真是一件世界上最不通情理的事情；如果他本来具有诗人的气质，而做父亲的人却还希望或听任这种气质得到培养与改进，在我看来，那就是世界上一件最怪诞的事情。我认为做父母的人应该尽其可能将这种苗头打压下去；我不明白一个为人父者持有何种理由，竟希望他的儿子成为一个诗人，与此同时，他又不情愿其子蔑视其他一切职务与工作；但这还不是最坏的情形，因为假如他一旦被认可为一个成功的诗人，获得了一个才子的声誉，我希望人们考虑，看他会在与何种伙伴的交往及何种场合的流连中耗尽他的光阴，不仅如此，此外还有他的财产也是一样；因为一个人在诗文之府(Parnassus) 里发现金矿或银矿实属极为罕见之事。诗文之府的外观逗人喜爱，但却是一块不毛之地；世上极少有人从这块田地里获得了收成，去增加他们的遗产。诗和赌博通常不分家，它们在这种地方的情形相似，除了那些没有任何谋生本领的混混外，人们难以从彼处获益。有钱人几乎总是为它而蒙受损失；他们只要未将全部(或主要) 家产失掉就算万幸了。所以，假如你不愿将令郎变成其寻欢作乐伙伴的四弦琴，使他们离了他就觉得喝酒也不能亢奋，甚至不知如何消磨整个下午；如果你不愿让他空耗自己的时间与金钱去给人逗乐，同时将其祖上留下的污迹斑斑的田地视若草芥，那么，他是否成为一个诗人，或他所在学校的教师是否将他导入诗文之府，我想，对于此类问题你是不会十分介意的。然而，万一有人认为作诗是他的儿子应有的素养，觉得学习赋诗可以增进其子的想象力和才华，他就必须承认，欲达此目的，与其让儿子用非本国语言写一些生硬蹩脚的诗歌，还不如让他阅读凝炼优美的希腊与罗马诗人的作品来得有用。至于那些想在英语诗创作上有所突破的人，我想，他是不会以为应当先从拉丁诗着手才能达到其目的的。

175. 在我看来，文法学校中流行的方法（这是又一常见之事）也是毫无益处的，除非其目的乃是阻碍青年对于语言的学习，我主张这种学习应该尽力变得轻松、愉快；使人痛苦的成分应该尽量剔除。我的意思及此处所反对的，是他们被迫去熟记要求掌握的众多作家的作品；我觉得这种做法毫无裨益可言，尤其是对于他们所从事的工作，更是如此。学习语言只能依靠阅读与谈话，对一些作家浅尝辄止，定难奏效；一个人的头脑里一旦塞满了这些浮光掠影的东西，他就是得到一个恰如其分的学究的装饰品，乃至踏上了成为一个学究之路；世界上再也没有什么东西比这种装饰品更不适合于一个绅士的身份了。因为一个人自己头脑空乏贫弱，却拾他人的丰富思想及华丽言辞之牙慧，并交相混杂，世上能有比这更为滑稽可笑的事吗？其结果只会更加暴露自己的不足而已，他们的言词里是一点优雅的韵味也没有的，他们自然也不可能是博得欢迎的演说者，这种情形犹如在一件陈旧的褐布外套上，缝上大块鲜红夺目的缎子补丁一样。诚然，当人们看到一段值得记忆的文章，其表达非常紧凑、精彩（诸如此类文章在古代作家中是很多的），他们不失时机地要年轻学子用心记住，有时用这些名人大家的脍炙人口之作来训练学生的记忆，自然未尝不可。但是在他们需要熟记的功课中，若要他们对书籍不加挑选或鉴别，见一本就读一本，我却看不出有何益处，这样做只会徒然浪费他们的时间和精力，使他们憎恶书本，因为除了无益的麻烦外，他们从中一无所获。

176. 我听见有人说过，儿童应该用熟记的方式去吸收外界事物，去锻炼与增强其记忆力。我希望这种说法里理智的根据和自信的唐突一样多，我还希望这种实践主要建立在精细的观察，而不是古老的习俗之上；因为很明显，记忆的强度归功于幸福的体质，而非训练引起的任何习惯的改进。诚然，如果心理专注于某事，惟恐遗忘，故时时回忆，常常得新的印象，这样就可将那件事记住，不过这样做时主要还依靠自身记忆力固有的自然强度。一个印在蜂蜡或铅材上的印象决没有印在黄铜或钢铁材质上的持久。如果印象常常重现，的确它可以比较持久；但是每一次新的回想就是一个新的印象；如果你要知道心灵能够记住多久，你就应从新的印象算起。不过记熟一页页的拉丁文却并未更有助于人的记忆力去保留住其他任何事物，这就好像在一块铅材上刻上一句话，未必就更能牢固地保持别的字句一样。假如这种记忆的训练果真能给记忆注入力量，增强我们的才干，那么，所有其他国家的演员们就应该有最好的记忆，并是最好的伴侣。但是以此种方式进入他们头脑的杂乱的东西究竟能否使他们更好地记住其他事物呢？他们将别人的言词烂熟于心，而他们的才华又是否能与他们所花费的辛劳成比例地增进呢？这些都是经验可以提供证明的。记忆在人生的各个时期与各种状况下都甚属必需，缺少它则将一事无成，如果训练可以使之增强，我们则用不着担心它因缺少训练而变得迟钝及无能。不过我担心这种心理能力不是用任何训练或努力就可大为获益乃至全面改善的，至少在文法学校中，这一借口难以奏效。据传薛西斯能叫出其军队里十来万士兵每人的姓名，① 我猜想他之所以具有这种非凡的能力，并不是小时候死记功课得来的。这种抛开书本辛苦地背诵读过的东西，以期训练和增进记忆力的方法，我认为，在王子的教育中极少运用，假如这种方法真有人们传说的长处，则王子岂能像那些地位最卑微的学生一样，对此毫不在意吗？王子也与任何人一样，需要良好的记忆力，他们的这种能力通常也与别人难分仲伯；虽然从未有人在这方面留意过。凡是心理所注意、所专心的事情，它就记得最好，其理由上面已经提及；如果将方法与秩序结合，即大功告成，我认为那样做对于贫弱的记忆就算是尽到了帮助；如果有人要采用任何别的方法，尤其是用别人的成串的言词来充实自己，而学习者自己其实并不专心，我觉得那就实属事倍功半的蚀本之举了。

我此处的意思并不是说不要给儿童的记忆以训练。我认为他们的记忆应该运用，但是不能用于整页整页地背诵学习书本，因为一旦功课念过了，工作完毕之后，他们又把它抛到九霄云外，从此再也不予理会。这种办法既不能够增强记忆，也不能够改进心理。他们对于作家所应牢记的事项，我在上面已经提及；一旦让他们去记这些满含睿智的有用的文句之后，他们就决不应该再将其忘却，而应常被叫去说明其意义；这样一来，除了这些文句都是一些良好的

① 薛西斯（Xerxes）是对古波斯帝国国王居鲁士（Cyrus，约前600—前529）的误称。据古希腊作家色诺芬在 *Cyrus*. 5. 3. 46—50 中写道，居鲁士能叫出他的“所有军官”的名字；但后来在一些作者的笔下（例如，Valerius Maximus 8. 7. ext. 16）变成了“所有部下”。——译者注

规则与观察，对他们将来的生活不无裨益外，他们还可学会时常反省，想想自己应记些什么，这是使记忆变得敏捷、管用的惟一方法。时常反省的习惯可以使他们的心理不会野马脱缰，可以将他们的思想从无益的、乏味的漫游中召唤回家；所以，我认为最好每天安排一些事物，让他们去记忆，不过所记之事自身应是值得记忆的，应是一旦你呼唤，或是他们自己搜索时，就绝不会在你心灵里找不到的东西。这样就可以迫使他们经常思想集中，你不可能指望他们能养成比这更好的智能上的习惯了。

177. 但是，当儿童尚处于生命中稚嫩可塑的年岁时，无论由谁照料、教导，毋容置疑的一件事就是：管理者应该认定拉丁语乃是教育上最无关紧要的一部分；须知德行与善良的心灵较之任何学问或语言都更为重要，他的主要工作应放在形成学生的心理，使之具有一种正确的心性上；一旦做到这一点，对于所有其他事物纵然不予注意，到了一定的时候，它们也会自然产生出来；如果没有做到这一点，不能将不良乃至邪恶的习惯拒之门外，则语言、科学，以及教育上的其他一切成就除了制造更为卑下、危险的人物外，岂能有其他的效果。

诚然，人们为了学习拉丁语而被弄得焦头烂额，以为这是一件重大而困难的工作，然而他的母亲只要每天肯在他身上花两三小时，令其对她朗读用拉丁文写成的《福音书》，她就可以自己承担起教子之责；她只要买一本拉丁文的《圣经》，请人找出多音节的拉丁文字词，并在最末第二个是长音的音节上加以标记，就能调节她的发音，使她读得出重音了；每天阅读《福音书》时，最好避免以拉丁语去理解。如果她弄懂了拉丁文的《福音书》，还可以用同样的方法去读《伊索寓言》、“攸特罗彼阿斯”、“查士丁”以及其他同类书籍。我之所以提到这个办法，并不是奇思乱想的产物，我确实知道有人实践过，并运用这种方法轻轻松松地学会了拉丁语。

但是姑且回到我所说的本题吧；对年轻人承担教养之责的人，

尤其是负责教养年轻绅士的人，他所应具备的不仅是拉丁语的素养，甚至也不仅是文科知识，他应该是一个德行高尚、稳健、明达、脾气温和并具有技巧的人，在和学生的日常谈话中，总是显得庄重自如、和蔼可亲。不过关于这方面的要求，我在别处已经说得够多了。

（七）一般文化课的设置及学习方法

178. 前已提及，一个儿童学习法语与拉丁语的时候，同时也可以学习算术、地理、年代学、历史和几何。如果用法语或拉丁语教他这些知识，一旦他懂得这两种语言中的任何一种之后，他便在语言学习的收获之余，又获得了这些学科的知识。

我认为应从地理的学习开始，可以学习地球的地貌、世界四大组成部分的位置与疆界，以及某些特殊王国与国家的位置与国界；不过，这仅仅是一种视觉与记忆力的训练，一个儿童一定会快快乐乐地去学习，并将所学到的东西记住。这一点是毫无疑问的。现在，我住的宅子里就有一个孩子，他的母亲应用这种方法教孩子地理，成效如此之大，以至他还不到六岁，就已经知道了世界四大部分的界限，如果提问，他能够立即在地球仪上指出任何国家，在英格兰的地图上指出任何郡县；他知道世界上一切大的江河、海角、海峡、海湾，能够找出任何地点的经度与纬度。我承认，他应当从地球仪上学到的，当然不止这些仅通过视力及背诵记忆而掌握的事物。然而这是坚实的一步，是朝向目标的准备，一旦他的判断力足够成熟了，余下的一切就会变得轻而易举；现在他的时间相当充裕；受求知的愉悦感驱使，在不知不觉中他就可学会语言。

179. 当他记住了地球仪上的各个自然部分之后，学习算术的时机便已到来。所谓的地球仪上的各个自然部分，我是指用各种名称与国别去称呼的陆地与海洋的位置，那些人为的和想象的界线并不包括在内，这些界线全是人们构想出来，专供支持地理科学的改进之用。

180. 算术是心理通常所具有，或习惯于使自身具有的抽象推理的最简单，因而自然是位居第一的类型，它在日常生活、事务的各个部分用途甚广，缺少了它，几乎任何事情都休想办成。诚然，一个人在算术方面不可能懂得过多，也不可能过分完善；所以一旦他具备了计数能力，就应立刻去练习计数；他每天都应进行这种练习，直到掌握了数的技术。当他懂得了加法与减法时，他可以进一步去学习地理，等到他把两极、带、平行圈与子午线弄明白之后，就可教他了解经度及纬度，并使他从经纬度去学会使用地图，从地图两侧的数目字去了解各个国家的位置，并学会在地球仪上找出那些国家。

上述事情他都会做之后，那时他就可以去研究天球仪；他应将那些圆圈全部重温一遍，尤其要注意观察黄道或黄道带，务使之在心里全都清楚明白，然后就可教之以各种星座的形状及位置，不妨先在天球仪上演示，然后再转到天空的实物。等到这些事情完成，他将我们所在半球的星座了如指掌之后，这时就可以向他传授一些关于我们这个行星世界的观念；为此目的，不妨使他知道哥白尼(Copernican）学说的梗概，并向他解释行星的位置、每个行星与其旋转的中心——太阳的距离。这就可以通过最简单、自然的方式，使之了解行星的运行及其学说。既然天文学家不再怀疑行星是围绕太阳运行的，他就应从这种对学习者来说不单最简明、最少困惑，同时其本身也最符合真理的假设出发。不过在这方面也与其他事物的教导一样，对儿童授课时，务必小心在意，要从明白简单的地方开始，一次教授的内容要尽量减少，须等到有关材料在他们头脑里扎根，教学才可继续进行，才可再教那门科学里面的新材料。最初可以给他们一个简单的观念，当看到他们正确吸收、充分理解之后，然后要做的事是，在达到你目的的路途中，挑出第二个简单的观念，并增加到第一个上面，这样温和地、不知不觉地一步一步迈向前去，不会错乱，也勿需惊慌，儿童的悟性就可以开启，思想就可以拓展，乃至远远超过人们可以预期的程度。此外，一个人如果学会某种知识，要使他记忆牢靠，要鼓励他继续前进，最好的方法则莫过于使他将这种知识再转教别人。

181. 当他按照上述方法、熟悉了地球仪与天球仪后，就可以学一点几何了；我认为，有了欧几里得的前六本书，就足以满足他的几何教学之需了。因为对于一个事业家来说，再多学一些是否必要或有益，对此我确实有些怀疑。至少有一点是清楚的，这就是，如果他具有几何的天才与性向，在从师学过这么多内容后，即使没有教师指导，他也可以独立前行了。

所以地球仪及天球仪是应予研究的，而且应勤加研究；我认为，如果教师能够仔细地分辨什么是儿童所能知道的，什么是不能知道的，学习还可以尽早开始；这里有一条规则，其通用范围或许甚广，就是：只要在儿童的感觉范围之内，尤其是在视觉范围以内，无论什么事情，都可以教给儿童，作为他们记忆力的训练；比如一个幼小的孩子，几乎在他刚刚知道自己所居住的房屋后，立刻就可以在地球仪上面学习，了解赤道、子午线、欧洲，以及英格兰位于何处，如果有什么要注意的，那就是一次不要教得太多，在所教的材料尚未完全领会并在记忆中扎根之前，切勿教授新的材料。

182. 年代学应该和地理同时学习，齐头并进。我的意思是指年代学的总体轮廓，以使他在心灵中对于整个时间的进程以及历史上的福泽后世的若干显赫时代有所认识。在缺少这两门学科的情况下，作为精明、持重及公民知识之支配者的历史，应是现实世界中的绅士或事业家应予适当研究的；不过我还是要说，如果缺乏地理与年代学知识，历史在人们记忆中就会严重失真走样，并变得几乎无用了；它只会沦为既没有秩序、也缺乏教益的一堆乱七八糟事实材料的堆积。有了年代学与地理，就可以将人类的活动按照时间与国别分别归入适当位置，这样一来，不仅那些活动比较容易记住，而且只有在这种自然的秩序下，它们才便于观察，从而使人在阅读时变成更好、更能干的读者。

183. 当我说年代学应当成为他精通的一门科学时，我并不是指年代学里的琐屑争议。这种争议是无穷无尽的，其中大部分对于一个绅士无关紧要，即使它们容易获得了断，也不值得去探讨。因此，所有涉及那些年代学家间的学术性争吵及喧嚣应该完全避免。关于这门学问，我所看见的一本最有用的书是斯特劳奇乌斯的不长的论文，共印刷了 12 次，书名叫作《年代学要略》①，一个年轻绅士对于年代学所应具备的知识均可从中选出；这是因为学生不必为书中的所有材料所拖累。他将一切最著名或最有益的时期都转化成儒略历②，这是一个年代学上所能利用的最为便捷、简明、可靠的方法。除了斯特劳奇乌斯这本书外，还可以加上爱尔法格斯的年代表③，这是一本任何场合都用得着的书。

184. 最能给人教训的是历史，最能使人得到愉快的也是历史。由于它能给人教益，故应由成人去研究；因为它能给人愉悦，所以我觉得它最适合于一个少年去学习；一旦他学过了年代学，知道了本地所经历的几个时代，而又能将其变成儒略历以后，他就应该去学一点拉丁语的历史了。选择的时候要以文体平易为准；无论他从什么地方读起，借助于年代学，他的阅读可以避免杂乱无章，此外，题材有乐趣，就会吸引他去读，在不知不觉之中就将语言学到

---

① 斯特劳奇乌斯（Strauchius，或称 Aegidius Strauch）是德国学者，他的《年代学要略》（*Breviarium Chronologicum*）于 1657 年在维登堡出版，英译本于 1699 年出版。——译者注

② 儒略历（Julian Period），又称旧历，是儒略·凯撒为改革罗马历而建立的记日系统。自 1582 年提出格雷果里（格列高利）历以来，儒略历已被逐渐抛弃。——译者注

③ 爱尔法格斯（Helvicus，或 Christoph Helwig）是德国学者。他的内容广泛的《历史编年记》（*Chronologia universalis ab origine munadi per quattuorsumma imperia*）于 1618 年在吉森出版，英译本出版于 1687 年。——译者注

家，不至于像一般儿童那样，因为要去阅读他们的力所不及的书籍，诸如罗马演说家和诗人的作品等（其目的只是为了学习罗马语言），而大伤其神，乃致焦头烂额。当他读过并通晓了较易理解的作家（此类作家可能包括查士丁、攸特罗彼阿斯、昆塔斯·库齐乌斯①等）的作品，然后再去阅读稍难理解的作家作品就不会有太大的麻烦；这样从文体最简明、最易解的历史学家渐渐读去，最后最深邃、最超脱的拉丁语作家的作品，诸如西塞罗（Tully）、威吉尔（Virgil）② 和荷拉斯（Horace）等人的作品，也都不在话下了。

185. 如果从儿童一开始就在其力所能及的一切事情上，多通过实践，而少依靠规则，去学习关于德行的知识；如果他能养成以爱好名誉去取代满足私欲的习惯，我不知道除了《圣经》所载之外，他是否还应再读别种关于道德的论文；此外，我也不知道，在作为生活之指导，须掌握德行的原则与戒律，而不是像学生要学拉丁语一样去读西塞罗的《职务论》（*Office*）之前，他是否应掌握伦理学的体系。

186. 当他充分消化了西塞罗的《职务论》，同时又学过了浦芬多夫③的《论人类及公民的职责》（*de Officio hominis & civis*）之后，他就应及时去读格老秀斯（Grotius）④ 的《论战争及和平的法律》（*de Jure Belli & Pacis*），或者也许是浦芬多夫的一本更好的书，叫作《论自然法及国际法》（*de Jure naturali & Gentium*）；

① 昆塔斯·库齐乌斯（Quintus Curtius）是早期罗马历史学家，著作有《伟大的亚历山大》等。——译者注

② 在洛克的原书中，威吉尔的原文是“Virgil”，疑为“Vergilus”之误。后者通译为“维吉尔”，系公元前 1 世纪罗马诗人。——译者注

③ 浦芬多夫（Puffendorf，1632—1694）是德国法学家，古典自然法学派的主要代表人物之一。——译者注

④ 格老秀斯（Grotius，1583—1645）是荷兰法学家，古典自然法学派的主要代表人物之一，近代国际法的奠基人。——译者注

他将被授以关于人类的自然权力和社会的起源与基础，以及由此产生的各种责任的知识。这种关于民法与历史的主要部分之研究，一个绅士不仅应接触，而且应经常全神贯注地投入其中，没有大功告成的时候。一个德行、举止良好的青年，且能精通民法概要（它所涉及的不是个人事件中的诈骗，而是根据理性原则，讨论文明国家的一般事务及交往），通晓拉丁文，写得一手好字，这样他就可以脱颖而出，自有充分把握谋得职业，并到处受到重视了。

187. 如果有人认为一个英国绅士不必懂得他本国的法律，这恐怕是一种奇谈怪论。一个绅士无论身在何处，法律都是须臾不可或缺的，从一个保安官一直到政府部长，我知道没有一个地方的人缺少了它会感到踏实。我的意思并不是指法律里面的奸诈或争论与吹毛求疵的部分；一个绅士的职责是寻求是非的真实尺度，而不在于掌握避免干某事、而在另一事上获得回报的技巧；当他在为国服务问题上劳神费力时，他决不应该这样去研究法律。为了这个目的，我认为一个不拟以法律为业的绅士研究我们法律的正确途径是：去浏览一下我们英国宪法以及古书上不成文法中关于政府的论述，以及比较接近现代的某些作家的作品，去从中了解这个政府。一旦他对此获得了一个正确的观念，他就可以去读英国史，在历史上的每个王朝都要加上当时制定的法律。这种做法可以揭示我们英国各种法令的原委、制定法令的真实依据及其应有的分量。

188. 修辞学与逻辑作为艺术，按照惯例，通常紧接在文法之后学习，我以前对此很少提及，大家或许会感到奇怪。原因是，年轻人从中获益甚少；我极少看见，或者说从未见到过有人通过学习这些自命为可以教人推理严密、谈吐文雅的规则而掌握了推理与说话的技巧；因此，我主张一个年轻绅士只要了解它们的最基本的体系就够了，用不着长久驻足于那些程式的思索与研究。正确的推论既不是建立在宾词和范畴上面，也不是在说话的方式与词藻上面。

对这一问题的思考，不在我现在要说的话题之内。姑且回到我们目前的问题吧；如果你希望令郎擅长推理，可以叫他读契林渥斯①的作品；如果你希望他妙语连珠，可以让他精通西塞罗的作品，从而得到关于雄辩术的真实观念；你还可以让他阅读那些用英语表述完美的作品，以使他的英语文体达到冰清玉洁的境界。

（八）口头及书面语言能力的培养

189. 如果正确推理的用途与目的乃是获得对于事物的正确观念与判断，是在分辨真、假与正、误，同时按照这种鉴别去行动；那么，切记决不可使令郎在围绕争辩的技巧与程式中长大成人，他既不可自己这样去实践，也不应羡慕别人这样做；除非你不希望他成为一个能干的人，而成为一个毫无意义的口角者，在谈论中固执己见，以与他人对抗而自鸣得意；更糟的情况是，怀疑一切，以为争辩中能找到的惟一东西就是胜利，而绝无诸如真理这样的事物可言。世上最不诚实、最有悖于一个绅士或者任何一个自命为理性动物之事，莫过于不服从显而易见的道理，不在清晰的论证前折服。无论对方的回答如何圆满，如何使人满意，他都要坚持争论，只要能用模棱两可、充满歧义的词汇修饰自己的论点，引起与他人的争论，或是显示自己的与众不同（一种不明是非的辩论方法），不管所说的话得当不得当，有意义或无意义，与自己过去的说法相符或相反，都毫不在意；世上不符合文明的谈话以及不符合一切辩论目的之事，难道有比这更出格的吗？关于这一问题，简而言之，逻辑辩论的方法与目的，本来就在辩论中的主方决不会认可辩方的任何回答，而辩方也决会不会屈从主方的论证。任何一方都决不会完全依据真理及知识行事，否则他就会被视为一个可怜的失败者，受到

① 契林沃斯（William Chillinworth，1579—1653）是英国宗教活动家，曾任众议院议员。著名作品有《新教的信仰》(1638)。——译者注

不能坚持自己信念的羞辱，这就是辩论的主要目的和荣誉所在。真理需要通过对于事物自身成熟的合适的思考，方才能够发现，并获得支持，而非杜撰的词语与辩论的方式所可得到；这种办法强词夺理地、谬误地运用含糊的字眼，决不会使人发现真理，这是一种最无用、最令人厌恶的谈话方式，对于一个绅士，或是对于一个热爱人世间一切事物上的真理的人来说，它是尤为不适宜的。

如果一个绅士既不能通过写作，又不能通过谈话去很好地表达自己的思想，对他而言，最大的缺点可能莫过于此。不过，我认为还是不妨问问我的读者，看他是否知道有许多家资丰厚的人，从名义上说是应具有绅士品质的，可是必要时，他们竟连一个故事都不会讲，更不用说将各种事物论述得清楚明白，令人信服，我认为这种情况的发生不应归咎于他们自身，而应归咎于他们所受的教育；因此我必须为我的同胞们说句公道话，我认为只要他们努力，他们决不会被其任何邻居所胜过。他们学过修辞学，可是从未学过如何使用他们的常用语言，包括用嘴与笔去流利自如地表述他们的思想；他们以为那些通晓语言艺术的人的说话或文章，既然经过了各种名目的辞藻的修饰，故各种名目的辞藻自身，就成为语言流畅的艺术及技巧了。这件事正与一切需要实践的工作一样，不是可以根据预定的简单或复杂的规则而学会的，而应遵循良好的规范（最好是榜样）去训练与运用，直到习惯养成，操作起来（并干好）毫不费力为止。

迄今人们取得共识的一点是，一旦儿童具有讲故事的能力时，也许应不失时宜地令其实践，通常要他们讲述他们知道的故事；开始阶段，在故事情节联结的方式上，要帮助他们克服其中最明显的错误。等到改正后，再将次要的错误告诉他们，这样一个个地更正，务使所有的错误，至少是大错误，均予改正为止。当他们已能相当流利地说故事时，你可以要他们将故事写出来。《伊索寓言》是我所知道的几乎惟一适合儿童之用的一本书，这本书就可以提供材料，供他们去做此类英语写作的练习，这种作用正同它在帮助儿童学习拉丁语时，可供他们阅读与翻译一样。一旦他们文法上的错误已经消除，能够将一个故事的若干情节组合成一篇连续的、前后呼应的文字，而不在过渡之处显得突兀、不自然（这种情况是经常发生的），那时如果有人希望他们在这种勿需搜索枯肠、就能出口成章的第一步功夫上面更上一层楼，他可以向西塞罗求助，在西塞罗的第一本书《论创造》（*De Inventine*）的第 20 节中，有一些关于掌握雄辩才能的规则，可以根据几个主题与构思，将这些规则付诸实践，使他们由此懂得，一个完美的叙事，其技巧及优雅究竟何在。从这些规则的任何一条中都可以找出恰当的例子，向他们显示其他人是怎样实践的。古代的经典作家提供了许多此类范例，这些范例不仅可用于翻译，而且应放在他们面前，作为日常效法的榜样。

当他们懂得了怎样将英文写得前后连贯、恰如其分、有条不紊，熟练地掌握了一种差强人意的叙事文体后，在书信的写作中，他们不必执著于机敏或客套的表述，只要学着表述自己平和易解的感觉，避免前后脱节或混乱、毛糙就足矣。一旦在这一方面已臻完善，他们就可以瓦蒂尔①为榜样，去提高自己的思想，用致意的、欢快的、揶揄的或者插科打诨的信件，去慰藉远方的朋友；同时还可以拿西塞罗的书信，作为商务或交往信件的最佳范例。人类生活中需要写信的场合是无所不在的，没有一个绅士能够避免在这种写作里面表现自己。每天都可以遇到一些机会，迫使他不能不动笔，其结果除了常因书信表述得体与否而影响到他的事务外，并且还总是使他的教养、观念及能力暴露无遗，比在会话里面受到更为严格的检验；须知，他在会话里一时的差错，多半只待说完之后就可以烟消云散，故不至于受到严格的评论，比较容易脱逃人们的注意和

① 瓦蒂尔（Vincent Voiture，1598—1648）是法国作家，以给朋友的书信著称。著有《书信集》（*Les Lettres de Mr de Voiture*，1654）等。——译者注

指责。

假如教育方法是指向正确目标，那么，人们会想到，写信本是一件必要的事，不可能遭到忽视，既然用拉丁文作文赋诗，这样一种一无用处之事尚且到处都在强加给儿童，使之在力所不及的工作上劳神费力，使之因遭到非自然的困难而不能愉快地在语言学习方面求得进步。但是习惯这样确定了并延袭至今的做法，又有谁胆敢违背呢？你能否理直气壮地叫一个饱学的乡村学校教师（他精通法内比[①]的《修辞学》上的一切借喻和词藻）去教学生用英语流畅地表述自己的思想吗？然而这位教师的头脑里也许压根儿就没有起过这种念头，学生的母亲（即使她是一个对逻辑和修辞学体系一无所知的人）也能比他教得更好。

正确地写与正确地说，可以增添人的魅力，使他人乐于倾听他的发言；既然一个英国绅士常用的是英语，所以他主要应培植、应注意去修饰和改进的文体也应是英语。一个人的拉丁语比英语说得好或写得好，也许可成为大家谈论的话题，但就他自己而言，与其因一种不足道的才能而赢得凡夫俗子的无谓的称誉，倒不如能熟练驾驭他随时要用的国语，酣畅淋漓地表情达意来得有用。据我所知，这一问题普遍地遭到了忽视，无论何处，人们都不曾注意增进年轻人的国语能力，以使他们能对国语充分理解并掌握。在我们中间，如果某人国语比一般人熟练、纯正，则应归因于机会或他的天才，以及别的事项，而不是他的教育，也不是教师的关照。对于一个自己就是在希腊语与拉丁语的学习中教养长大的人来说，虽然他的拉丁语与希腊语水平并不高，但是要他留心学生说的或者写的是什么英语，那是会使他的尊严受到贬损的。拉丁语与希腊语乃系学者所学的语言，只能由有学问的人去鼓捣、去教授的；至于英语则

① 法内比（Thomas Farnaby，1575—1647）是英国学者，著有《修辞学索引》（*Index Rhetorius*，1625）。——译者注

是目不识丁的村夫野老的语言；尽管我们知道，我们的一些邻邦政府并不认为倡导国语以及对改进国语予以奖励应只是置于公众的关心之下。它们认为，美化及丰富其国语并非国家事务中的不足挂齿的一件小事；它们为此开设了学院，支付了薪俸，从而在国人中激起了竞相将国语的书面语表述正确的雄心与竞赛；如果我们回顾以前几个时代的情形，我们就可以知道他们取得了什么成果，他们怎样将或许是最坏的一种语言流传到我们这儿来的，以及现在的情形。罗马的伟人们练习国语；我们从历史记录中也见到过一些曾任皇帝拉丁语教师的演说家的名字，尽管拉丁语是他们的国语。

显而易见的是，希腊人对国语的掌握较之罗马人更胜一筹。在他们看来，一切别的语言都是属于蛮人的，只有他们自己的除外，这个富有学识而又精明的民族似乎从未研究过或看重过外国语言；尽管他们的学问和哲学毫无疑问是舶来品。

我在这里并不是反对希腊语和拉丁语，我认为它们应予研究，至少拉丁语应被每位绅士所通晓。但是一个年轻人无论学习哪种外语（他懂得越多越好），他应该批判地研究、学习的，应当努力表述得熟练、清晰与优雅的，还是他的国语；为此目的，他对于国语应天天练习不辍。

（九）自然哲学及关于精神与形体的研究

190. 作为一门思辨科学的自然哲学，我想我们是一点也没有的，也许我有理由说，我们永远不能将它变成一门科学。自然的作品乃是出自某种智慧的创造设计，并被远非我们的能力所能发现或想象的运作方式所操作，对我们来说，怎能将其归纳成为一门科学呢？自然哲学是一种关于事物自身原理、性质及运作的知识，我认为系由两个部分组成，一部分包括精神及其本质与特性，另一部分包括形体。第一部分通常是指玄学；但是在对涉及精神领域的问题进行思考时，无论在何种名称下进行，我认为都应放在物质与形体研究之前，不可将其视为一种可以制成系统、根据知识原理去对待的科学；而要把它当作我们心灵的扩充，以使对理智与启示引导我们前去的智力世界有更真切、充分的理解。既然除了上帝与我们自己的灵魂外，我们对于其他精神的最清晰、重大的发现都是上天以启示的方法给予我们的，所以，我认为，年轻人应当具有的关于它们的知识，至少应从那种启示得来。为了达到这个目的，我的结论是如果有人写出一部优秀的《圣经史》供年轻人阅读，那将是一件好事；在这本史书里，凡是宜于采用的东西，便都按照时间的先后顺序放入，而只适合成人的东西则予以删除，这样一来，就可以避免通常由于滥读《圣经》所产生的混乱（在热心于我们《圣经》学习的人们中存在的问题）。这样做还有一种好处，就是持之以恒阅读的结果可以在儿童的心灵中注入关于精神的观念与信仰，他们在读这本史书时经常都得牵涉到精神方面，此乃研究形体的一种良好的准备。因为如果缺乏精神的观念，或否定精神的存在，我们哲学的一个主要部分就是残缺不全的，因为它将创造的最美好与最有力量的部分，摒弃于人们的沉思默想之外。

191. 关于这本《圣经史》，我认为最好能够缩写成一个简明扼要的提要，包括儿童一旦能阅读时就应通晓的主要的与最本质的条目。虽然这种办法可使之早日具有一些关于精神的观念，但与我以前所说的，我不愿让儿童在年幼时受到关于精灵观念侵扰的说法并不矛盾，我原来那段话的意思是：照顾儿童的女仆及儿童周围的其他人，为了使儿童对自己言听计从，于是就去恐吓他们，使得孩子的幼稚的心灵很早就具有种种关于精灵鬼怪的印象，我认为这种做法是不妥的，儿童的心理总是被恐惧、焦虑、脆弱与迷信所支配，这对他们此后的一生极为不利；当他们以后出而问世、与人交谈时，他们便会变得萎靡不振、羞愧害臊，这种情形不是偶然发生的，他们要彻底根治这种毛病，以及从压在身上的重负下获得慰藉，他们抛弃了一切关于精神的思想，奔向另外一个极端，但这是一个更坏的极端。

192. 我之所以主张有关精神的研究应置于形体研究之前，主张年轻人在研究自然哲学之前先得好好领会《圣经》上的教义，其理由是，物质乃是我们的一切感觉所经常接触的东西，极易控制心灵，而将物质以外的其他一切东西拒于门外，立足于此原则其础之上的偏见就经常不为精神的存在留下空间了，或是不承认在大自然（in rerum natura）里面还有非物质的东西存在；然而显而易见的道理是，单用物质与运动并不能够解释自然界中的任何重要现象，譬如，一般地心引力问题；我认为就不能够用任何物质的自然作用，或者任何其他运动规律去解释，只能说成是由于一个更高存在的绝对意志，在命令它这样做。所以，我们如果欲对诺亚（Noah）时代的洪水加以完善的解释，我们便不得不承认那是超越自然常规的事，所以我建议不妨思索一下，看是否上帝暂时将地心引力的中心改变了（这是和地心引力本身一样容易理解之事，也许我们所不知道的些许原因变化就可以使之发生），这样解释诺亚时期的洪水要比一切假设都容易顺理成章。对于这种看法，我曾耳闻一种重要的反对意见，说是这种原因只能产生一种局部的洪水。不过只要承认地心引力中心一旦改变，便不难想象神的力量可能将地心引力的中心放在离地心有适当距离之处，使之在适当的时空以内围绕地球旋转，这样一来，洪水自然就会无处不在了。我认为，这样去解释摩西所说的洪水中的一切现象，较之以往许多困难的假设容易理解。不过此处不是辩论这个问题的地方，我在这里不过是顺便提到，以表示我们在理解自然现象时，除了纯粹的物质及其运动外，还得求助于其他事物的必要性；在这里，《圣经》上所传递的有关精神及其力量的观念，对于揭示其运作贡献甚巨，这便可能是一种合适的准备，到有更为合适的时机，就可以将这种假设加以更充分的说明，用以解释《圣经》上所记载的大洪水中的各个阶段，以及解决对于洪水史中任何设想的困难了。

193. 但是姑且回到自然哲学的研究吧。虽然世上充满了各类关于自然哲学的体系，但是我却没法说，我知道其中哪一派能够当作一种科学去教给年轻人，使他准能从中发现真理以及获得确切的知识，这是一切科学在满足人们的期望时能提供的。我这样说当然不是要得出这样的结论：不管哪一种自然哲学的体系都不必去了解。在现在这种注重学问的时代，一个绅士对于有关知识懂得一些是必要的，以使自己适于交际；不过应教他掌握的，到底只是最流行的笛卡儿学派①，还是在了解笛卡儿学派的概貌之外，也知道其他几种学派呢？似可商榷；我认为阅读本地所有的自然哲学学派的目的在于了解各种假设，明白各派所用的术语及说法方式，而不在于求得对于自然成果的广泛的、科学的和满意的知识。只有一处可议，就是在大多数事情上，现代微点论者②的说法都比逍遥学派③更容易理解，后者以前一直控制着学校，后来才被前者取代。如果有人要进一步回顾，了解古人的各种意见，他可以参看卡德渥斯博士④的《智慧体系》，这位博学的作者通过辑录并解释希腊哲学家的观点而体现出来的精确性与判断力，可以使你对于他们所根据的原则、各家主要的各具特点的假说，在本书里比我所知道的任何其他地方更加看得清楚明白。不过，我不会因为我们所具有的或所能具有的关于自然的知识都不能成为一门科学而去阻止其他人研究自然。自然界中的许多事物是一个绅士所容易知道及必需知道的，此

---

① 笛卡儿（Des Cartes，1596—1650）是法国哲学家，二元论者，主张唯理论，倡导系统的怀疑方法。——译者注

② 现代微点论者(Modern Corpuscularians)可能指的是洛克科学界的朋友,化学家家波义耳(Robert Boyle)等。他们提出的有关理论(微点论假说)将物质视为由看不见的微小颗粒所构成,但微粒的组织、结构、硬度以及运动等可凭借观察、实验加以说明。——译者注

③ 逍遥学派（Peripateticks）是来源于亚里斯多德，包括若干门派的哲学学派。洛克认为这一学派过分重视亚氏的权威，而对观察、实验不够重视。——译者注

④ 卡德渥斯（Dr. Ralph Cudworth）是英国学者，他的著作《宇宙的真正智慧体系》（*A True Intellectual System of the Universe*）于1678年出版。——译者注

外，还有许多事物乃是以愉悦与利益，作为对寻幽探奇者的艰辛劳动的丰厚回报。不过我认为，上述种种事物宁可从诸如那些亲身进行过合理实验与观察的作者去获得，而不是来自于纯思辨方式的构想。因此，当一位绅士对时下流行的自然哲学学派稍加了解后，诸如波义尔先生的许多此类著作，以及其他关于耕作、种植、园艺等类的作品，都是适合他去阅读的。

194. 虽然就我所知道的各种物理学派而言，很难鼓励我从那些号称能从一般意义上根据物质的基本原则给予我们一种自然哲学体系的各种论文中，去获得确切的知识或科学，然而，无与伦比的牛顿先生却向世人揭示，根据事实所证实的原则，一旦将数学广泛应用于自然界某些领域的研究，能使我们获得多少关于深奥莫测的宇宙的特定领域的知识。牛顿在其令人赞叹的著作《自然哲学的数学原理》（*Philosophiae naturalis principia mathematica*）一书中，对于我们这个行星世界及其可观察到的最发人深思的现象作了精彩清晰的说明，如果其他人对于自然界的另外一些领域也能为我们作出同样的说明，那么，对于这个庞大机器的若干部件，我们可能指望得到迄今为止我们可以期盼的更真实、更确切的知识了。虽然世上只有为数不多的几个人具备足够的数学知识，从而可以去理解牛顿的论证，可是既然最缜密的数学家对其论证已加以考查、并予以认可，可见他的书确实值得一读，凡欲了解我们所在太阳系中天体的运动、性质和运转的人，一定会从中得到不少启示和满足，他们在阅读时，只须小心注意他的结论，这些结论可视为已经证明的命题而予以信赖。

（十）对希腊语学习的看法及关于语言学习的一般意见

195. 简而言之，这就是我对于一个年轻绅士之学业所持的一些想法；然而我在这里竟将希腊语略而不议，也许会使人们感到奇怪，因为在我们这样的国度里，所有学问均可在希腊人处寻踪溯源，找到根基。对此说法我并无异议，并且还可以补充一句，就是，一个对希腊语一窍不通的人就不能算是一个学者。不过我在这里所考虑的不是一个专门学者的教育，而只是一个绅士的教育，对他而言，人人承认拉丁语和法语是必要的，就像现在世上流行的那样。当他成年时，如果还想继续深入钻研并探讨希腊的学术，他是很容易自己设法将希腊语学会的；如果他自身缺乏那种欲望，那么，即使在一位教师的教导之下去学习，也不过是浪费劳力而已，一旦获得自由之后，他曾耗费了大量时间与辛劳而学来的东西，就会遭到冷落，就会弃如敝屣。即使以学者而论，他们在学校里学得的希腊语，百人中日后又有几人能够记得，更有几人对希腊作家的作品能够提高到阅读自如、充分理解的水平呢？

关于一个年轻绅士的学习问题，现在可告一段落了，他的教师应当记住，他的工作不是要将世上可以知道的事物尽量教给学生，而在使学生热爱知识、尊重知识；在于当学生产生求知的念头时，使学生用正当的方式求知，及对自身加以改进。

此处，我愿将一位睿智的作家关于语言学科的意见，尽我所能，以忠于其原意的方式转告读者。他说：

> 儿童很少会因为学习过多的语言知识而不堪重负。语言知识对于各种身份的人都有用处，它们平等地为各种人开辟通道，使之达到学问的深奥莫测之境，或是仅对学问的比较平易有趣的部分浅尝辄止。如果这种烦难的学习略微推迟一点，那么，年轻人不是没有足够决心全身心投入，就是缺乏毅力坚持不懈。即使有人具备持之以恒的毅力，但是，那时他的时间便应另有它用，再用于语言学习则有诸多不便；那时他的年岁已大，不能再局限于字词的学习，如果他在超过了学习语言的年龄仍专注于字词的学习，并力图掌握那些东西，那么，这种做法至少也是在浪

费一个人一生中最美好的光阴。只有当一切事物都容易在心灵里留下深刻的印象时，这种语言上的硕大根基才能坚实地奠定起来；当一个人的记忆力旺盛、敏捷、强健之时；当他的头脑与心胸尚无牵挂、尚无激情、尚无图谋之时；那些承担儿童管教之责的人有足够的权威使之长时间地、持续地用功。我信服一种观点，即：世上之所以真正的学富五车之士廖若晨星，而装模作样的浅薄之徒则如过江之鲫，究其原因，皆为忽视这一做法之故。①

我认为，这位观察细致的绅士所说的，语言宜于在我们的人生早期去学习的观点，会得到所有人的赞同。不过做父母与教师的人应当考虑，儿童究竟应学习哪种语言为宜。因为必须承认，如果某种语言在他日后的生活里（这种生活是已作安排的），他决不会有兴趣去加以利用，或者从其气质估计，知道他一旦成年，离开了教养者的管束，可以听凭自己的性向行事之时，他就会完全将其置诸脑后，乃致忘得一干二净，那么，要他去学习那种语言不是徒然地伤神费力，浪费时间吗？须知，他到了一切可以听凭自己的意志行事时，他是不会匀出哪怕少许时间去维护那些文人学者所用之语言的，除了日常使用，或是另有特别需要，迫使他不能不学的语言外，他是不会再去理会别种语言的。

不过，基于为那些欲成为学者之人考虑之故，我愿将这位作家的可使其上述意见更趋完善的补白抄录如下。凡欲求得真学问者，应该考虑这些话，因此做教师的人可援引这些话去形成规则，去对学生谆谆告诫，指导其日后的学习。他说：

对原著的钻研学习决不会成为一个推崇过分的主张。这是研究任何学问的一条最便捷、最稳妥，乃致最惬意的途径。对事物的知识宜从源头上求得，而非间接地获取。

① 见 La Bruyere Moeuro，*de ce Siéele*，第 577 页。——作者原注

不可将硕彦鸿儒的著作束之高阁，而要去细细品味，牢记心头，一旦有机会就要加以引用；你要从全方位与全部环境着眼，把彻底理解这些作品作为你的工作；你应充分熟悉原作者遵奉的原则，并将那些原则贯串起来，然后作出你自己的推断。第一流的诠释者就是这样做的，你在达到这种境界之前不得懈怠。你不可凭着那些借来的光亮，就感到心满意足，也不可依赖别人的见解，作为你自己的向导，除非你跌了跟头，或身陷黑夜，不知所措时，才可向他人求助。须知，别人的阐释不等于你自己的领悟，它们是会从你身上溜走的。相反，你自己的观察结论乃是你自己动脑的产物，故能坚守阵地，在所有交谈、讨论和争辩的场合，它们都在你的身边，随时听命于你。除了难以克服的困难外，你不要在读书时停住脚步，丧失其中的乐趣；当然若真是遇到不可逾越的鸿沟时，则诠释者们也会止步不前，无话可说了。那些在某些领域显得学识渊博的诠释者们，喜欢在原文平和易解的段落夸夸其谈，卖弄才华，在并无必要之处，毫不吝惜言词，不怕辛劳，此举实属徒劳。你若完全按照这种方式去做你的学问，则不能有别的解释，只能视为人的惰性所致；懒惰鼓励书呆子去塞满而不是充实他们的书库，并用被大堆的注释及评论去淹没优秀的作家；由此你可以察觉，在这里，懒惰是自己与自己作对，自己糟践自己，因为人们原来一直极力避免读书之苦，现在这样一来，反而必须多读多问，多受辛劳了。①

（十一）儿童须掌握的研究方法

下面这段话虽然看起来好像只是与学者有关，但是对于他们的

① 见 La Bruyere Moeuro，*de ce Siéele*，第 662 页。——作者原注

教育和研究的合理安排至关重要，所以我希望大家不会责怪我把它插在此处；尤其是如果考虑到，它对于绅士们也不无裨益的话；无论何时，如果他们不在任何一种学问上浅尝辄止，而是要深入下去，使自己有主见，有定见，并满意自己的见解。这些话会是有用的。

据说，次序与恒心是使得人与人产生重要区别的原因；我对此深信不疑，没有何物比良好的方法更能为学者清扫道路，帮助他前进，使他在从事探索时，行进得如此便捷、如此深入。他的教师应努力使他明白这层道理，使他习惯于遵守次序，应在所有运用思想的场合，教之以方法；向他显示，方法何在，其优点是什么；使他熟知若干种类的方法，既要知道从一般到特殊的方法，也要知道从特殊到比较一般的方法；应使他在二者上均得到练习，使他懂得根据具体情况而采用相应的合适方法，以便最好地为所要达到的目的服务。

在历史研究中，时间的次序应居于主导地位，在哲学探究上，自然的次序则应居于主导地位，在一切进展中，自然的次序是从某物当时所在地向周边结合处推进；在心理方面也是一样，应从心理已有的知识入手，进而探求与其相邻相关的知识，这样延续下去，使之从事物的最简单、最基本、可以分解的部分出发，去达到它的目的。就此目的而言，如果能使学生习惯于对已有事物仔细地加以甄别，亦即具有清晰的观念，无论置身何处，其心理都能找出事物真正的区别所在，这对他将是极有用处的；然而，凡是在他尚未具备清晰的观念或尚未具备各自有别的清楚观念之处，他应该小心地避免从术语上去加以区分。

（十二）对儿童须掌握的文体才能的看法

196. 除了从研究与书本去获得知识外，还有其他的成就是一个绅士所必需的，那些成就需通过练习去获得，而且必须有时间保障，有教师辅佐。

舞蹈可以使得一个人终生具有优雅的举止与超凡脱俗的阳刚之气，此外还能使幼儿变得自信；我认为，一旦儿童到了年龄与力量适宜之时，他们就可以学习舞蹈，但不宜过早开始。你必须物色一位良好的教师，他知道什么是优雅的举止以及如何去形成，知道怎样使身体的一切动作舒展自如，并且能够教导别人去做。凡是不能将此教给别人的人，就不如根本没有的好。天生的笨拙比矫揉造作的姿态要好得多；我认为一个人脱帽与屈膝致敬的姿势，与其遵照一个并不优雅的舞蹈教师的楷模，倒不如仿效一个诚笃的乡村绅士的样子，叫人看得顺眼。至于舞蹈的细节及舞姿，我则认为无关紧要，甚至毫无关系，我所关注的只是舞蹈所形成的优雅的举止。

197. 音乐被认为与舞蹈有相当关系，一个擅长某些乐器的人，定会赢得许多人的青睐。不过一个年轻人为在音乐上学到一点技能，往往浪费了许多时间，并经常与一些怪模怪样的朋友为伍，很多人认为，此类朋友还是不去结交为好。在那些才学兼备、事务缠身的人们中，我很少听说有人因为富有音乐才能而得到别人的称誉或尊重，所以我认为，在世上一切成就的排名表中，音乐乃是居于末席的。人生短促，不允许我们将各种事情都学会；我们的心理也不能总是专注在要学的事物上。我们身心构造的弱点要求我们须经常松弛；凡是善于利用生活中各种部分的人，需将生活中的大量时间用于娱乐。至少，不能拒绝让年轻人享有娱乐的权利；除非你要急匆匆地促使他们衰老，你要领略将他们送入坟墓的悲哀，或是违背你的意愿，让他们过早地享有第二个童年。[①] 所以，我认为，他们的时间与辛劳应花费在严肃的、有助于自身改善的事务上，他们应从事那些获益最大、成果喜人的事务，并采用可得的最容易、最

① “第二个童年”与上文意思相近，意指老年；因为老人需人照料，和婴幼儿相似，故名。——译者注

简捷的方法学习；或许，如同我在以前说过的，将身心的训练交替变成一种娱乐，堪称教育上的最起码的诀窍。我相信，一个能仔细考察学生气质与性向的谨慎稳妥之士，不难做到这一点。因为一个人不管是学习疲倦了或是跳舞跳累了，他并不希望立刻倒头就睡，而是换换口味，做些别的可以取乐的事情。但须牢记的是，凡是干起来并无乐趣可言的事情，就不能归入娱乐之列。

198. 击剑与骑马被视为教养不可或缺的部分，因此若不提及，会被认为系一件重大的疏漏；骑马多半只有在大的城镇里才能学习，在安逸与奢华的城市里，这是一项对于健康最为有利的运动；因此，一个年轻绅士住在城里时，他是宜于骑马的。此外，通过练习骑马还能使一个年轻人在马背上显得坚定自信、优雅潇洒，使他能够叫马止步、急转弯、卧倒，这些技能对于一个绅士来说，无论在和平时期或战争时期都是有用的。不过骑马究竟是不是如此重要，值得当作一件工作，值得他耗费除保持健康所需的更多的时间（为了保持健康，他在从事如此消耗精力的运动后，可以有适当的间歇），我想此问题可留待父母与教师斟酌决定；他们最好记住，在全部教育工作中，绝大部分的时间与努力都应花费在年轻人的日常生活（这种生活是已预作安排的）及遭遇事物中后果最为显著、使用频度最高的事务上。

199. 至于击剑，在我看来，是一项有益于健康的良好运动，不过对生命则构成危险；凡是对自己的剑术充满自信的人喜欢与那些自认为也学会用剑的人争吵。这种想法使他们在名誉攸关的场合，或是稍受刺激，乃至无人招惹他们的时候，常常暴躁得过度。年轻人血气方刚，他们认为若是不在决斗中显示一下自己的技能和勇气，击剑就白学了；看来他们似乎也有自己的道理。但是这种理由却不知引发了多少令人伤心的悲剧，许多母亲的眼泪可以对此作证。一个不会击剑的人就会比较小心地避免与悍夫、赌徒为伍。他既不会在细节上纠缠不休，也不会当众侮辱他人，或是冒犯后又蛮横地强词夺理，这些通常都是引起争吵的原因。一个人到了决斗场上，凭他那一点平庸的剑术，与其说是保护自己不受伤害，不如说是将自己暴露在敌人的剑锋之下。的确，一个勇敢但完全不会击剑的人，自会尽力一次刺杀过去，并且不会躲闪，与一个平庸的击剑家相比，他会占到便宜；倘若他会扑击，那就更是如此。所以，如果有某种措施可以采取以预防这种意外，或一个人准备让其子参加决斗，我就宁愿我的儿子成为一个良好的扑击士，而不是成为一个普通的击剑家；一个绅士最多只能成为一个普通的击剑家，除非他经常到击剑学校去，日日练习不缀。不过，既然击剑与骑马被认为是一个绅士的教养所必备的内容，要使绅士阶层之任何一个成员完全摆脱这种特色当然是异常困难的。所以我打算将此问题留给做父亲的人去考虑，就其子的气质及欲取得的地位而论，看是否允许他，或是否鼓励他去顺应时尚。这种决斗的风气对一般市民的生活影响极小，就是最好斗的民族，以前也并不知晓此事，接受这种风气的人看来增加不了什么力量与勇气；除非我们这样认为，通过决斗时出剑的招式，可增进人们的军事技能或勇猛精神，不过我本人认为，决斗将来在世上终归会消亡的。

200. 上面说到的种种意见，就是我现在对于学习与学业成就的想法。一切工作的重大责任是培养德行与智慧，如一句拉丁成语所说：

智慧所在，天国的神力永不匮乏。①

你应教导他，使之控制自己的性向，使爱好服从理智的指导。一旦做到这点，并通过经常练习，成为习惯，上述任务的最困难的部分就完成了。我认为，要使一个年轻人做到这一点，对称誉的热爱心理可发挥很大作用，而其他任何东西的作用都会相形见绌，所以应

① “智慧所在，天国的神力永不匮乏”的原文是：“Nullum numen abest，si sit prudential”，出自 Juvenal，*Satires*，x. 365,. xiv.. 314.。——译者注

当用尽一切可想之法，将这种爱好称誉的心思注入他的心灵。你应尽量使其心理能感到名誉与羞辱；一旦做到了这一点，你就在他的心里确立了一个原则，当你不在他身边时，仍可影响他的行为，其作用远非对教鞭的畏惧所可比拟，那才是一个合适的主干，日后可赖以嫁接道德与宗教的真正原则的花枝。

三、技能教育及其他

（一）技能教育的作用

201. 我还有一事需要提及，不过一旦说出之后，会引火烧身，被人怀疑为我忘乎所以，不知所云，忘记了以前关于教育的议论全是围绕一个绅士而发，与技艺纯然风马牛不相及。然而我不能不说，我希望一个绅士也要学习一种技艺，一种手工的技艺；甚至不止一种，要学习两三种，而特别注重一种。

202. 对于儿童的忙忙碌碌而无片刻安宁的性向，应随时加以指导，使之去做对自身有益的事情，这样做的优点有两个。其一是，通过练习获得的技巧自身就是值得掌握的。这种技巧不仅存在于语言及学生所学的各门科学中，而且存在于绘画、切削、园艺、淬火、打铁等各种行业中，而所有这些有用的技艺都是值得掌握的。第二个优点是，毋庸置疑，练习自身对于儿童的健康也是必要的或有益的。

对幼小儿童来说，有些知识是必须知道的，因此尽管学习某些知识对于增进其健康全然无益，他们还是应在那些事情上花些时间，求得进步。诸如读书、写字以及其他各种培植心灵的静坐的学习，就是一个绅士从幼年开始就不得不耗费其大部分时间去从事的工作。至于其他手工技艺，则是从劳动获得的，须通过劳动去练习；其中许多手工劳动不但能通过练习增进我们的灵敏及技巧，而且也有益于我们的健康，尤其是那些需要我们在户外去做的事情更是如此。因此，在这些事情上，健康与进步可以合而为一；那些以读书、学习为其主要工作的人，应选择一些合适的技艺作为娱乐。选择时，要顾及一个人的年龄与性向，而且无论何时，都不让他勉强行事。因为命令与暴力通常只会引发而不能医治憎恶的心情；对于强人所难之事，不管是谁，一旦有了机会，他就会迅速摆脱，逃之夭夭，即使在干，也得不到多大益处，更无娱乐可言。

（二）儿童应学习的技艺

203. 在具有各种技艺的人中，或许我最喜欢的会是画家，若不是对绘画有一两种不易驳回的反对意见的话。第一，丑陋的图画乃是世上最糟的东西之一；但要获得差强人意的绘画技巧，又会过多地耗费一个人的时间。如果他具有爱好绘画的天性，忽视其他一切更加有用的学问的危险便会袭来；如果他缺乏爱好绘画的天性，则因此所花的一切时间、辛劳与金钱又完全付诸东流。此外，我不赞成一位绅士绘画的另一个理由是，绘画乃是一种静坐的娱乐，劳心胜过劳力。一个绅士较为正经的工作是学习；学到需要松弛、振作之时，就应运动身体，使之精神宽舒，以确保健康与精力。出于这两个理由，所以我不赞成绘画。

204. 第二，基于为一个乡村绅士设想，我建议学习下面两种技艺之一，最好两种都学；一种是园艺（或一般农艺），另一种是木工活，如同木匠、细木匠或切削工匠之类的工作，这些工作对于一个终日学习或事务缠身的人来说是一种合适而又健康的娱乐。因为人的心理不能长久地用于同一件事情或囿于同一种方式上，此外，静坐或勤学之人，需要运动，以使精神转向，得到娱乐，同时又活动了身体。

对于一个乡村绅士来说，我认为园艺与木工这两种技艺真是再好不过了；其中木工可以在天气欠佳或者季节不宜、无法从事园艺活动时，为他提供运动的机会。此外，他学会了园艺之后，就能够管理并指导他的园丁；学会了木工，则能设计并制造许多既有趣又有用的东西；虽然我并不将此视为要他劳动的主要目的，而只是当作一种吸引他去劳动的诱饵；我的主要目的是：通过有益的、健全的体力锻炼，来使之从较为正经的思想和工作中得到消遣。

205. 古代的伟人们颇为懂得如何利用体力劳动去作为对国家大事操劳的调节，他们认为用体力劳动作为处理国家大事之后的消遣，丝毫无损于其尊严。他们闲暇时最常用的消遣方式似乎是务农。犹太人中的基甸翁（Gideon）是在打谷时被人请出来的，罗马人中的新新纳图[①]，则是在犁田时被人喊出来去指挥本国军队抵御外敌的；显然，虽然他们善于使用连枷或犁耙，称得上是使用这些工具的行家里手，可是并未妨碍他们统帅军队，亦未使他们的军事与统治才能稍显逊色。他们既是伟大的将领和政治家，又是一介农夫。老加图（Cato major）在罗马共和政府担任过所有的高官，声名显赫，他就亲手留下了证据，告诉我们，他对于乡村的事务是何等精通；我还记得，居鲁士拥有波斯王冠时，也认为园艺并无损于皇帝的尊严，所以他曾将自己亲自种植的一片果林指给色诺芬[②]看。如果有必要列举倡导有益的娱乐的事例，在古代史料中，此类事例在犹太人与异邦人那里真是不胜枚举的。

（三）怎样看待娱乐

206. 当我将上述种种事情或其他类似的手艺练习称作消遣或

① 新新纳图（Cincinnatus，前519？—？）传为罗马共和国早期将军，曾任执政官。——译者注

② 色诺芬（Xenophon，约前430—约前354）是古希腊军人、历史学家。——译者注

娱乐时，请勿以为我犯了错误；因为娱乐与懒惰不可同日而语（这是人人都可以察觉的），娱乐只是换种工作，让身体疲倦的部分宽舒一下；凡是认为消遣不是艰辛劳动的人，他便是忘记了猎人的三更早起、马背颠簸、大汗淋漓，以及饥寒交迫等种种情形，然而打猎却被人们视为最伟大的人物所常用的娱乐。只要人们喜欢，掘土、种植、接木，以及诸如此类的有益的工作，也能成为远胜过任何风行的无聊游戏的娱乐；任何人在某一行当上一旦形成习惯，掌握了技能，就会迅速钟情于它。我相信有些人是因为受他人之邀，不便拒绝，才时时去打牌，或作别的游戏；那种娱乐与生活中任何最正经的事情相比较，他们定会对前者更为厌倦，虽然他们的天性并不憎恶那种游戏，有时也想玩玩，作为消遣。

207. 游戏是有身份之人尤其是贵妇们耗时甚多之事。我认为这就是一个明显的例子，表明人类并不能够完全地饱食终日，无所事事；他们总得找点事情做；否则他们怎能接连坐上许多个小时，不辞劳苦，去从事那些实行起来通常烦恼多过快乐的事情呢？这一道理是显而易见的，嗜赌之人事后回想，赌博不会留下快感，也不会使身心获益；至于说到他们的财产，如果他们对此过于关切，那么，赌博便成了一种生意，而不是一种娱乐了，极少有人所拥有的财富，是通过赌博获取的；即使一个赌徒靠此发达了，充其量也不过是做了一桩可怜的买卖，他以牺牲名誉的代价，换得囊中的充盈。

凡是不务正业，未在其工作岗位上全身心投入并感到疲乏之人，娱乐是与他无缘的。须掌握的技巧是，在安排娱乐时间时，应使人身上操劳过的疲乏的部分得到松弛，并重新振作起来，同时还应做一些不仅可获得眼下的欢快、舒适，还可使将来获益的事情。只是由于自命不凡与炫耀财富的虚荣感及自负心理作祟，才导致无益的、乃至危险的（正如他们称呼的）“娱乐”成为时尚，并使人们误以为学习或是参与任何有益的事情乃是不适合于一个绅士的消遣。这就是世上流行搓牌、聚赌、酗酒的原因；许多人将闲暇的时间蹉跎在这些事情上，只是顺从习俗，以及缺乏别种较好的消遣方式之故，而不是觉得里面有什么真正的快乐。他们无法承受闲暇带来的重负，化解不了无事可干的难受心情；同时他们又从未学过任何值得赞美的手艺去使自己得到消遣，于是只好求助于种种愚蠢的或不良的方式去消磨时光，一个有理性的人，在他尚未被习俗毁掉之前，从这些活动中几乎毫无乐趣可言。

（四）儿童可以学习的手艺

208. 我说这层话的意思并不意味着，我不允许一个年轻绅士得到同龄及同一境况的青年中流行的无害的消遣。我决不想看到他被愁云惨雾所笼罩，宁愿说服他对与之交往者的各种狂欢、娱乐，显得格外随和一点，凡是他们希望他去干的事，只要符合一个绅士与一个诚实的人的身份，他都不要反对或动怒。虽然对于打牌与掷骰赌博，我认为最安全、最明智的方式是根本不让他去与此类游戏沾边，从而使那些危险的引诱物变得无能为力，他的有益的时间不致虚掷。然而对于闲暇无事时聊聊天，谈笑风生，以及其他一切流行的合适的娱乐，都是可以允许的；我说，一个年轻人在正经的、主要的工作之余，他还是有充裕的时间去学习任何手艺的。人们之所以没有学会一门以上的技艺，原因是缺乏执著与努力，而不是没有空闲；一个人只要每天在这种消遣方式上花上一小时的工夫，并持之以恒，短时间内，就会获得重大的进步，远超出他的想象之外。这种办法即使并没有别的好处，而只能将通常是邪恶无用及危险的消遣摒除于时尚之外，使人们知道，它们并非必需之物，就是值得提倡的。如果人们从年轻时起就能革除那种闲荡的习气，不因为顺从习俗而将其生命的相当部分蹉跎而过，既不干正经事，又无娱乐可言，那么，他们就有充裕的时间在成百上千种事情上获得技巧，崭露才智，那些技艺即使与他们的职业相去甚远，但是决不会妨碍他们的职业。由于这层理由以及前述的各种理由，我认为怠惰、懒散、无所事事、靠沉溺于梦境打发日子的脾性乃是最不可放任不管的，是最不能容许在年轻人身上存在的。这是某种疾病的症状，表明一个人的健康系统紊乱，无论在何种年龄或何种身份的人身上，对此病症都不可坐视不理。

209. 除了上述的各种技能外，还可以加上薰香、油漆、雕刻以及几种与铁、铜、银器制作有关的工作；如果他像多数年轻绅士一样，相当一部分时间是在大城镇里度过的，他还可以学习刻字、抛光、镶嵌宝石或打磨光学玻璃。在这众多精巧的手艺之中，他决不至于找不出一种喜爱的，除非他懒惰，或是沉沦了，这在正确的教育方式下是不会发生的。既然他不能一天到晚学习、读书与谈话，所以除了运动所需的时间之外，他一定还有许多空闲，如果不这样度过，他便会用较坏的方式去消磨。因为我可以下个结论，一个年轻人极少有完全坐着不动、一事不做的念头；如果这种情形出现，那就是一种必须予以纠正的错误。

（五）商业算学及学会记账的意义

210. 但是，如果他的父母出了差错，被工匠和手艺两个可羞的名字吓倒，对于他们的孩子所做的种种事情产生了憎恶感；那么，此外还有一件与手艺有关的事情，在他们思考之后，就会觉得他们的儿子是绝对必需予以学习的。

虽然商业算学是一种不能帮助一个绅士去获得财富的科学，但就保持其原有的财富而论，在用途和效率上，则无物可及。人们很少见到保持收支记账习惯，因此随时了解家务状况的人，却将其家务推上衰败凋零之境；我相信，许多人是因为没有留意，或是缺乏这种操作技能，常常欠了账自己才知道，或者旧债未偿又添新债。所以我奉劝一切绅士们要完全学会商业算学，不要因其名称来自商界，使用者也多系商人，便认为不是他们应学的技能。

211. 一旦我的少主人掌握了记账的技能（这与其说是与算术

有关，还不如说是理智的工作)，或许他的父亲就应不失时宜地令其实践，记下所有与己有关的事项。我的意思并不是要他将花钱购买的每一品脱酒或花钱的游戏全都记下，只要有了花费的一般名称就够了；我也不想要他的父亲去严格地核查这种账目，从中寻找指摘他花费不当的机会；做父亲的应该记得，他自己也曾是个青年，不可忘记自己年轻时的思想，他也不可忘记其子有产生那些同样思想的权利，他应该容忍它们的存在。所以，如果我主张一个年轻绅士要记账，目的并不是借此去核查其用途（因为对于父亲应允之事，他便应完全自己作主)，我的目的只是要使他早日养成做此事的习惯，以及及时把账记得纯熟自如，这种工作实属有益且必需，故在其一生中，须经常实行。有一位威尼斯显贵，其子沉迷于父亲的丰富的财产，不能自已；威尼斯人发现儿子穷奢极欲，挥霍无度，于是便吩咐账房，要他的儿子再来取钱时必须点数，给他的钱数不可多过他所点的数目。人们也许会认为这种措施对于一个年轻绅士的花费并未构成重大的约束；因为他说得出多少钱数，便可自由地得到多少钱。但是对于一个只知寻欢作乐的纨绔子弟，这就是一宗很大的麻烦，最后终于以下面这段严肃、有益的反思而告终：要我数一数想花的钱都觉得心烦，然而我的祖先不但要数钱，而且还要设法去赚钱，他们该是何等地劳神费力呢？这种理性的思想是在他遭受了一点小小的辛劳之后产生的，并如此有效地作用于他的心理，使之努力上进。此后，他就变成了一个节俭的人。至少每个人都得承认，要使一个人花费有度，最好是对日常开销记下账目，以使他随时了解自己的财务状况。

（六）关于儿童旅行的意见

212. 教育的最后一部分通常是旅行；一般认为，旅行之后便大功告成，造就一个绅士的工作终告结束。我承认，到国外去旅行颇为有益，然而通常选择派遣年轻人出国旅行的时间，在我看来，是极难使那种益处在年轻人身上体现出来的。旅行的主要好处可以归纳成两类：第一是语言，其次是通过多观察，接触各种在脾性、习俗及生活方式上彼此不同的人们，尤其是与自己所在教区及邻近地区有别的人们，增进智慧与持重能力。但是人们一般安排青年出国旅行是在16岁到21岁之间，那时正是其人生中最难获得这种长进的时候。我认为学习外语，包括学习其正确发音，第一个时机应是从7岁到14或16岁，那时有教师相伴是有益的、必需的，因为教师可以用那些外语向他传授别的事物。但是当他们自己以为已长大了，勿需再受他人的管束，然而他们的持重与经验又不足以管束自己时，让他们在一个管辖者的带领之下，远离父母的视线，这岂不是等于在他们的自卫能力最为薄弱之时，却将他们暴露在其人生旅途中可能遭遇的最大危险面前吗？在生命中那个躁动不安的时期来临之前，我们可以指望教师享有某种权威；他们在十五六岁以前，还不到执拗的年龄，同时他人的引诱或榜样也不会使他们脱离教师的指导；可是一到这个年龄之后，他便通过与成人的交往获得慰藉，并以为自己也是一个成人了；对于许多邪恶的事情，他也开始喜欢并自夸了，觉得再受别人的管束与指导是一种耻辱，那时监管者既缺乏强迫学生的力量，而学生也没有听命于他的情绪；与此相反，他受热血与时髦风尚的指导，听从那些与自己一样机灵的同伴的引诱，而非教师的告诫，在他眼里，教师现在成了其自由的仇敌，在这种情形下，即便他的监管者是个极其小心谨慎的人，又有何计可施呢？人在什么时候，会像他所经历的这种既粗暴又难以驾驭的时期更易误入歧途呢？这个时期是他一生中最适宜由父母与朋友的眼睛与权威去看管或约束的。人生在此之前，颇具可塑性(flexibleness)，尚未变得执拗，故较易管束、较为安全；过此时期，则理智与远见开始发展，使人留心自身的安全与长进了。因此我认为，一个年轻绅士出国旅行的最佳时期是在年纪较轻、易受教师管束的时候；或是年岁较长、无需教师的时候；那时他已到可以管束自己的年龄，在外国看见了值得注意的事物，会留心观察，在他回国以后，国外的所见所闻，对他自有益处；此外，在同一时期，由于他事先完全熟悉了本国的法律、风气与本国固有道德的利弊优劣，他就有了材料和国外的人士去交流，从与他们的交谈中获得他所希望获得的知识。

213. (缺)[1]

214. 许多年轻绅士之所以出去旅行回来后极少进步，我认为其原因就是未按上述办法去安排之故。如果说他们带回了一些所目睹的风土人情的知识，也常常只是对他们在国外所见的最糟糕、最无价值的事物的赞美而已；保留在他们记忆中的只是在其自由之翅首次扇动之后所喜欢寻觅的事物，而非返回后可使自己变得聪明、美好的东西。本来在这种年龄出国旅行，他们尚须别人照顾，由他人替他们预备一切必需之物，替他们去观察，那么，除了这种结果外，还能有别的指望吗？他们有了教师作庇护、作口实，认为自己不必承担任何责任，对自己的行为无需检点，他们极少用亲身对事物的探究或有益的观察去打扰自己。他们的思想所追求的是游戏与快乐，认为这是少被管束的一种表现；他们极少麻烦自己，去对所遇到的人们的图谋加以考查，说词进行观察，以及手腕、气质、性向予以思考，从而知道自己应该如何应对。此外，陪伴他们旅行的人应给他们以庇护；一旦他们陷入荆棘丛中，要帮助他们摆脱困境；对于他们的一切不良行为，亦应采取对策。

215. 我承认，知人是一种重要的技巧，不能奢望一个年轻人能迅速地、完美地掌握这种技巧。然而，如果国外旅行有时不能使他眼界大开，不能使他小心谨慎，不能使他习惯于考查外表之下的底蕴，不能使他在亲切自然的举止保卫下，去与形形色色的生人交往，显得潇洒自在，而又不致失去别人的好评，那么，这种出国旅

① 原文如此。——译音注

行就无甚裨益了。一个到了成人的年龄、具有成人的思想、计划使自己得到长进的人出国旅行，无论到了哪里，都可与当地的上流人士交往，彼此熟悉；这虽是一个绅士能从旅行中得到的最大益处，但是我还要问，像我们这种在教师率领下去旅行的青年，他们一百个人里面又有几个拜访过任何上流人士呢？至于和这种人士结交，从与他们的谈话去学习那个国家的良好教养，看其中有何种值得遵照执行之物，就更无从谈及；须知，与这种人士交谈，会使一个年轻人在一天之中学到的，比他在各类旅馆出出进进、闲荡一年学到的还要多。本来这也不足为奇；德高望重之人是不轻易与尚须教师照料的孩子套近乎的；然而一个具有成人风度的年轻绅士和异乡客人，急切知道当地的习俗、礼仪、法律、政治，他就可随处得到最优秀、最具有才识之人的热诚帮助与款待；他们对于一个机敏好问的外国人总是愿意接待、鼓励，并显得和颜悦色的。

216. 这种道理无论怎样实在，但是习俗却是要他们在人生中最不适宜的时候去旅行的，着眼点并不是他们的长进；我担心，要想改变这种习俗是难以办到的。少男不能在 8 岁或 10 岁的时候冒险出国，因为担心嫩弱的孩子会遇到不测，虽然那时的危险实际上比 16 岁或 18 岁的时候小 10 倍。他也不能留在国内，等待那个危险执拗的年岁过去，因为他必须在 21 岁的时候回国，以便娶妻生子。当做父亲的心急如焚地要分遗产，而做母亲的也急不可待地要再得一批婴儿作为玩物时，于是我的少主人不管怎样，一到年龄，便得找个太太；虽然为其健康、才能或后代着想，推迟一点，并无害处；他最好无论在年龄与学识方面都站在孩子前面一点，因为孩子经常发现他们与父亲的距离过近，这令父子双方都感到极不自在。但是年轻绅士一旦被婚姻套住，便是委身于其太太之时啊！①

① 其意即：由于妇女喜欢孩子，因此年轻绅士早婚后，还必然早育。——译者注

结 束 语

217. 我对于教育所持的明确的意见，现在要宣告结束了，不过我不愿意大家认为我把这些文字看成一篇讨论教育题材的恰切论文。教育上需要考虑的事情还有成百上千件；尤其是当你考虑到儿童的各种不同气质、倾向、过失，要去给予合适的医治时，更是如此。事情实在太复杂，要一本书才能写完；其实一本书也还不够。每个人的心理都与他的面孔一样，各有一些特色，使之与他人区别开来；我们很难找到两个能用完全相同的方法去进行教导的儿童。此外，我认为一个王子、一个贵族，以及一个普通绅士子弟，其教养方式也应当彼此有别。但是我在这里所提到的只是针对教育的主要结果、目的，提出若干仅供参考的一般意见，这些议论原是为一位绅士的儿子而发的，那时这位绅士的儿子年龄很小，我只把他看成是一张白纸或一块蜡，可以随心所欲地描画或铸造成时髦的式样；我所提到的差不多全是这种年轻绅士的教养所必需的项目；我现在将这些偶然的想法公诸于世，同时怀有这种希望，即本文虽然远谈不上是一篇完善的教育论文，它也不能使得每个人都从中获得正好适合于其孩子的方法，但是本文能给予那些对自己珍爱的小孩子关怀备至的人以若干启示，使他们在教育子女问题上格外有勇气，宁可服从自己的理智，冒些风险，而不是完全地服从古老的习俗。

附录

洛克致爱德华·克拉克先生的一封信

先生：

拙作《教育漫话》现已问世，这些所谓“漫话”原本是属于阁下的，因为它是数年前因你之故而写的，不超出你在本人信札中所已读过的内容。除了次序与原信发出的时间有所不同外，其余基本保持原貌；只要看了我有些地方行文的随意以及文体的风格，读者就不难看出，这些漫话，与其说是拟供公众阅览的论文，不如说是两位朋友之间的私人谈话。

有些人出书不敢承认是自己的想法使然，而说成是为朋友强求的结果。可是你知道，我的这些文字倘若不是朋友们听说之后，急于索取，看过之后，又非让它们刊行问世不可，它们的确是会按照原意，蛰伏在为其设计的一隅，断不会发出半点声响。由于那些在见解上令我极为钦佩的朋友告诉我，说他们对我的看法心悦诚服，说将这些草稿公之于世也许有所裨益，这种想法触及了本人一向不变的信念。因为我感到，竭尽全力为祖国效劳乃是每个人必须履行的义务，谁若缺乏这种信念，便与家里的牲口无异。这个问题关系极大，而正当的教育方法又是对大众有益之事，倘若本人能力遂心愿，我并不需要他人的劝诫或怂恿。因此这些文字尽管浅薄，我自己并不怎样看好，但我不能因其贡献微薄而羞于献给公众，我能做的只是尽一点绵薄之力。将来若有与我的朋友怀有类似估计与见解之人，也都欣赏这些文字，认为付诸印刷物有所值，那么，我便要以它们并非是无效劳动而聊以自慰了。

近来时常有人对我提及，说不知道如何教养其子女；大家常常有种感慨，说年轻人的堕落成为当前普遍抱怨的话题；因而有人不得不针对该问题发表一些意见，如果目的旨在激励公众，或提供改正意见，我们就不能认为他的举动有伤大雅。因为教育上的错误较之别的错误更不可赦免。教育上的错误正与配错了药一样，开始搞错了，决不能借助第二次或第三次去弥补，它们将携带根深蒂固的污点，通过人生的各个道口及车站。

我这里提供了若干东西，但决不敢踌躇满志，即使是因为你的缘故，倘若以后有比我能力强、更适于做这项工作的人认真撰写一篇适合我们英国绅士教育的文章，来纠正本人在本文中所犯的错误，本人则不胜欣慰；因为我只希望年轻人能得到最好的教导（这应该是大家所期盼的），并不一定要自己的主张被接受。不过你也得为我证明一下，证明我在这里所提及的教育方法对于一位绅士的孩子曾有过并非刻意追求的、非同寻常的影响。这种影响对于孩子良好性格的形成不无关系；我想，你和一般为人父母者必定知道，那种与本人方法相反的一般教育儿童的方法，既不能改进儿童的本性，又不能使儿童热爱书本，也不能使儿童从学问中找到乐趣，以及不能和现在的情形一样，使他在接受应有的教育的同时向往更多的教导。

我的目的不是将本文向你推荐，因为你的意见我已知晓；此外，我也没有请你发表评论或庇护之意，使儿童接受良好的教育是一般父母的责任，也是他们关注的问题，国家的幸福与繁荣也要依靠儿童良好的教育，所以我愿人人都来认真思考这个问题，将奇想、习俗或理智（Fancy，Custom or Reason）在教育中的作用作一番认真的考察及辨别，然后伸出援助之手，提倡那种按照年轻人的不同境遇而予以训练的方法，那是一种最容易、最简单、最可行的为其各自职业准备有德行、有效用、有能力的人才的方法；但最需注意的是绅士的使命感（Gentleman's Calling）。因为一旦这个阶层的人通过教育拨正方向，他们就会迅速地带领其他人踏上正轨。

我不知道在这篇简短的文字里，除了对教育问题表示良好的愿望外，是否还有其他的贡献，例如，提供现实世界需要的东西；倘若它尚有可取之处，都应归功于你。正是我对你的感情给予我第一动力去从事写作，我能将你我这点友谊的迹象留给后世，真是一件令人欣慰之事。因为我能和你这样一位诚笃、有益、高贵的爱国志士保持长久的友谊，不仅是我今生的最大幸福，也不失为我能够留在身后的最好纪念。

你的最谦恭、最忠心的仆人，

约翰·洛克

1692年3月7日

洛克生平著作大事年表

1632 年 8 月 29 日，出生于英格兰萨默塞特郡（Somerset Shire）的林格通（Wrington）。其父是一位乡村律师及具有强烈清教徒倾向的英国国教教徒。母亲在洛克小时就去世。

1643 年 11 岁 到布里斯托尔（Bristol）中学学习。

1646 14 岁 进入名校伦敦威斯敏斯特公学（Westminster School）学习。但是他不喜欢该校的学习环境。在此学习的经历可能是使洛克在《教育漫话》中反对学校教育、提倡家庭教育的原因。

1652 年 20 岁 获得牛津大学基督教会学院（Christ Church）助学金。11 月 27 日入学。洛克在此接受了希腊文、修辞学等古典教育。由于教学内容陈旧，脱离生活，并对清教徒有种种约束，使洛克备感压抑。

1656 年 24 岁 2 月，大学毕业，获文学士学位，留校任教。

1657 年 25 岁 开始从事医学和实验科学研究。

1658 年 26 岁 6 月 29 日，获得文学硕士学位，并被选为牛津大学的“高级学者”（Senior Student）。

1660 年 28 岁 12 月，被聘为希腊文讲师。写作《论文职人员》（*Treatise on Civil Magistrates*）。结识科学家罗伯特·波义耳（Robert Boyle），以后的 30 年中，一直保持密切交往。

1661 年 29 岁 洛克父亲去世。

1663 年 31 岁 被聘为修辞学讲师。圣诞节被任命为伦理学的学监。发表《论自然律》（*Essays on the Law of Nature*）。

1664 年 32 岁 洛克决定成为一名医生，并争取牛津大学基督教会学院的奖学金。

1665 年 33 岁 11 月，被任命为英国派往勃兰登堡选侯国特使瓦尔特·凡（Sir Walter Vane）的秘书。离开牛津大学。

1666 年 34 岁 2 月，洛克回国，重新开始研究工作。7 月，结识英国政坛著名政治活动家阿什利勋爵（Lord Ashley Cooper），即沙夫茨伯里伯爵（First Earl Shaftesbury，1672 年受封后改为此名）。

1667 年　35 岁　结识名医西德纳姆（Thomas Sydenham），并与他合作从事医学研究。成为沙夫茨伯里伯爵的私人家庭医生与家庭教师，以及沙氏的挚友和政治上的合作者，并在沙氏家（埃克塞特 Exeter House）居住达 8 年之久。追随沙氏，卷进了 17 世纪七八十年代英国政治斗争漩涡的中心。

1668 年　36 岁　担任贸易与殖民大臣，其职责是为英国政府在全球收集有关贸易与殖民的情报。11 月 23 日被正式选为英国皇家学会会员，同时兼任"实验考察委员会"的 11 位委员之一。

1671 年　39 岁　由于和几位朋友讨论有关科学、神学和哲学问题时感到困惑，遂转而研究人类理智能力本身的性质和限度问题，并在朋友中间发表了两次讲话，为写作《人类理解论》之始。

1673 年　42 岁　6 月 15 日，担任沙夫茨伯里伯爵的私人秘书，进入了英国政界的核心圈子。

1674 年　42 岁　沙夫茨伯里伯爵下台并入狱。洛克遂回到牛津大学。

1675 年　43 岁　由于医术精湛，获得牛津大学医学学士学位，并取得行医执照。11 月 12 日，受沙夫茨伯里伯爵入狱的影响，加上自身工作劳累过度以及哮喘病发作，前往法国南部旅游、休养、暂住。在那里结识了许多学术上的朋友，他们对洛克经验主义哲学思想的形成有重要影响。由于法国当时执行南特敕令（The Edict of Nantes），对清教徒比较宽容，洛克在那里花了很多时间研究新教教义。在法逗留期间，担任富商约翰·班克斯爵士（Sir John Banks）的儿子的家庭教师，达两年之久。这段经历与他在沙夫茨伯里伯爵家的家庭教育经验一起，为他日后写作教育著作《教育漫话》及《理解能力指导散论》奠定了基础。

1679 年　47 岁　沙夫茨伯里伯爵成为上议院议长。洛克回到伦敦。

1683 年　51 岁　受沙夫茨伯里伯爵牵连，为逃避保皇党的迫害，逃亡荷兰。但不幸中大幸的是荷兰的气候大大改善了他的健康状况；与大陆学界名流的广泛交游，进一步开阔了他的眼界和思路；由于摆脱了繁杂的政治事务，他有了从事思考和著述的时间。洛克的许多重要理论著作都是在旅居荷兰时期完成的。包括关于教育问题的通信（《教育漫话》），《论宗教宽容的书信》（第一封，1685～1686），以及哲学巨著《人类理解论》（1687）。

1684年　52岁　洛克在牛津大学的奖学金被国王下令停发。

1688年　56岁　《人类理解论》的《纲要》法文版于年初问世。

1689年　57岁　2月，由于1688年英国“光荣革命”胜利，洛克和奥林奇夫人（Princess of Orange，这时已成为英王王后）同船回国，结束了长达5年的流亡生活。接受了上诉法院专员的职务。发表《论信仰自由书》（*Two Treatises and the Letter Concerning Toleration*），主张国家不应干涉宗教信仰自由。

1690年　58岁　2月，出版《政府论两篇》（*Two Treatises on Civil Government*）。3月，《人类理解论》（*An Essay Concerning Human Understanding*）正式出版。这两本著作令洛克名声大噪。前者中所包含的人类都是平等、独立，拥有生命、健康、自由和财产的天然权利等思想形成了政治思想的新纪元，并且影响了后来欧美的历史进程。后者表明洛克是第一位彻底探询人类心灵的范围和限度的学者，也成了英国经验论的基础；但它也引起了传统势力的恐慌和仇恨，牛津大学的首脑们甚至集会谴责这本书，作出决议，要求竭力防止该书在校内传播。但洛克和本书的声誉随着反对者攻击的加剧而与日俱增，很快被译成多种文字并一版再版。为了答复贾纳斯·普罗斯特（Janas Proast）的攻击，洛克于1690年、1692年分别发表了论宗教宽容问题的《第二封信》和《第三封信》。

1691年　59岁　出版《论降低利息和提高货币的效果》。该书奠定了洛克在经济学说史上的地位。年初，由于健康原因，离开伦敦，住在弗朗西斯·马沙姆爵士（Sir Francis Masham）位于英国东南部的艾塞克郡（Essex）的家中。马沙姆夫人（Damaris Cudworth）曾是洛克的恋人和学术上的朋友。洛克终身未婚。在那里，洛克度过了他一生中相对平静的最后13年。他通过信件与沙夫茨伯里伯爵的继承人及牛顿（Isaac Newton）等保持联系。

1693年　61岁　发表教育著作《教育漫话》（*Some Thoughts Concerning Education*）。通过总结自己从事家庭教师的经验，洛克表达了资产阶级新贵族对新教育的要求。

1695 年　63 岁　匿名出版《基督教的合理性》。力图通过对《圣经》的批判研究，将基督教建立在理性基础之上。本书的基本思想是为他的宗教宽容学说提供理论根据；虽与无神论相去甚远，但这种宗教信仰上的自由主义也受到宗教势力的攻击。洛克答之以《辩护》。

1696 年　64 岁　被任命为驻法大使，但以体弱多病谢绝。5 月 15 日，担任“贸易和殖民委员会”委员。在任期间，他负责制定了“贫穷儿童劳动学校计划”。在计划中，他主张对没有工作而领取教区补助金的农民家庭子女实施强迫劳动，以便安定社会秩序，减轻教会负担，创造更多利润。

1697 年　65 岁　4 月 10 日，开始写作《理解能力指导散论》。此书既可视为对《人类理解论》的扩充，也是教育著作，对《教育漫话》中表达的教育思想作了完善与扩充，指导绅士怎样运用理智能力，提高学习能力和学习效果，以完成绅士在品德和理智上的教育要求。由于该书在洛克生前未能定稿，故 1706 年（即洛克逝世两年后）才问世。写第二篇《辩护》，答复武斯特（Worcester）主教爱德华·斯特林弗利特（Edward Stillingfleet）对其哲学的攻击。二者之间争论延续到 1699 年斯特林弗利特逝世。对手的攻击迫使洛克集中精力致力于《圣经》的研究，不断著文进行答辩。洛克是欧洲对《圣经》进行理性主义的批判研究的重要学者之一。

1700 年　68 岁　由于健康状态不佳，洛克退休，过完全隐居的生活。

1704 年　72 岁　10 月 28 日逝世，享年 72 岁。遗体安葬在奥兹教堂。墓碑上镌刻着洛克自己用拉丁文撰写的碑文：“约翰·洛克长眠于此。你们如问他是何种人，回答是：他是一位满足于小康命运的人、是一位受过训练的学者、是一位专心追求过真理的人。对此，你们可从他的著作得知。他的著作，比之于碑文上的令人生疑的颂扬之词，会更为忠实可信地告诉你们有关他的其他一切评说。他的德行，即使有一些，既不足以说明他的声望，也不配作为你们的典范。让他的罪恶随他一起埋葬吧！德行的范例，福音书中已经有了；罪恶的范例，仍以没有为好；必死的范例（你们可从它吸取教益）所在皆是。他生于 1632 年 8 月 29 日，死于 1704 年 10 月 28 日。这块本身即将蚀灭的石碑就是一个证明。”

（李先军编写）